I0168761

ALBANEES

WOORDENSCHAT

THEMATISCHE WOORDENLIJST

NEDERLANDS ALBANEES

De meest bruikbare woorden
Om uw woordenschat uit te breiden en
uw taalvaardigheid aan te scherpen

9000 woorden

Thematische woordenschat Nederlands-Albanees - 9000 woorden

Door Andrey Taranov

Woordenlijsten van T&P Books zijn bedoeld om u woorden van een vreemde taal te helpen leren, onthouden, en bestudering. Dit woordenboek is ingedeeld in thema's en behandelt alle belangrijk terreinen van het dagelijkse leven, bedrijven, wetenschap, cultuur, etc.

Het proces van het leren van woorden met behulp van de op thema's gebaseerde aanpak van T&P Books biedt u de volgende voordelen:

- Correct gegroepeerde informatie is bepalend voor succes bij opeenvolgende stadia van het leren van woorden
- De beschikbaarheid van woorden die van dezelfde stam zijn maakt het mogelijk om woordgroepen te onthouden (in plaats van losse woorden)
- Kleine groepen van woorden faciliteren het proces van het aanmaken van associatieve verbindingen, die nodig zijn bij het consolideren van de woordenschat
- Het niveau van talenkennis kan worden ingeschat door het aantal geleerde woorden

T&P Books Publishing
www.tpbooks.com

ISBN: 978-1-78767-015-0

Dit boek is ook beschikbaar in e-boek formaat.
Gelieve www.tpbooks.com te bezoeken of de belangrijkste online boekwinkels.

ALBANESE WOORDENSCHAT
nieuwe woorden leren

T&P Books woordenlijsten zijn bedoeld om u te helpen vreemde woorden te leren, te onthouden, en te bestuderen. De woordenschat bevat meer dan 9000 veel gebruikte woorden die thematisch geordend zijn.

- De woordenlijst bevat de meest gebruikte woorden
- Aanbevolen als aanvulling bij welke taalcursus dan ook
- Voldoet aan de behoeften van de beginnende en gevorderde student in vreemde talen
- Geschikt voor dagelijks gebruik, bestudering en zelftestactiviteiten
- Maakt het mogelijk om uw woordenschat te evalueren

Bijzondere kenmerken van de woordenschat

- De woorden zijn gerangschikt naar hun betekenis, niet volgens alfabet
- De woorden worden weergegeven in drie kolommen om bestudering en zelftesten te vergemakkelijken
- Woorden in groepen worden verdeeld in kleine blokken om het leerproces te vergemakkelijken
- De woordenschat biedt een handige en eenvoudige beschrijving van elk buitenlands woord

De woordenschat bevat 256 onderwerpen zoals:

Basisconcepten, getallen, kleuren, maanden, seizoenen, meeteenheden, kleding en accessoires, eten & voeding, restaurant, familieleden, verwanten, karakter, gevoelens, emoties, ziekten, stad, dorp, bezienswaardigheden, winkelen, geld, huis, thuis, kantoor, werken op kantoor, import & export, marketing, werk zoeken, sport, onderwijs, computer, internet, gereedschap, natuur, landen, nationaliteiten en meer ...

INHOUDSOPGAVE

UITSPRAAKGIDS

T&P fonetisch alfabet	Albanees voorbeeld	Nederlands voorbeeld
[a]	flas [flas]	acht
[e], [ɛ]	melodi [mɛlodí]	excuseren, hebben
[ə]	kërkoj [kərkój]	formule, wachten
[i]	pikë [píkə]	bidden, tint
[o]	motor [motór]	overeenkomst
[u]	fuqi [fucí]	hoed, doe
[y]	myshk [myʃk]	fuut, uur
[b]	brakë [brákə]	hebben
[c]	oqean [oceán]	petje
[d]	adoptoj [adoptój]	Dank u, honderd
[dz]	lexoj [lɛdzój]	zeldzaam
[ʤ]	xham [dʒam]	jeans, jungle
[ð]	dhomë [ðómə]	Stemhebbende dentaal, Engels - there
[f]	i fortë [i fórtə]	feestdag, informeren
[g]	bullgari [buɫgarí]	goal, tango
[h]	jaht [jáht]	het, herhalen
[j]	hyrje [hýrjɛ]	New York, januari
[ɟ]	zgjedh [zɟɛð]	Djengiz Khan
[k]	korik [korík]	kennen, kleur
[l]	lëviz [ləvíz]	delen, luchter
[ɫ]	shkallë [ʃkáɫə]	mallen
[m]	medalje [mɛdáljɛ]	morgen, etmaal
[n]	klan [klan]	nemen, zonder
[ɲ]	spanjoll [spaɲóɫ]	cognac, nieuw
[ŋ]	trung [truŋ]	optelling
[p]	polici [politsí]	parallel, koper
[r]	i erët [i érət]	roepen, breken
[ɾ]	groshë [gróʃə]	korte aangetipte tongpunt- r
[s]	spital [spitál]	spreken, kosten
[ʃ]	shes [ʃɛs]	shampoo, machine
[t]	tapet [tapét]	tomaat, taart
[ts]	batica [batítsa]	niets, plaats
[ʧ]	kaçube [katʃúbɛ]	Tsjechië, cello
[v]	javor [javór]	beloven, schrijven
[z]	horizont [horizónt]	zeven, zesde
[ʒ]	kuzhinë [kuʒínə]	journalist, rouge
[θ]	përkthej [pərkθéj]	Stemloze dentaal, Engels - thank you

AFKORTINGEN
gebruikt in de woordenschat

Nederlandse afkortingen

abn	-	als bijvoeglijk naamwoord
bijv.	-	bijvoorbeeld
bn	-	bijvoeglijk naamwoord
bw	-	bijwoord
enk.	-	enkelvoud
enz.	-	enzovoort
form.	-	formele taal
inform.	-	informele taal
mann.	-	mannelijk
mil.	-	militair
mv.	-	meervoud
on.ww.	-	onovergankelijk werkwoord
ontelb.	-	ontelbaar
ov.	-	over
ov.ww.	-	overgankelijk werkwoord
telb.	-	telbaar
vn	-	voornaamwoord
vrouw.	-	vrouwelijk
vw	-	voegwoord
vz	-	voorzetsel
wisk.	-	wiskunde
ww	-	werkwoord

Nederlandse artikelen

de	-	gemeenschappelijk geslacht
de/het	-	gemeenschappelijk geslacht, onzijdig
het	-	onzijdig

Albanese afkortingen

f	-	vrouwelijk zelfstandig naamwoord
m	-	mannelijk zelfstandig naamwoord
pl	-	meervoud

BASISBEGRIPPEN

Basisbegrippen Deel 1

1. Voornaamwoorden

ik	Unë, mua	[unə], [múa]
jij, je	ti, ty	[ti], [ty]
hij	ai	[aí]
zij, ze	ajo	[ajó]
het	ai	[aí]
wij, we	ne	[nɛ]
jullie	ju	[ju]
zij, ze (mann.)	ata	[atá]
zij, ze (vrouw.)	ato	[ató]

2. Begroetingen. Begroetingen. Afscheid

Hallo! Dag!	Përshëndetje!	[pərʃəndétjɛ!]
Hallo!	Përshëndetje!	[pərʃəndétjɛ!]
Goedemorgen!	Mirëmëngjes!	[mirəmənɟés!]
Goedemiddag!	Mirëdita!	[mirədíta!]
Goedenavond!	Mirëmbrëma!	[mirəmbréma!]
gedag zeggen (groeten)	përshëndes	[pərʃəndés]
Hoi!	Ç'kemi!	[tʃ'kémi!]
groeten (het)	përshëndetje (f)	[pərʃəndétjɛ]
verwelkomen (ww)	përshëndes	[pərʃəndés]
Hoe gaat het met u?	Si jeni?	[si jéni?]
Hoe is het?	Si je?	[si jɛ?]
Is er nog nieuws?	Çfarë ka të re?	[tʃfárə ká tə ré?]
Tot ziens! (form.)	Mirupafshim!	[mirupáfʃim!]
Doei!	U pafshim!	[u páfʃim!]
Tot snel! Tot ziens!	Shihemi së shpejti!	[ʃíhɛmi sə ʃpéjti!]
Vaarwel!	Lamtumirë!	[lamtumírə!]
afscheid nemen (ww)	përshëndetem	[pərʃəndétɛm]
Tot kijk!	Tungjatjeta!	[tunɟatjéta!]
Dank u!	Faleminderit!	[falɛmindérit!]
Dank u wel!	Faleminderit shumë!	[falɛmindérit ʃúmə!]
Graag gedaan	Të lutem	[tə lútɛm]
Geen dank!	Asgjë!	[asɟə́!]
Geen moeite.	Asgjë	[asɟə́]

Excuseer me, ... (inform.)	Më fal!	[mə fal!]
Excuseer me, ... (form.)	Më falni!	[mə fálni!]
excuseren (verontschuldigen)	fal	[fal]

zich verontschuldigen	kërkoj falje	[kərkój fáljɛ]
Mijn excuses.	Kërkoj ndjesë	[kərkój ndjésə]
Het spijt me!	Më vjen keq!	[mə vjɛn kɛc!]
vergeven (ww)	fal	[fal]
Maakt niet uit!	S'ka gjë!	[s'ka ɟə!]
alsjeblieft	të lutem	[tə lútɛm]

Vergeet het niet!	Mos harro!	[mos haró!]
Natuurlijk!	Sigurisht!	[siguríʃt!]
Natuurlijk niet!	Sigurisht që jo!	[siguríʃt cə jo!]
Akkoord!	Në rregull!	[nə réguɫ!]
Zo is het genoeg!	Mjafton!	[mjaftón!]

3. Hoe aan te spreken

Excuseer me, ...	Më falni, ...	[mə fálni, ...]
meneer	zotëri	[zotərí]
mevrouw	zonjë	[zóɲə]
juffrouw	zonjushë	[zoɲúʃə]
jongeman	djalë i ri	[djálə i rí]
jongen	djalosh	[djalóʃ]
meisje	vajzë	[vájzə]

4. Kardinale getallen. Deel 1

nul	zero	[zéro]
een	një	[ɲə]
twee	dy	[dy]
drie	tre	[trɛ]
vier	katër	[kátər]

vijf	pesë	[pésə]
zes	gjashtë	[ɟáʃtə]
zeven	shtatë	[ʃtátə]
acht	tetë	[tétə]
negen	nëntë	[nəntə]

tien	dhjetë	[ðjétə]
elf	njëmbëdhjetë	[ɲəmbəðjétə]
twaalf	dymbëdhjetë	[dymbəðjétə]
dertien	trembëdhjetë	[trɛmbəðjétə]
veertien	katërmbëdhjetë	[katərmbəðjétə]

vijftien	pesëmbëdhjetë	[pɛsəmbəðjétə]
zestien	gjashtëmbëdhjetë	[ɟaʃtəmbəðjétə]
zeventien	shtatëmbëdhjetë	[ʃtatəmbəðjétə]
achttien	tetëmbëdhjetë	[tɛtəmbəðjétə]
negentien	nëntëmbëdhjetë	[nəntəmbəðjétə]

twintig	njëzet	[ɲəzét]
eenentwintig	njëzet e një	[ɲəzét ɛ ɲə]
tweeëntwintig	njëzet e dy	[ɲəzét ɛ dy]
drieëntwintig	njëzet e tre	[ɲəzét ɛ trɛ]

dertig	tridhjetë	[triðjétə]
eenendertig	tridhjetë e një	[triðjétə ɛ ɲə]
tweeëndertig	tridhjetë e dy	[triðjétə ɛ dy]
drieëndertig	tridhjetë e tre	[triðjétə ɛ trɛ]

veertig	dyzet	[dyzét]
eenenveertig	dyzet e një	[dyzét ɛ ɲə]
tweeënveertig	dyzet e dy	[dyzét ɛ dy]
drieënveertig	dyzet e tre	[dyzét ɛ trɛ]

vijftig	pesëdhjetë	[pɛsəðjétə]
eenenvijftig	pesëdhjetë e një	[pɛsəðjétə ɛ ɲə]
tweeënvijftig	pesëdhjetë e dy	[pɛsəðjétə ɛ dy]
drieënvijftig	pesëdhjetë e tre	[pɛsəðjétə ɛ trɛ]

zestig	gjashtëdhjetë	[ɟaʃtəðjétə]
eenenzestig	gjashtëdhjetë e një	[ɟaʃtəðjétə ɛ ɲə]
tweeënzestig	gjashtëdhjetë e dy	[ɟaʃtəðjétə ɛ dý]
drieënzestig	gjashtëdhjetë e tre	[ɟaʃtəðjétə ɛ tré]

zeventig	shtatëdhjetë	[ʃtatəðjétə]
eenenzeventig	shtatëdhjetë e një	[ʃtatəðjétə ɛ ɲə]
tweeënzeventig	shtatëdhjetë e dy	[ʃtatəðjétə ɛ dy]
drieënzeventig	shtatëdhjetë e tre	[ʃtatəðjétə ɛ trɛ]

tachtig	tetëdhjetë	[tɛtəðjétə]
eenentachtig	tetëdhjetë e një	[tɛtəðjétə ɛ ɲə]
tweeëntachtig	tetëdhjetë e dy	[tɛtəðjétə ɛ dy]
drieëntachtig	tetëdhjetë e tre	[tɛtəðjétə ɛ trɛ]

negentig	nëntëdhjetë	[nəntəðjétə]
eenennegentig	nëntëdhjetë e një	[nəntəðjétə ɛ ɲə]
tweeënnegentig	nëntëdhjetë e dy	[nəntəðjétə ɛ dy]
drieënnegentig	nëntëdhjetë e tre	[nəntəðjétə ɛ trɛ]

5. Kardinale getallen. Deel 2

honderd	njëqind	[ɲəcínd]
tweehonderd	dyqind	[dycínd]
driehonderd	treqind	[trɛcínd]
vierhonderd	katërqind	[katərcínd]
vijfhonderd	pesëqind	[pɛsəcínd]

zeshonderd	gjashtëqind	[ɟaʃtəcínd]
zevenhonderd	shtatëqind	[ʃtatəcínd]
achthonderd	tetëqind	[tɛtəcínd]
negenhonderd	nëntëqind	[nəntəcínd]
duizend	një mijë	[ɲə míjə]
tweeduizend	dy mijë	[dy míjə]

drieduizend	tre mijë	[trɛ míjə]
tienduizend	dhjetë mijë	[ðjétə míjə]
honderdduizend	njëqind mijë	[ɲəcínd míjə]
miljoen (het)	milion (m)	[milión]
miljard (het)	miliardë (f)	[miliárdə]

6. Ordinale getallen

eerste (bn)	i pari	[i pári]
tweede (bn)	i dyti	[i dýti]
derde (bn)	i treti	[i tréti]
vierde (bn)	i katërti	[i kátərti]
vijfde (bn)	i pesti	[i pésti]

zesde (bn)	i gjashti	[i ɟáʃti]
zevende (bn)	i shtati	[i ʃtáti]
achtste (bn)	i teti	[i téti]
negende (bn)	i nënti	[i nénti]
tiende (bn)	i dhjeti	[i ðjéti]

7. Getallen. Breuken

breukgetal (het)	thyesë (f)	[θýɛsə]
half	gjysma	[ɟýsma]
een derde	një e treta	[ɲə ɛ tréta]
kwart	një e katërta	[ɲə ɛ kátərta]
een achtste	një e teta	[ɲə ɛ téta]
een tiende	një e dhjeta	[ɲə ɛ ðjéta]
twee derde	dy të tretat	[dy tə trétat]
driekwart	tre të katërtat	[trɛ tə kátərtat]

8. Getallen. Eenvoudige berekeningen

aftrekking (de)	zbritje (f)	[zbrítjɛ]
aftrekken (ww)	zbres	[zbrɛs]
deling (de)	pjesëtim (m)	[pjɛsətím]
delen (ww)	pjesëtoj	[pjɛsətój]
optelling (de)	mbledhje (f)	[mbléðjɛ]
erbij optellen (bij elkaar voegen)	shtoj	[ʃtoj]
optellen (ww)	mbledh	[mbléð]
vermenigvuldiging (de)	shumëzim (m)	[ʃuməzím]
vermenigvuldigen (ww)	shumëzoj	[ʃuməzój]

9. Getallen. Diversen

cijfer (het)	shifër (f)	[ʃífər]
nummer (het)	numër (m)	[númər]

telwoord (het)	numerik (m)	[numɛrík]
minteken (het)	minus (m)	[minús]
plusteken (het)	plus (m)	[plus]
formule (de)	formulë (f)	[formúlə]

berekening (de)	llogaritje (f)	[ɫogarítjɛ]
tellen (ww)	numëroj	[numərój]
bijrekenen (ww)	llogaris	[ɫogarís]
vergelijken (ww)	krahasoj	[krahasój]

Hoeveel?	Sa?	[sa?]
som (de), totaal (het)	shuma (f)	[ʃúma]
uitkomst (de)	rezultat (m)	[rɛzultát]
rest (de)	mbetje (f)	[mbétjɛ]

enkele (bijv. ~ minuten)	disa	[disá]
weinig (bw)	pak	[pak]
weinig (telb.)	disa	[disá]
een beetje (ontelb.)	pak	[pak]

restant (het)	mbetje (f)	[mbétjɛ]
anderhalf	një e gjysmë (f)	[ɲə ɛ ɟýsmə]
dozijn (het)	dyzinë (f)	[dyzínə]

middendoor (bw)	përgjysmë	[pərɟýsmə]
even (bw)	gjysmë për gjysmë	[ɟýsmə pər ɟýsmə]
helft (de)	gjysmë (f)	[ɟýsmə]
keer (de)	herë (f)	[hérə]

10. De belangrijkste werkwoorden. Deel 1

aanbevelen (ww)	rekomandoj	[rɛkomandój]
aandringen (ww)	këmbëngul	[kəmbəŋúl]
aankomen (per auto, enz.)	arrij	[aríj]
aanraken (ww)	prek	[prɛk]
adviseren (ww)	kështilloj	[kəʃiɫój]

afdalen (on.ww.)	zbres	[zbrɛs]
afslaan (naar rechts ~)	kthej	[kθɛj]
antwoorden (ww)	përgjigjem	[pərɟíɟɛm]
bang zijn (ww)	kam frikë	[kam fríkə]
bedreigen	kërcënoj	[kərtsənój]
(bijv. met een pistool)		

bedriegen (ww)	mashtroj	[maʃtrój]
beëindigen (ww)	përfundoj	[pərfundój]
beginnen (ww)	filloj	[fiɫój]
begrijpen (ww)	kuptoj	[kuptój]
beheren (managen)	drejtoj	[drɛjtój]

beledigen	fyej	[fýɛj]
(met scheldwoorden)		
beloven (ww)	premtoj	[prɛmtój]
bereiden (koken)	gatuaj	[gatúaj]

bespreken (spreken over)	diskutoj	[diskutój]
bestellen (eten ~)	porosis	[porosís]
bestraffen (een stout kind ~)	ndëshkoj	[ndəʃkój]
betalen (ww)	paguaj	[pagúaj]
betekenen (beduiden)	nënkuptoj	[nənkuptój]
betreuren (ww)	pendohem	[pɛndóhɛm]

bevallen (prettig vinden)	pëlqej	[pəlcéj]
bevelen (mil.)	urdhëroj	[urðərój]
bevrijden (stad, enz.)	çliroj	[tʃlirój]
bewaren (ww)	mbaj	[mbáj]
bezitten (ww)	zotëroj	[zotərój]

bidden (praten met God)	lutem	[lútɛm]
binnengaan (een kamer ~)	hyj	[hyj]
breken (ww)	ndahem	[ndáhɛm]
controleren (ww)	kontrolloj	[kontroɫój]
creëren (ww)	krijoj	[krijój]

deelnemen (ww)	marr pjesë	[mar pjésə]
denken (ww)	mendoj	[mɛndój]
doden (ww)	vras	[vras]
doen (ww)	bëj	[bəj]
dorst hebben (ww)	kam etje	[kam étjɛ]

11. De belangrijkste werkwoorden. Deel 2

een hint geven	aludoj	[aludój]
eisen (met klem vragen)	kërkoj	[kərkój]
excuseren (vergeven)	fal	[fal]
existeren (bestaan)	ekzistoj	[ɛkzistój]
gaan (te voet)	ec në këmbë	[ɛts nə kémbə]

gaan zitten (ww)	ulem	[úlɛm]
gaan zwemmen	notoj	[notój]
geven (ww)	jap	[jap]
glimlachen (ww)	buzëqesh	[buzəcéʃ]
goed raden (ww)	hamendësoj	[hamɛndəsój]

grappen maken (ww)	bëj shaka	[bəj ʃaká]
graven (ww)	gërmoj	[gərmój]

hebben (ww)	kam	[kam]
helpen (ww)	ndihmoj	[ndihmój]
herhalen (opnieuw zeggen)	përsëris	[pərsərís]
honger hebben (ww)	kam uri	[kam urí]

hopen (ww)	shpresoj	[ʃprɛsój]
horen	dëgjoj	[dəɟój]
(waarnemen met het oor)		
huilen (wenen)	qaj	[caj]
huren (huis, kamer)	marr me qira	[mar mɛ cirá]
informeren (informatie geven)	informoj	[informój]
instemmen (akkoord gaan)	bie dakord	[bíɛ dakórd]

jagen (ww)	dal për gjah	[dál pər ɟáh]
kennen (kennis hebben van iemand)	njoh	[ɲóh]
kiezen (ww)	zgjedh	[zɟɛð]
klagen (ww)	ankohem	[ankóhɛm]

kosten (ww)	kushton	[kuʃtón]
kunnen (ww)	mund	[mund]
lachen (ww)	qesh	[cɛʃ]
laten vallen (ww)	lëshoj	[ləʃój]
lezen (ww)	lexoj	[lɛdzój]

liefhebben (ww)	dashuroj	[daʃurój]
lunchen (ww)	ha drekë	[ha drékə]
nemen (ww)	marr	[mar]
nodig zijn (ww)	nevojitet	[nɛvojítɛt]

12. De belangrijkste werkwoorden. Deel 3

onderschatten (ww)	nënvlerësoj	[nənvlɛrəsój]
ondertekenen (ww)	nënshkruaj	[nənʃkrúaj]
ontbijten (ww)	ha mëngjes	[ha mənɟés]
openen (ww)	hap	[hap]
ophouden (ww)	ndaloj	[ndalój]
opmerken (zien)	vërej	[vəréj]

opscheppen (ww)	mburrem	[mbúrɛm]
opschrijven (ww)	mbaj shënim	[mbáj ʃəním]
plannen (ww)	planifikoj	[planifikój]
prefereren (verkiezen)	preferoj	[prɛfɛrój]
proberen (trachten)	përpiqem	[pərpícɛm]
redden (ww)	shpëtoj	[ʃpətój]

rekenen op ...	mbështetem ...	[mbəʃtétɛm ...]
rennen (ww)	vrapoj	[vrapój]
reserveren (een hotelkamer ~)	rezervoj	[rɛzɛrvój]
roepen (om hulp)	thërras	[θərás]
schieten (ww)	qëlloj	[cəɫój]
schreeuwen (ww)	bërtas	[bərtás]

schrijven (ww)	shkruaj	[ʃkrúaj]
souperen (ww)	ha darkë	[ha dárkə]
spelen (kinderen)	luaj	[lúaj]
spreken (ww)	flas	[flas]
stelen (ww)	vjedh	[vjɛð]
stoppen (pauzeren)	ndaloj	[ndalój]

studeren (Nederlands ~)	studioj	[studiój]
sturen (zenden)	dërgoj	[dərgój]
tellen (optellen)	numëroj	[numərój]
toebehoren aan ...	përkas ...	[pərkás ...]
toestaan (ww)	lejoj	[lɛjój]
tonen (ww)	tregoj	[trɛgój]

twijfelen (onzeker zijn)	dyshoj	[dyʃój]
uitgaan (ww)	dal	[dal]
uitnodigen (ww)	ftoj	[ftoj]
uitspreken (ww)	shqiptoj	[ʃciptój]
uitvaren tegen (ww)	qortoj	[cortój]

13. De belangrijkste werkwoorden. Deel 4

vallen (ww)	bie	[bíɛ]
vangen (ww)	kap	[kap]
veranderen (anders maken)	ndryshoj	[ndryʃój]
verbaasd zijn (ww)	çuditem	[tʃudítɛm]
verbergen (ww)	fsheh	[fʃéh]

verdedigen (je land ~)	mbroj	[mbrój]
verenigen (ww)	bashkoj	[baʃkój]
vergelijken (ww)	krahasoj	[krahasój]
vergeten (ww)	harroj	[harój]
vergeven (ww)	fal	[fal]

verklaren (uitleggen)	shpjegoj	[ʃpjɛgój]
verkopen (per stuk ~)	shes	[ʃɛs]
vermelden (praten over)	përmend	[pərménd]
versieren (decoreren)	zbukuroj	[zbukurój]
vertalen (ww)	përkthej	[pərkθéj]

vertrouwen (ww)	besoj	[bɛsój]
vervolgen (ww)	vazhdoj	[vaʒdój]
verwarren (met elkaar ~)	ngaterroj	[ŋatərój]
verzoeken (ww)	pyes	[pýɛs]
verzuimen (school, enz.)	humbas	[humbás]

vinden (ww)	gjej	[ɟéj]
vliegen (ww)	fluturoj	[fluturój]
volgen (ww)	ndjek ...	[ndjék ...]
voorstellen (ww)	propozoj	[propozój]
voorzien (verwachten)	parashikoj	[paraʃikój]
vragen (ww)	pyes	[pýɛs]

waarnemen (ww)	vëzhgoj	[vəʒgój]
waarschuwen (ww)	paralajmëroj	[paralajmərój]
wachten (ww)	pres	[prɛs]
weerspreken (ww)	kundërshtoj	[kundərʃtój]
weigeren (ww)	refuzoj	[rɛfuzój]

werken (ww)	punoj	[punój]
weten (ww)	di	[di]
willen (verlangen)	dëshiroj	[dəʃirój]
zeggen (ww)	them	[θɛm]
zich haasten (ww)	nxitoj	[ndzitój]

zich interesseren voor ...	interesohem ...	[intɛrɛsóhɛm ...]
zich vergissen (ww)	gaboj	[gabój]
zich verontschuldigen	kërkoj falje	[kərkój fáljɛ]

zien (ww)	shikoj	[ʃikój]
zijn (ww)	jam	[jam]
zoeken (ww)	kërkoj ...	[kərkój ...]
zwemmen (ww)	notoj	[notój]
zwijgen (ww)	hesht	[hɛʃt]

14. Kleuren

kleur (de)	ngjyrë (f)	[nɟýrə]
tint (de)	nuancë (f)	[nuántsə]
kleurnuance (de)	tonalitet (m)	[tonalitét]
regenboog (de)	ylber (m)	[ylbér]

wit (bn)	e bardhë	[ɛ bárðə]
zwart (bn)	e zezë	[ɛ zézə]
grijs (bn)	gri	[gri]

groen (bn)	jeshile	[jɛʃílɛ]
geel (bn)	e verdhë	[ɛ vérðə]
rood (bn)	e kuqe	[ɛ kúcɛ]

blauw (bn)	blu	[blu]
lichtblauw (bn)	bojëqielli	[bojəciéɫi]
roze (bn)	rozë	[rózə]
oranje (bn)	portokalli	[portokáɫi]
violet (bn)	bojëvjollcë	[bojəvjóɫtsə]
bruin (bn)	kafe	[káfɛ]

| goud (bn) | e artë | [ɛ ártə] |
| zilverkleurig (bn) | e argjendtë | [ɛ arɟéndtə] |

beige (bn)	bezhë	[béʒə]
roomkleurig (bn)	krem	[krɛm]
turkoois (bn)	e bruztë	[ɛ brúztə]
kersrood (bn)	qershi	[cɛrʃí]
lila (bn)	jargavan	[jargaván]
karmijnrood (bn)	e kuqe e thellë	[ɛ kúcɛ ɛ θéɫə]

licht (bn)	e hapur	[ɛ hápur]
donker (bn)	e errët	[ɛ érət]
fel (bn)	e ndritshme	[ɛ ndrítʃmɛ]

kleur-, kleurig (bn)	e ngjyrosur	[ɛ nɟyrósur]
kleuren- (abn)	ngjyrë	[nɟýrə]
zwart-wit (bn)	bardhë e zi	[bárðə ɛ zi]
eenkleurig (bn)	njëngjyrëshe	[nənɟýrəʃɛ]
veelkleurig (bn)	shumëngjyrëshe	[ʃumənɟýrəʃɛ]

15. Vragen

| Wie? | Kush? | [kuʃ?] |
| Wat? | Çka? | [tʃká?] |

21

Waar?	Ku?	[ku?]
Waarheen?	Për ku?	[pər ku?]
Waarvandaan?	Nga ku?	[ŋa ku?]
Wanneer?	Kur?	[kur?]
Waarom?	Pse?	[psɛ?]
Waarom?	Pse?	[psɛ?]

Waarvoor dan ook?	Për çfarë arsye?	[pər tʃfárə arsýɛ?]
Hoe?	Si?	[si?]
Wat voor ...?	Çfarë?	[tʃfárə?]
Welk?	Cili?	[tsíli?]

Aan wie?	Kujt?	[kújt?]
Over wie?	Për kë?	[pər kə?]
Waarover?	Për çfarë?	[pər tʃfárə?]
Met wie?	Me kë?	[mɛ kə?]

Hoeveel?	Sa?	[sa?]
Van wie?	Të kujt?	[tə kujt?]

16. Voorzetsels

met (bijv. ~ beleg)	me	[mɛ]
zonder (~ accent)	pa	[pa]
naar (in de richting van)	për në	[pər nə]
over (praten ~)	për	[pər]
voor (in tijd)	përpara	[pərpára]
voor (aan de voorkant)	para ...	[pára ...]

onder (lager dan)	nën	[nən]
boven (hoger dan)	mbi	[mbí]
op (bovenop)	mbi	[mbí]
van (uit, afkomstig van)	nga	[ŋa]
van (gemaakt van)	nga	[ŋa]

over (bijv. ~ een uur)	për	[pər]
over (over de bovenkant)	sipër	[sípər]

17. Functiewoorden. Bijwoorden. Deel 1

Waar?	Ku?	[ku?]
hier (bw)	këtu	[kətú]
daar (bw)	atje	[atjé]

ergens (bw)	diku	[dikú]
nergens (bw)	askund	[askúnd]

bij ... (in de buurt)	afër	[áfər]
bij het raam	tek dritarja	[tɛk dritárja]

Waarheen?	Për ku?	[pər ku?]
hierheen (bw)	këtu	[kətú]

daarheen (bw)	atje	[atjé]
hiervandaan (bw)	nga këtu	[ŋa kətú]
daarvandaan (bw)	nga atje	[ŋa atjɛ]

| dichtbij (bw) | pranë | [pránə] |
| ver (bw) | larg | [larg] |

in de buurt (van ...)	afër	[áfər]
dichtbij (bw)	pranë	[pránə]
niet ver (bw)	jo larg	[jo lárg]

linker (bn)	majtë	[májtə]
links (bw)	majtas	[májtas]
linksaf, naar links (bw)	në të majtë	[nə tə májtə]

rechter (bn)	djathtë	[djáθtə]
rechts (bw)	djathtas	[djáθtas]
rechtsaf, naar rechts (bw)	në të djathtë	[nə tə djáθtə]

vooraan (bw)	përballë	[pərbáłə]
voorste (bn)	i përparmë	[i pərpármə]
vooruit (bw)	përpara	[pərpára]

achter (bw)	prapa	[prápa]
van achteren (bw)	nga prapa	[ŋa prápa]
achteruit (naar achteren)	pas	[pas]

| midden (het) | mes (m) | [mɛs] |
| in het midden (bw) | në mes | [nə mɛs] |

opzij (bw)	në anë	[nə anə]
overal (bw)	kudo	[kúdo]
omheen (bw)	përreth	[pəréθ]

binnenuit (bw)	nga brenda	[ŋa brénda]
naar ergens (bw)	diku	[dikú]
rechtdoor (bw)	drejt	[dréjt]
terug (bijv. ~ komen)	pas	[pas]

| ergens vandaan (bw) | nga kudo | [ŋa kúdo] |
| ergens vandaan (en dit geld moet ~ komen) | nga diku | [ŋa dikú] |

ten eerste (bw)	së pari	[sə pári]
ten tweede (bw)	së dyti	[sə dýti]
ten derde (bw)	së treti	[sə tréti]

plotseling (bw)	befas	[béfas]
in het begin (bw)	në fillim	[nə fiłím]
voor de eerste keer (bw)	për herë të parë	[pər hérə tə párə]
lang voor ... (bw)	shumë përpara ...	[ʃúmə pərpára ...]
opnieuw (bw)	sërish	[səríʃ]
voor eeuwig (bw)	një herë e mirë	[nə hérə ɛ mírə]

| nooit (bw) | kurrë | [kúrə] |
| weer (bw) | përsëri | [pərsərí] |

nu (bw)	tani	[táni]
vaak (bw)	shpesh	[ʃpɛʃ]
toen (bw)	atëherë	[atəhérə]
urgent (bw)	urgjent	[urɟént]
meestal (bw)	zakonisht	[zakoníʃt]

trouwens, ... (tussen haakjes)	meqë ra fjala, ...	[mécə ra fjála, ...]
mogelijk (bw)	ndoshta	[ndóʃta]
waarschijnlijk (bw)	mundësisht	[mundəsíʃt]
misschien (bw)	mbase	[mbásɛ]
trouwens (bw)	përveç	[pərvétʃ]
daarom ...	ja përse ...	[ja pərsé ...]
in weerwil van ...	pavarësisht se ...	[pavarəsíʃt sɛ ...]
dankzij ...	falë ...	[fálə ...]

wat (vn)	çfarë	[tʃfárə]
dat (vw)	që	[cə]
iets (vn)	diçka	[ditʃká]
iets	ndonji gjë	[ndoɲí ɟə]
niets (vn)	asgjë	[asɟé]

wie (~ is daar?)	kush	[kuʃ]
iemand (een onbekende)	dikush	[dikúʃ]
iemand (een bepaald persoon)	dikush	[dikúʃ]

niemand (vn)	askush	[askúʃ]
nergens (bw)	askund	[askúnd]
niemands (bn)	i askujt	[i askújt]
iemands (bn)	i dikujt	[i dikújt]

zo (Ik ben ~ blij)	aq	[ác]
ook (evenals)	gjithashtu	[ɟiθaʃtú]
alsook (eveneens)	gjithashtu	[ɟiθaʃtú]

18. Functiewoorden. Bijwoorden. Deel 2

Waarom?	Pse?	[psɛ?]
om een bepaalde reden	për një arsye	[pər ɲə arsýɛ]
omdat ...	sepse ...	[sɛpsé ...]
voor een bepaald doel	për ndonjë shkak	[pər ndóɲə ʃkak]

en (vw)	dhe	[ðɛ]
of (vw)	ose	[ósɛ]
maar (vw)	por	[por]
voor (vz)	për	[pər]

te (~ veel mensen)	tepër	[tépər]
alleen (bw)	vetëm	[vétəm]
precies (bw)	pikërisht	[pikəríʃt]
ongeveer (~ 10 kg)	rreth	[rɛθ]
omstreeks (bw)	përafërsisht	[pərafərsíʃt]
bij benadering (bn)	përafërt	[pəráfərt]

| bijna (bw) | pothuajse | [poθúajsɛ] |
| rest (de) | mbetje (f) | [mbétjɛ] |

de andere (tweede)	tjetri	[tjétri]
ander (bn)	tjetër	[tjétər]
elk (bn)	çdo	[tʃdo]
om het even welk	çfarëdo	[tʃfarədó]
veel (ontelb.)	shumë	[ʃúmə]
veel (telb.)	disa	[disá]
veel mensen	shumë njerëz	[ʃúmə ɲérəz]
iedereen (alle personen)	të gjithë	[tə ɟíθə]

in ruil voor ...	në vend të ...	[nə vénd tə ...]
in ruil (bw)	në shkëmbim të ...	[nə ʃkəmbím tə ...]
met de hand (bw)	me dorë	[mɛ dórə]
onwaarschijnlijk (bw)	vështirë se ...	[vəʃtírə sɛ ...]

waarschijnlijk (bw)	mundësisht	[mundəsíʃt]
met opzet (bw)	me qëllim	[mɛ cətím]
toevallig (bw)	aksidentalisht	[aksidɛntalíʃt]

zeer (bw)	shumë	[ʃúmə]
bijvoorbeeld (bw)	për shembull	[pər ʃémbuɫ]
tussen (~ twee steden)	midis	[midís]
tussen (te midden van)	rreth	[rɛθ]
zoveel (bw)	kaq shumë	[kác ʃúmə]
vooral (bw)	veçanërisht	[vɛtʃanəríʃt]

Basisbegrippen Deel 2

19. Dagen van de week

maandag (de)	E hënë (f)	[ɛ hénə]
dinsdag (de)	E martë (f)	[ɛ mártə]
woensdag (de)	E mërkurë (f)	[ɛ mərkúrə]
donderdag (de)	E enjte (f)	[ɛ éɲtɛ]
vrijdag (de)	E premte (f)	[ɛ prémtɛ]
zaterdag (de)	E shtunë (f)	[ɛ ʃtúnə]
zondag (de)	E dielë (f)	[ɛ díɛlə]

vandaag (bw)	sot	[sot]
morgen (bw)	nesër	[nésər]
overmorgen (bw)	pasnesër	[pasnésər]
gisteren (bw)	dje	[djé]
eergisteren (bw)	pardje	[pardjé]

dag (de)	ditë (f)	[dítə]
werkdag (de)	ditë pune (f)	[dítə púnɛ]
feestdag (de)	festë kombëtare (f)	[féstə kombətárɛ]
verlofdag (de)	ditë pushim (m)	[dítə puʃím]
weekend (het)	fundjavë (f)	[fundjávə]

de hele dag (bw)	gjithë ditën	[ɟíθə dítən]
de volgende dag (bw)	ditën pasardhëse	[dítən pasárðəsɛ]
twee dagen geleden	dy ditë më parë	[dy dítə mə párə]
aan de vooravond (bw)	një ditë më parë	[ɲə dítə mə párə]
dag-, dagelijks (bn)	ditor	[ditór]
elke dag (bw)	çdo ditë	[tʃdo dítə]

week (de)	javë (f)	[jávə]
vorige week (bw)	javën e kaluar	[jávən ɛ kalúar]
volgende week (bw)	javën e ardhshme	[jávən ɛ árðʃmɛ]
wekelijks (bn)	javor	[javór]
elke week (bw)	çdo javë	[tʃdo jávə]
twee keer per week	dy herë në javë	[dy hérə nə jávə]
elke dinsdag	çdo të martë	[tʃdo tə mártə]

20. Uren. Dag en nacht

morgen (de)	mëngjes (m)	[mənɟés]
's morgens (bw)	në mëngjes	[nə mənɟés]
middag (de)	mesditë (f)	[mɛsdítə]
's middags (bw)	pasdite	[pasdítɛ]

avond (de)	mbrëmje (f)	[mbrémjɛ]
's avonds (bw)	në mbrëmje	[nə mbrémjɛ]

nacht (de)	natë (f)	[nátə]
's nachts (bw)	natën	[nátən]
middernacht (de)	mesnatë (f)	[mɛsnátə]
seconde (de)	sekondë (f)	[sɛkóndə]
minuut (de)	minutë (f)	[minútə]
uur (het)	orë (f)	[órə]
halfuur (het)	gjysmë ore (f)	[ɉýsmə órɛ]
kwartier (het)	çerek ore (m)	[tʃɛrék órɛ]
vijftien minuten	pesëmbëdhjetë minuta	[pɛsəmbəðjétə minúta]
etmaal (het)	24 orë	[ɲəzét ɛ kátər órə]
zonsopgang (de)	agim (m)	[agím]
dageraad (de)	agim (m)	[agím]
vroege morgen (de)	mëngjes herët (m)	[mənɉés hérət]
zonsondergang (de)	perëndim dielli (m)	[pɛrəndím diéɬi]
's morgens vroeg (bw)	herët në mëngjes	[hérət nə mənɉés]
vanmorgen (bw)	sot në mëngjes	[sot nə mənɉés]
morgenochtend (bw)	nesër në mëngjes	[nésər nə mənɉés]
vanmiddag (bw)	sot pasdite	[sot pasdítɛ]
's middags (bw)	pasdite	[pasdítɛ]
morgenmiddag (bw)	nesër pasdite	[nésər pasdítɛ]
vanavond (bw)	sonte në mbrëmje	[sóntɛ nə mbrəmjɛ]
morgenavond (bw)	nesër në mbrëmje	[nésər nə mbrémjɛ]
klokslag drie uur	në orën 3 fiks	[nə órən trɛ fiks]
ongeveer vier uur	rreth orës 4	[rɛθ órəs kátər]
tegen twaalf uur	deri në orën 12	[déri nə órən dymbəðjétə]
over twintig minuten	për 20 minuta	[pər ɲəzét minúta]
over een uur	për një orë	[pər ɲə órə]
op tijd (bw)	në orar	[nə orár]
kwart voor ...	çerek ...	[tʃɛrék ...]
binnen een uur	brenda një ore	[brénda ɲə órɛ]
elk kwartier	çdo 15 minuta	[tʃdo pɛsəmbəðjétə minúta]
de klok rond	gjithë ditën	[ɉíθə dítən]

21. Maanden. Seizoenen

januari (de)	Janar (m)	[janár]
februari (de)	Shkurt (m)	[ʃkurt]
maart (de)	Mars (m)	[mars]
april (de)	Prill (m)	[priɬ]
mei (de)	Maj (m)	[maj]
juni (de)	Qershor (m)	[cɛrʃór]
juli (de)	Korrik (m)	[korík]
augustus (de)	Gusht (m)	[guʃt]
september (de)	Shtator (m)	[ʃtatór]
oktober (de)	Tetor (m)	[tɛtór]
november (de)	Nëntor (m)	[nəntór]
december (de)	Dhjetor (m)	[ðjɛtór]

lente (de)	pranverë (f)	[pranvérə]
in de lente (bw)	në pranverë	[nə pranvérə]
lente- (abn)	pranveror	[pranvɛrór]
zomer (de)	verë (f)	[vérə]
in de zomer (bw)	në verë	[nə vérə]
zomer-, zomers (bn)	veror	[vɛrór]
herfst (de)	vjeshtë (f)	[vjéʃtə]
in de herfst (bw)	në vjeshtë	[nə vjéʃtə]
herfst- (abn)	vjeshtor	[vjéʃtor]
winter (de)	dimër (m)	[dímər]
in de winter (bw)	në dimër	[nə dímər]
winter- (abn)	dimëror	[dimərór]
maand (de)	muaj (m)	[múaj]
deze maand (bw)	këtë muaj	[kətə múaj]
volgende maand (bw)	muajin tjetër	[múajin tjétər]
vorige maand (bw)	muajin e kaluar	[múajin ɛ kalúar]
een maand geleden (bw)	para një muaji	[pára ɲə múaji]
over een maand (bw)	pas një muaji	[pas ɲə múaji]
over twee maanden (bw)	pas dy muajsh	[pas dy múajʃ]
de hele maand (bw)	gjithë muajin	[ɟíθə múajin]
een volle maand (bw)	gjatë gjithë muajit	[ɟátə ɟíθə múajit]
maand-, maandelijks (bn)	mujor	[mujór]
maandelijks (bw)	mujor	[mujór]
elke maand (bw)	çdo muaj	[tʃdo múaj]
twee keer per maand	dy herë në muaj	[dy hérə nə múaj]
jaar (het)	vit (m)	[vit]
dit jaar (bw)	këtë vit	[kətə vít]
volgend jaar (bw)	vitin tjetër	[vítin tjétər]
vorig jaar (bw)	vitin e kaluar	[vítin ɛ kalúar]
een jaar geleden (bw)	para një viti	[pára ɲə víti]
over een jaar	për një vit	[pər ɲə vit]
over twee jaar	për dy vite	[pər dy vítɛ]
het hele jaar	gjithë vitin	[ɟíθə vítin]
een vol jaar	gjatë gjithë vitit	[ɟátə ɟíθə vítit]
elk jaar	çdo vit	[tʃdo vít]
jaar-, jaarlijks (bn)	vjetor	[vjɛtór]
jaarlijks (bw)	çdo vit	[tʃdo vít]
4 keer per jaar	4 herë në vit	[kátər hérə nə vit]
datum (de)	datë (f)	[dátə]
datum (de)	data (f)	[dáta]
kalender (de)	kalendar (m)	[kalɛndár]
een half jaar	gjysmë viti	[ɟýsmə víti]
zes maanden	gjashtë muaj	[ɟáʃtə múaj]
seizoen (bijv. lente, zomer)	stinë (f)	[stínə]
eeuw (de)	shekull (m)	[ʃékuɫ]

22. Tijd. Diversen

tijd (de)	kohë (f)	[kóhə]
ogenblik (het)	çast, moment (m)	[tʃást], [momént]
moment (het)	çast (m)	[tʃást]
ogenblikkelijk (bn)	i çastit	[i tʃástit]
tijdsbestek (het)	interval (m)	[intɛrvál]
leven (het)	jetë (f)	[jétə]
eeuwigheid (de)	përjetësi (f)	[pərjɛtəsí]

epoche (de), tijdperk (het)	epokë (f)	[ɛpókə]
era (de), tijdperk (het)	erë (f)	[érə]
cyclus (de)	cikël (m)	[tsíkəl]
periode (de)	periudhë (f)	[pɛriúðə]
termijn (vastgestelde periode)	afat (m)	[afát]

toekomst (de)	ardhmëria (f)	[arðməría]
toekomstig (bn)	e ardhme	[ɛ árðmɛ]
de volgende keer	herën tjetër	[hérən tjétər]
verleden (het)	e shkuara (f)	[ɛ ʃkúara]
vorig (bn)	kaluar	[kalúar]
de vorige keer	herën e fundit	[hérən ɛ fúndit]

later (bw)	më vonë	[mə vónə]
na (~ het diner)	pas	[pas]
tegenwoordig (bw)	në këto kohë	[nə kəto kóhə]
nu (bw)	tani	[táni]
onmiddellijk (bw)	menjëherë	[mɛɲəhérə]
snel (bw)	së shpejti	[sə ʃpéjti]
bij voorbaat (bw)	paraprakisht	[paraprakíʃt]

lang geleden (bw)	para shumë kohësh	[pára ʃúmə kóhəʃ]
kort geleden (bw)	së fundmi	[sə fúndmi]
noodlot (het)	fat (m)	[fat]
herinneringen (mv.)	kujtime (pl)	[kujtímɛ]
archief (het)	arkiva (f)	[arkíva]

tijdens … (ten tijde van)	gjatë …	[ɟátə …]
lang (bw)	gjatë, kohë e gjatë	[ɟátə], [kóhə ɛ ɟátə]
niet lang (bw)	jo gjatë	[jo ɟátə]
vroeg (bijv. ~ in de ochtend)	herët	[hérət]
laat (bw)	vonë	[vónə]

voor altijd (bw)	përjetë	[pərjétə]
beginnen (ww)	filloj	[fiɫój]
uitstellen (ww)	shtyj	[ʃtyj]

tegelijkertijd (bw)	njëkohësisht	[ɲəkohəsíʃt]
voortdurend (bw)	përhershëm	[pərhérʃəm]
voortdurend	vazhdueshme	[vaʒdúɛʃmɛ]
tijdelijk (bn)	i përkohshëm	[i pərkóhʃəm]
soms (bw)	ndonjëherë	[ndoɲəhérə]
zelden (bw)	rrallë	[ráɫə]
vaak (bw)	shpesh	[ʃpɛʃ]

23. Tegenovergestelden

rijk (bn)	i pasur	[i pásur]
arm (bn)	i varfër	[i várfər]
ziek (bn)	i sëmurë	[i səmúrə]
gezond (bn)	mirë	[mírə]
groot (bn)	i madh	[i máð]
klein (bn)	i vogël	[i vógəl]
snel (bw)	shpejt	[ʃpɛjt]
langzaam (bw)	ngadalë	[ŋadálə]
snel (bn)	i shpejtë	[i ʃpéjtə]
langzaam (bn)	i ngadaltë	[i ŋadáltə]
vrolijk (bn)	i kënaqur	[i kənácur]
treurig (bn)	i mërzitur	[i mərzítur]
samen (bw)	së bashku	[sə báʃku]
apart (bw)	veç e veç	[vɛtʃ ɛ vɛtʃ]
hardop (~ lezen)	me zë	[mɛ zə]
stil (~ lezen)	pa zë	[pa zə]
hoog (bn)	i lartë	[i lártə]
laag (bn)	i ulët	[i úlət]
diep (bn)	i thellë	[i θéɬə]
ondiep (bn)	i cekët	[i tsékət]
ja	po	[po]
nee	jo	[jo]
ver (bn)	i largët	[i lárgət]
dicht (bn)	afër	[áfər]
ver (bw)	larg	[larg]
dichtbij (bw)	pranë	[pránə]
lang (bn)	i gjatë	[i ɟátə]
kort (bn)	i shkurtër	[i ʃkúrtər]
vriendelijk (goedhartig)	i mirë	[i mírə]
kwaad (bn)	djallëzor	[djaɬəzór]
gehuwd (mann.)	i martuar	[i martúar]
ongehuwd (mann.)	beqar	[bɛcár]
verbieden (ww)	ndaloj	[ndalój]
toestaan (ww)	lejoj	[lɛjój]
einde (het)	fund (m)	[fund]
begin (het)	fillim (m)	[fiɬím]

| linker (bn) | majtë | [májtə] |
| rechter (bn) | djathtë | [djáθtə] |

| eerste (bn) | i pari | [i pári] |
| laatste (bn) | i fundit | [i fúndit] |

| misdaad (de) | krim (m) | [krim] |
| bestraffing (de) | ndëshkim (m) | [ndəʃkím] |

| bevelen (ww) | urdhëroj | [urðərój] |
| gehoorzamen (ww) | bindem | [bíndɛm] |

| recht (bn) | i drejtë | [i dréjtə] |
| krom (bn) | i harkuar | [i harkúar] |

| paradijs (het) | parajsë (f) | [parájsə] |
| hel (de) | ferr (m) | [fɛr] |

| geboren worden (ww) | lind | [lind] |
| sterven (ww) | vdes | [vdɛs] |

| sterk (bn) | i fortë | [i fórtə] |
| zwak (bn) | i dobët | [i dóbət] |

| oud (bn) | plak | [plak] |
| jong (bn) | i ri | [i rí] |

| oud (bn) | i vjetër | [i vjétər] |
| nieuw (bn) | i ri | [i rí] |

| hard (bn) | i fortë | [i fórtə] |
| zacht (bn) | i butë | [i bútə] |

| warm (bn) | ngrohtë | [ŋróhtə] |
| koud (bn) | i ftohtë | [i ftóhtə] |

| dik (bn) | i shëndoshë | [i ʃəndóʃə] |
| dun (bn) | i dobët | [i dóbət] |

| smal (bn) | i ngushtë | [i ŋúʃtə] |
| breed (bn) | i gjerë | [i ɟérə] |

| goed (bn) | i mirë | [i mírə] |
| slecht (bn) | i keq | [i kéc] |

| moedig (bn) | guximtar | [gudzimtár] |
| laf (bn) | frikacak | [frikatsák] |

24. Lijnen en vormen

vierkant (het)	katror (m)	[katrór]
vierkant (bn)	katrore	[katrórɛ]
cirkel (de)	rreth (m)	[rɛθ]
rond (bn)	i rrumbullakët	[i rumbuɫákət]

| driehoek (de) | trekëndësh (m) | [trékəndəʃ] |
| driehoekig (bn) | trekëndor | [trɛkəndór] |

ovaal (het)	oval (f)	[ovál]
ovaal (bn)	ovale	[oválɛ]
rechthoek (de)	drejtkëndësh (m)	[drɛjtkéndəʃ]
rechthoekig (bn)	drejtkëndor	[drɛjtkəndór]

piramide (de)	piramidë (f)	[piramídə]
ruit (de)	romb (m)	[romb]
trapezium (het)	trapezoid (m)	[trapɛzoíd]
kubus (de)	kub (m)	[kub]
prisma (het)	prizëm (m)	[prízəm]

omtrek (de)	perimetër (m)	[pɛrimétər]
bol, sfeer (de)	sferë (f)	[sférə]
bal (de)	top (m)	[top]

diameter (de)	diametër (m)	[diamétər]
straal (de)	sipërfaqe (f)	[sipərfácɛ]
omtrek (~ van een cirkel)	perimetër (m)	[pɛrimétər]
middelpunt (het)	qendër (f)	[céndər]

horizontaal (bn)	horizontal	[horizontál]
verticaal (bn)	vertikal	[vɛrtikál]
parallel (de)	paralele (f)	[paralélɛ]
parallel (bn)	paralel	[paralél]

lijn (de)	vijë (f)	[víjə]
streep (de)	vizë (f)	[vízə]
rechte lijn (de)	vijë e drejtë (f)	[víjə ɛ dréjtə]
kromme (de)	kurbë (f)	[kúrbə]
dun (bn)	e hollë	[ɛ hótə]
omlijning (de)	kontur (f)	[kontúr]

snijpunt (het)	kryqëzim (m)	[krycəzím]
rechte hoek (de)	kënd i drejtë (m)	[kənd i dréjtə]
segment (het)	segment (m)	[sɛgmént]
sector (de)	sektor (m)	[sɛktór]
zijde (de)	anë (f)	[ánə]
hoek (de)	kënd (m)	[kǝ́nd]

25. Meeteenheden

gewicht (het)	peshë (f)	[péʃə]
lengte (de)	gjatësi (f)	[ɟatəsí]
breedte (de)	gjerësi (f)	[ɟɛrəsí]
hoogte (de)	lartësi (f)	[lartəsí]
diepte (de)	thellësi (f)	[θɛłəsí]
volume (het)	vëllim (m)	[vətím]
oppervlakte (de)	sipërfaqe (f)	[sipərfácɛ]

| gram (het) | gram (m) | [gram] |
| milligram (het) | miligram (m) | [miligrám] |

kilogram (het)	kilogram (m)	[kilográm]
ton (duizend kilo)	ton (m)	[ton]
pond (het)	paund (m)	[páund]
ons (het)	ons (m)	[ons]

meter (de)	metër (m)	[métər]
millimeter (de)	milimetër (m)	[milimétər]
centimeter (de)	centimetër (m)	[tsɛntimétər]
kilometer (de)	kilometër (m)	[kilométər]
mijl (de)	milje (f)	[míljɛ]

duim (de)	inç (m)	[intʃ]
voet (de)	këmbë (f)	[kə́mbə]
yard (de)	jard (m)	[járd]

vierkante meter (de)	metër katror (m)	[métər katrór]
hectare (de)	hektar (m)	[hɛktár]

liter (de)	litër (m)	[lítər]
graad (de)	gradë (f)	[grádə]
volt (de)	volt (m)	[volt]
ampère (de)	amper (m)	[ampér]
paardenkracht (de)	kuaj-fuqi (f)	[kúaj-fucí]

hoeveelheid (de)	sasi (f)	[sasí]
een beetje ...	pak ...	[pak ...]
helft (de)	gjysmë (f)	[ɟýsmə]
dozijn (het)	dyzinë (f)	[dyzínə]
stuk (het)	copë (f)	[tsópə]

afmeting (de)	madhësi (f)	[maðəsí]
schaal (bijv. ~ van 1 op 50)	shkallë (f)	[ʃkáłə]

minimaal (bn)	minimale	[minimálɛ]
minste (bn)	më i vogli	[mə i vógli]
medium (bn)	i mesëm	[i mésəm]
maximaal (bn)	maksimale	[maksimálɛ]
grootste (bn)	më i madhi	[mə i máði]

26. Containers

glazen pot (de)	kavanoz (m)	[kavanóz]
blik (conserven~)	kanoçe (f)	[kanótʃɛ]
emmer (de)	kovë (f)	[kóvə]
ton (bijv. regenton)	fuçi (f)	[futʃí]

ronde waterbak (de)	legen (m)	[lɛgén]
tank (bijv. watertank-70-ltr)	tank (m)	[tank]
heupfles (de)	faqore (f)	[facórɛ]
jerrycan (de)	bidon (m)	[bidón]
tank (bijv. ketelwagen)	cisternë (f)	[tsistérnə]

beker (de)	tas (m)	[tas]
kopje (het)	filxhan (m)	[fildʒán]

schoteltje (het)	pjatë filxhani (f)	[pjátə fildʒáni]
glas (het)	gotë (f)	[gótə]
wijnglas (het)	gotë vere (f)	[gótə vérɛ]
pan (de)	tenxhere (f)	[tɛndʒérɛ]

| fles (de) | shishe (f) | [ʃíʃɛ] |
| flessenhals (de) | grykë | [grýkə] |

karaf (de)	brokë (f)	[brókə]
kruik (de)	shtambë (f)	[ʃtámbə]
vat (het)	enë (f)	[énə]
pot (de)	enë (f)	[énə]
vaas (de)	vazo (f)	[vázo]

flacon (de)	shishe (f)	[ʃíʃɛ]
flesje (het)	shishkë (f)	[ʃíʃkə]
tube (bijv. ~ tandpasta)	tubet (f)	[tubét]

zak (bijv. ~ aardappelen)	thes (m)	[θɛs]
tasje (het)	qese (f)	[césɛ]
pakje (~ sigaretten, enz.)	paketë (f)	[pakétə]

doos (de)	kuti (f)	[kutí]
kist (de)	arkë (f)	[árkə]
mand (de)	shportë (f)	[ʃpórtə]

27. Materialen

materiaal (het)	material (m)	[matɛriál]
hout (het)	dru (m)	[dru]
houten (bn)	prej druri	[prɛj drúri]

| glas (het) | qelq (m) | [cɛlc] |
| glazen (bn) | prej qelqi | [prɛj célci] |

| steen (de) | gur (m) | [gurɭ] |
| stenen (bn) | guror | [gurór] |

| plastic (het) | plastikë (f) | [plastíkə] |
| plastic (bn) | plastike | [plastíkɛ] |

| rubber (het) | gomë (f) | [gómə] |
| rubber-, rubberen (bn) | prej gome | [prɛj gómɛ] |

| stof (de) | pëlhurë (f) | [pəlhúrə] |
| van stof (bn) | nga pëlhura | [ŋa pəlhúra] |

| papier (het) | letër (f) | [létər] |
| papieren (bn) | prej letre | [prɛj létrɛ] |

karton (het)	karton (m)	[kartón]
kartonnen (bn)	prej kartoni	[prɛj kartóni]
polyethyleen (het)	polietilen (m)	[poliétilɛn]
cellofaan (het)	celofan (m)	[tsɛlofán]

multiplex (het)	kompensatë (f)	[kompɛnsátə]
porselein (het)	porcelan (m)	[portsɛlán]
porseleinen (bn)	prej porcelani	[prɛj portsɛláni]
klei (de)	argjilë (f)	[arɟílə]
klei-, van klei (bn)	prej argjile	[prɛj arɟílɛ]
keramiek (de)	qeramikë (f)	[cɛramíkə]
keramieken (bn)	prej qeramike	[prɛj cɛramíkɛ]

28. Metalen

metaal (het)	metal (m)	[mɛtál]
metalen (bn)	prej metali	[prɛj mɛtáli]
legering (de)	aliazh (m)	[aliáʒ]

goud (het)	ar (m)	[árʳ]
gouden (bn)	prej ari	[prɛj ári]
zilver (het)	argjend (m)	[arɟénd]
zilveren (bn)	prej argjendi	[prɛj arɟéndi]

ijzer (het)	hekur (m)	[hékurʳ]
ijzeren	prej hekuri	[prɛj hékuri]
staal (het)	çelik (m)	[tʃɛlík]
stalen (bn)	prej çeliku	[prɛj tʃɛlíku]
koper (het)	bakër (m)	[bákərʳ]
koperen (bn)	prej bakri	[prɛj bákri]

aluminium (het)	alumin (m)	[alumín]
aluminium (bn)	prej alumini	[prɛj alumíni]
brons (het)	bronz (m)	[bronz]
bronzen (bn)	prej bronzi	[prɛj brónzi]

messing (het)	tunxh (m)	[tundʒ]
nikkel (het)	nikel (m)	[nikél]
platina (het)	platin (m)	[platín]
kwik (het)	merkur (m)	[mɛrkúrʳ]
tin (het)	kallaj (m)	[kaɫáj]
lood (het)	plumb (m)	[plúmb]
zink (het)	zink (m)	[zink]

MENS

Mens. Het lichaam

29. Mensen. Basisbegrippen

mens (de)	qenie njerëzore (f)	[cɛníɛ ɲɛrəzórɛ]
man (de)	burrë (m)	[búrə]
vrouw (de)	grua (f)	[grúa]
kind (het)	fëmijë (f)	[fəmíjə]
meisje (het)	vajzë (f)	[vájzə]
jongen (de)	djalë (f)	[djálə]
tiener, adolescent (de)	adoleshent (m)	[adolɛʃént]
oude man (de)	plak (m)	[plak]
oude vrouw (de)	plakë (f)	[plákə]

30. Menselijke anatomie

organisme (het)	organizëm (m)	[organízəm]
hart (het)	zemër (f)	[zémər]
bloed (het)	gjak (m)	[ɟak]
slagader (de)	arterie (f)	[artériɛ]
ader (de)	venë (f)	[vénə]
hersenen (mv.)	tru (m)	[tru]
zenuw (de)	nerv (m)	[nɛrv]
zenuwen (mv.)	nerva (f)	[nérva]
wervel (de)	vertebër (f)	[vɛrtébər]
ruggengraat (de)	shtyllë kurrizore (f)	[ʃtýłə kurizórɛ]
maag (de)	stomak (m)	[stomák]
darmen (mv.)	zorrët (f)	[zórət]
darm (de)	zorrë (f)	[zórə]
lever (de)	mëlçi (f)	[məltʃí]
nier (de)	veshkë (f)	[véʃkə]
been (deel van het skelet)	kockë (f)	[kótskə]
skelet (het)	skelet (m)	[skɛlét]
rib (de)	brinjë (f)	[bríɲə]
schedel (de)	kafkë (f)	[káfkə]
spier (de)	muskul (m)	[múskul]
biceps (de)	biceps (m)	[bitséps]
triceps (de)	triceps (m)	[tritséps]
pees (de)	tendon (f)	[tɛndón]
gewricht (het)	nyje (f)	[nýjɛ]

longen (mv.)	mushkëri (m)	[muʃkərí]
geslachtsorganen (mv.)	organe gjenitale (f)	[orgánɛ ɟɛnitálɛ]
huid (de)	lëkurë (f)	[ləkúrə]

31. Hoofd

hoofd (het)	kokë (f)	[kókə]
gezicht (het)	fytyrë (f)	[fytýrə]
neus (de)	hundë (f)	[húndə]
mond (de)	gojë (f)	[gójə]

oog (het)	sy (m)	[sy]
ogen (mv.)	sytë	[sýtə]
pupil (de)	bebëz (f)	[bébəz]
wenkbrauw (de)	vetull (f)	[vétuɫ]
wimper (de)	qerpik (m)	[cɛrpík]
ooglid (het)	qepallë (f)	[cɛpáɫə]

tong (de)	gjuhë (f)	[ɟúhə]
tand (de)	dhëmb (m)	[ðəmb]
lippen (mv.)	buzë (f)	[búzə]
jukbeenderen (mv.)	mollëza (f)	[móɫəza]
tandvlees (het)	mishrat e dhëmbëve	[míʃrat ɛ ðəmbəvɛ]
gehemelte (het)	qiellzë (f)	[ciéɫzə]

neusgaten (mv.)	vrimat e hundës (pl)	[vrímat ɛ húndəs]
kin (de)	mjekër (f)	[mjékər]
kaak (de)	nofull (f)	[nófuɫ]
wang (de)	faqe (f)	[fácɛ]

voorhoofd (het)	ball (m)	[báɫ]
slaap (de)	tëmth (m)	[təmθ]
oor (het)	vesh (m)	[vɛʃ]
achterhoofd (het)	zverk (m)	[zvɛrk]
hals (de)	qafë (f)	[cáfə]
keel (de)	fyt (m)	[fyt]

haren (mv.)	flokë (pl)	[flókə]
kapsel (het)	model flokësh (m)	[modél flókəʃ]
haarsnit (de)	prerje flokësh (f)	[prérjɛ flókəʃ]
pruik (de)	paruke (f)	[parúkɛ]

snor (de)	mustaqe (f)	[mustácɛ]
baard (de)	mjekër (f)	[mjékər]
dragen (een baard, enz.)	lë mjekër	[lə mjékər]
vlecht (de)	gërshet (m)	[gərʃét]
bakkebaarden (mv.)	baseta (f)	[baséta]

ros (roodachtig, rossig)	flokëkuqe	[flokəkúcɛ]
grijs (~ haar)	thinja	[θíɲa]
kaal (bn)	qeros	[cɛrós]
kale plek (de)	tullë (f)	[túɫə]
paardenstaart (de)	bishtalec (m)	[biʃtaléts]
pony (de)	balluke (f)	[baɫúkɛ]

32. Menselijk lichaam

| hand (de) | dorë (f) | [dórə] |
| arm (de) | krah (m) | [krah] |

vinger (de)	gisht i dorës (m)	[gíʃt i dórəs]
teen (de)	gisht i këmbës (m)	[gíʃt i kémbəs]
duim (de)	gishti i madh (m)	[gíʃti i máð]
pink (de)	gishti i vogël (m)	[gíʃti i vógəl]
nagel (de)	thua (f)	[θúa]

vuist (de)	grusht (m)	[grúʃt]
handpalm (de)	pëllëmbë dore (f)	[pəɫémbə dórɛ]
pols (de)	kyç (m)	[kytʃ]
voorarm (de)	parakrah (m)	[parakráh]
elleboog (de)	bërryl (m)	[bərýl]
schouder (de)	shpatull (f)	[ʃpátuɫ]

been (rechter ~)	këmbë (f)	[kémbə]
voet (de)	shputë (f)	[ʃpútə]
knie (de)	gju (m)	[ɟú]
kuit (de)	pulpë (f)	[púlpə]
heup (de)	ijë (f)	[íjə]
hiel (de)	thembër (f)	[θémbər]

lichaam (het)	trup (m)	[trup]
buik (de)	stomak (m)	[stomák]
borst (de)	kraharor (m)	[kraharór]
borst (de)	gjoks (m)	[ɟóks]
zijde (de)	krah (m)	[krah]
rug (de)	kurriz (m)	[kuríz]
lage rug (de)	fundshpina (f)	[fundʃpína]
taille (de)	beli (m)	[béli]

navel (de)	kërthizë (f)	[kərθízə]
billen (mv.)	vithe (f)	[víθɛ]
achterwerk (het)	prapanica (f)	[prapanítsa]

huidvlek (de)	nishan (m)	[niʃán]
moedervlek (de)	shenjë lindjeje (f)	[ʃéɲə líndjɛjɛ]
tatoeage (de)	tatuazh (m)	[tatuáʒ]
litteken (het)	shenjë (f)	[ʃéɲə]

Kleding en accessoires

33. Bovenkleding. Jassen

kleren (mv.)	rroba (f)	[róba]
bovenkleding (de)	veshje e sipërme (f)	[véʃjɛ ɛ sípərmɛ]
winterkleding (de)	veshje dimri (f)	[véʃjɛ dímri]
jas (de)	pallto (f)	[páɫto]
bontjas (de)	gëzof (m)	[gəzóf]
bontjasje (het)	xhaketë lëkure (f)	[dʒakétə ləkúrɛ]
donzen jas (de)	xhup (m)	[dʒup]
jasje (bijv. een leren ~)	xhaketë (f)	[dʒakétə]
regenjas (de)	pardesy (f)	[pardɛsý]
waterdicht (bn)	kundër shiut	[kúndər ʃíut]

34. Heren & dames kleding

overhemd (het)	këmishë (f)	[kəmíʃə]
broek (de)	pantallona (f)	[pantaɫóna]
jeans (de)	xhinse (f)	[dʒínsɛ]
colbert (de)	xhaketë kostumi (f)	[dʒakétə kostúmi]
kostuum (het)	kostum (m)	[kostúm]
jurk (de)	fustan (m)	[fustán]
rok (de)	fund (m)	[fund]
blouse (de)	bluzë (f)	[blúzə]
wollen vest (de)	xhaketë me thurje (f)	[dʒakétə mɛ θúrjɛ]
blazer (kort jasje)	xhaketë femrash (f)	[dʒakétə fémraʃ]
T-shirt (het)	bluzë (f)	[blúzə]
shorts (mv.)	pantallona të shkurtra (f)	[pantaɫóna tə ʃkúrtra]
trainingspak (het)	tuta sportive (f)	[túta sportívɛ]
badjas (de)	peshqir trupi (m)	[pɛʃcír trúpi]
pyjama (de)	pizhame (f)	[piʒámɛ]
sweater (de)	triko (f)	[tríko]
pullover (de)	pulovër (m)	[pulóvər]
gilet (het)	jelek (m)	[jɛlék]
rokkostuum (het)	frak (m)	[frak]
smoking (de)	smoking (m)	[smokíŋ]
uniform (het)	uniformë (f)	[unifórmə]
werkkleding (de)	rroba pune (f)	[róba púnɛ]
overall (de)	kominoshe (f)	[kominóʃɛ]
doktersjas (de)	uniformë (f)	[unifórmə]

35. Kleding. Ondergoed

ondergoed (het)	të brendshme (f)	[tə bréndʃmɛ]
herenslip (de)	boksera (f)	[bokséra]
slipjes (mv.)	brekë (f)	[brékə]
onderhemd (het)	fanellë (f)	[fanélə]
sokken (mv.)	çorape (pl)	[tʃorápɛ]

nachthemd (het)	këmishë nate (f)	[kəmíʃə nátɛ]
beha (de)	sytjena (f)	[sytjéna]
kniekousen (mv.)	çorape déri tek gjuri (pl)	[tʃorápɛ déri ték ɟúri]
panty (de)	geta (f)	[géta]
nylonkousen (mv.)	çorape të holla (pl)	[tʃorápɛ tə hóɬa]
badpak (het)	rrobë banje (f)	[róbə báɲɛ]

36. Hoofddeksels

hoed (de)	kapelë (f)	[kapélə]
deukhoed (de)	kapelë republike (f)	[kapélə ɾɛpublíkɛ]
honkbalpet (de)	kapelë bejsbolli (f)	[kapélə bɛjsbóɬi]
kleppet (de)	kapelë e sheshtë (f)	[kapélə ɛ ʃéʃtə]

baret (de)	beretë (f)	[bɛrétə]
kap (de)	kapuç (m)	[kapútʃ]
panamahoed (de)	kapelë panama (f)	[kapélə panamá]
gebreide muts (de)	kapuç leshi (m)	[kapútʃ léʃi]

hoofddoek (de)	shami (f)	[ʃamí]
dameshoed (de)	kapelë femrash (f)	[kapélə fémraʃ]

veiligheidshelm (de)	helmetë (f)	[hɛlmétə]
veldmuts (de)	kapelë ushtrie (f)	[kapélə uʃtríɛ]
helm, valhelm (de)	helmetë (f)	[hɛlmétə]

bolhoed (de)	kapelë derby (f)	[kapélə dérby]
hoge hoed (de)	kapelë cilindër (f)	[kapélə tsilíndər]

37. Schoeisel

schoeisel (het)	këpucë (pl)	[kəpútsə]
schoenen (mv.)	këpucë burrash (pl)	[kəpútsə búraʃ]
vrouwenschoenen (mv.)	këpucë grash (pl)	[kəpútsə gráʃ]
laarzen (mv.)	çizme (pl)	[tʃízmɛ]
pantoffels (mv.)	pantofla (pl)	[pantófla]

sportschoenen (mv.)	atlete tenisi (pl)	[atlétɛ tɛnísi]
sneakers (mv.)	atlete (pl)	[atlétɛ]
sandalen (mv.)	sandale (pl)	[sandálɛ]

schoenlapper (de)	këpucëtar (m)	[kəputsətár]
hiel (de)	takë (f)	[tákə]

paar (een ~ schoenen)	palë (f)	[pálə]
veter (de)	lidhëse këpucësh (f)	[líðəsɛ kəpútsəʃ]
rijgen (schoenen ~)	lidh këpucët	[lið kəpútsət]
schoenlepel (de)	lugë këpucësh (f)	[lúgə kəpútsəʃ]
schoensmeer (de/het)	bojë këpucësh (f)	[bójə kəpútsəʃ]

38. Textiel. Weefsel

katoen (de/het)	pambuk (m)	[pambúk]
katoenen (bn)	i pambuktë	[i pambúktə]
vlas (het)	li (m)	[li]
vlas-, van vlas (bn)	prej liri	[prɛj líri]
zijde (de)	mëndafsh (m)	[məndáfʃ]
zijden (bn)	i mëndafshtë	[i məndáfʃtə]
wol (de)	lesh (m)	[lɛʃ]
wollen (bn)	i leshtë	[i léʃtə]
fluweel (het)	kadife (f)	[kadífɛ]
suède (de)	kamosh (m)	[kamóʃ]
ribfluweel (het)	kadife me riga (f)	[kadífɛ mɛ ríga]
nylon (de/het)	najlon (m)	[najlón]
nylon-, van nylon (bn)	prej najloni	[prɛj najlóni]
polyester (het)	poliestër (m)	[poliéstər]
polyester- (abn)	prej poliestri	[prɛj poliéstri]
leer (het)	lëkurë (f)	[ləkúrə]
leren (van leer gemaak)	prej lëkure	[prɛj ləkúrɛ]
bont (het)	gëzof (m)	[gəzóf]
bont- (abn)	prej gëzofi	[prɛj gəzófi]

39. Persoonlijke accessoires

handschoenen (mv.)	dorëza (pl)	[dórəza]
wanten (mv.)	doreza (f)	[doréza]
sjaal (fleece ~)	shall (m)	[ʃaɬ]
bril (de)	syze (f)	[sýzɛ]
brilmontuur (het)	skelet syzesh (m)	[skɛlét sýzɛʃ]
paraplu (de)	çadër (f)	[tʃádər]
wandelstok (de)	bastun (m)	[bastún]
haarborstel (de)	furçe flokësh (f)	[fúrtʃə flókəʃ]
waaier (de)	erashkë (f)	[ɛráʃkə]
das (de)	kravatë (f)	[kravátə]
strikje (het)	papion (m)	[papión]
bretels (mv.)	aski (pl)	[askí]
zakdoek (de)	shami (f)	[ʃamí]
kam (de)	krehër (m)	[kréhər]
haarspeldje (het)	kapëse flokësh (f)	[kápəsɛ flókəʃ]

schuifspeldje (het)	karficë (f)	[karfítsə]
gesp (de)	tokëz (f)	[tókəz]

broekriem (de)	rrip (m)	[rip]
draagriem (de)	rrip supi (m)	[rip súpi]

handtas (de)	çantë dore (f)	[t͡ʃántə dórɛ]
damestas (de)	çantë (f)	[t͡ʃántə]
rugzak (de)	çantë shpine (f)	[t͡ʃántə ʃpínɛ]

40. Kleding. Diversen

mode (de)	modë (f)	[módə]
de mode (bn)	në modë	[nə módə]
kledingstilist (de)	stilist (m)	[stilíst]

kraag (de)	jakë (f)	[jákə]
zak (de)	xhep (m)	[dʒɛp]
zak- (abn)	i xhepit	[i dʒépit]
mouw (de)	mëngë (f)	[mə́ŋə]
lusje (het)	hallkë për varje (f)	[háɫkə pər várjɛ]
gulp (de)	zinxhir (m)	[zindʒír]

rits (de)	zinxhir (m)	[zindʒír]
sluiting (de)	kapëse (f)	[kápəsɛ]
knoop (de)	kopsë (f)	[kópsə]
knoopsgat (het)	vrimë kopse (f)	[vrímə kópsɛ]
losraken (bijv. knopen)	këputet	[kəpútɛt]

naaien (kleren, enz.)	qep	[cɛp]
borduren (ww)	qëndis	[cəndís]
borduursel (het)	qëndisje (f)	[cəndísjɛ]
naald (de)	gjilpërë për qepje (f)	[ɉilpə́rə pər cépjɛ]
draad (de)	pe (m)	[pɛ]
naad (de)	tegel (m)	[tɛgél]

vies worden (ww)	bëhem pis	[bə́hɛm pis]
vlek (de)	njollë (f)	[ɲóɫə]
gekreukt raken (ov. kleren)	zhubros	[ʒubrós]
scheuren (ov.ww.)	gris	[gris]
mot (de)	molë rrobash (f)	[mólə róbaʃ]

41. Persoonlijke verzorging. Schoonheidsmiddelen

tandpasta (de)	pastë dhëmbësh (f)	[pástə ðə́mbəʃ]
tandenborstel (de)	furçë dhëmbësh (f)	[fúrt͡ʃə ðə́mbəʃ]
tanden poetsen (ww)	laj dhëmbët	[laj ðə́mbət]

scheermes (het)	brisk (m)	[brísk]
scheerschuim (het)	pastë rroje (f)	[pástə rójɛ]
zich scheren (ww)	rruhem	[rúhɛm]
zeep (de)	sapun (m)	[sapún]

shampoo (de)	shampo (f)	[ʃampó]
schaar (de)	gërshërë (f)	[gərʃérə]
nagelvijl (de)	limë thonjsh (f)	[límə θóɲʃ]
nagelknipper (de)	prerëse thonjsh (f)	[prérəsɛ θóɲʃ]
pincet (het)	piskatore vetullash (f)	[piskatórɛ vétułaʃ]

cosmetica (mv.)	kozmetikë (f)	[kozmɛtíkə]
masker (het)	maskë fytyre (f)	[máskə fytýrɛ]
manicure (de)	manikyr (m)	[manikýr]
manicure doen	bëj manikyr	[bəj manikýr]
pedicure (de)	pedikyr (m)	[pɛdikýr]

cosmetica tasje (het)	çantë kozmetike (f)	[tʃántə kozmɛtíkɛ]
poeder (de/het)	pudër fytyre (f)	[púdər fytýrɛ]
poederdoos (de)	pudër kompakte (f)	[púdər kompáktɛ]
rouge (de)	ruzh (m)	[ruʒ]

parfum (de/het)	parfum (m)	[parfúm]
eau de toilet (de)	parfum (m)	[parfúm]
lotion (de)	krem (m)	[krɛm]
eau de cologne (de)	kolonjë (f)	[kolóɲə]

oogschaduw (de)	rimel (m)	[rimél]
oogpotlood (het)	laps për sy (m)	[láps pər sy]
mascara (de)	rimel (m)	[rimél]

lippenstift (de)	buzëkuq (m)	[buzəkúc]
nagellak (de)	llak për thonj (m)	[łak pər θóɲ]
haarlak (de)	llak flokësh (m)	[łak flókəʃ]
deodorant (de)	deodorant (m)	[dɛodoránt]

crème (de)	krem (m)	[krɛm]
gezichtscrème (de)	krem për fytyrë (m)	[krɛm pər fytýrə]
handcrème (de)	krem për duar (m)	[krɛm pər dúar]
antirimpelcrème (de)	krem kundër rrudhave (m)	[krɛm kúndər rúðavɛ]
dagcrème (de)	krem dite (m)	[krɛm dítɛ]
nachtcrème (de)	krem nate (m)	[krɛm nátɛ]
dag- (abn)	dite	[dítɛ]
nacht- (abn)	nate	[nátɛ]

tampon (de)	tampon (m)	[tampón]
toiletpapier (het)	letër higjienike (f)	[létər hiɟiɛníkɛ]
föhn (de)	tharëse flokësh (f)	[θárəsɛ flókəʃ]

42. Juwelen

sieraden (mv.)	bizhuteri (f)	[biʒutɛrí]
edel (bijv. ~ stenen)	i çmuar	[i tʃmúar]
keurmerk (het)	vulë dalluese (f)	[vúlə dałúɛsɛ]

ring (de)	unazë (f)	[unázə]
trouwring (de)	unazë martese (f)	[unázə martésɛ]
armband (de)	byzylyk (m)	[byzylýk]
oorringen (mv.)	vathë (pl)	[váθə]

halssnoer (het)	gjerdan (m)	[ɟɛrdán]
kroon (de)	kurorë (f)	[kurórə]
kralen snoer (het)	qafore me rruaza (f)	[cafórɛ mɛ ruáza]

diamant (de)	diamant (m)	[diamánt]
smaragd (de)	smerald (m)	[smɛráld]
robijn (de)	rubin (m)	[rubín]
saffier (de)	safir (m)	[safír]
parel (de)	perlë (f)	[pérlə]
barnsteen (de)	qelibar (m)	[cɛlibár]

43. Horloges. Klokken

polshorloge (het)	orë dore (f)	[órə dórɛ]
wijzerplaat (de)	faqe e orës (f)	[fácɛ ɛ órəs]
wijzer (de)	akrep (m)	[akrép]
metalen horlogeband (de)	rrip metalik ore (m)	[rip mɛtalík órɛ]
horlogebandje (het)	rrip ore (m)	[rip órɛ]

batterij (de)	bateri (f)	[batɛrí]
leeg zijn (ww)	e shkarkuar	[ɛ ʃkarkúar]
batterij vervangen	ndërroj baterinë	[ndərój batɛrínə]
voorlopen (ww)	kalon shpejt	[kalón ʃpéjt]
achterlopen (ww)	ngel prapa	[ŋɛl prápa]

wandklok (de)	orë muri (f)	[órə múri]
zandloper (de)	orë rëre (f)	[órə rərɛ]
zonnewijzer (de)	orë diellore (f)	[órə diɛłórɛ]
wekker (de)	orë me zile (f)	[órə mɛ zílɛ]
horlogemaker (de)	orëndreqës (m)	[orəndrécəs]
repareren (ww)	ndreq	[ndréc]

Voedsel. Voeding

44. Voedsel

vlees (het)	mish (m)	[miʃ]
kip (de)	pulë (f)	[púlə]
kuiken (het)	mish pule (m)	[miʃ púlɛ]
eend (de)	rosë (f)	[rósə]
gans (de)	patë (f)	[pátə]
wild (het)	gjah (m)	[ɟáh]
kalkoen (de)	mish gjel deti (m)	[miʃ ɟɛl déti]

varkensvlees (het)	mish derri (m)	[miʃ déri]
kalfsvlees (het)	mish viçi (m)	[miʃ vítʃi]
schapenvlees (het)	mish qengji (m)	[miʃ cénɟi]
rundvlees (het)	mish lope (m)	[miʃ lópɛ]
konijnenvlees (het)	mish lepuri (m)	[miʃ lépuri]

worst (de)	salsiçe (f)	[salsítʃɛ]
saucijs (de)	salsiçe vjeneze (f)	[salsítʃɛ vjɛnézɛ]
spek (het)	proshutë (f)	[proʃútə]
ham (de)	sallam (m)	[saɫám]
gerookte achterham (de)	kofshë derri (f)	[kófʃə déri]

paté (de)	pate (f)	[paté]
lever (de)	mëlçi (f)	[məltʃí]
gehakt (het)	hamburger (m)	[hamburgér]
tong (de)	gjuhë (f)	[ɟúhə]

ei (het)	ve (f)	[vɛ]
eieren (mv.)	vezë (pl)	[vézə]
eiwit (het)	e bardhë veze (f)	[ɛ bárðə vézɛ]
eigeel (het)	e verdhë veze (f)	[ɛ vérðə vézɛ]

vis (de)	peshk (m)	[pɛʃk]
zeevruchten (mv.)	fruta deti (pl)	[frúta déti]
schaaldieren (mv.)	krustace (pl)	[krustátsɛ]
kaviaar (de)	havjar (m)	[havjár]

krab (de)	gaforre (f)	[gafórɛ]
garnaal (de)	karkalec (m)	[karkaléts]
oester (de)	midhje (f)	[míðjɛ]
langoest (de)	karavidhe (f)	[karavíðɛ]
octopus (de)	oktapod (m)	[oktapód]
inktvis (de)	kallamarë (f)	[kaɫamárə]

steur (de)	bli (m)	[blí]
zalm (de)	salmon (m)	[salmón]
heilbot (de)	shojzë e Atlantikut Verior (f)	[ʃójzə ɛ atlantíkut vɛriór]
kabeljauw (de)	merluc (m)	[mɛrlúts]

makreel (de)	skumbri (m)	[skúmbri]
tonijn (de)	tunë (f)	[túnə]
paling (de)	ngjalë (f)	[ŋɟálə]

forel (de)	troftë (f)	[tróftə]
sardine (de)	sardele (f)	[sardélɛ]
snoek (de)	mlysh (m)	[mlýʃ]
haring (de)	harengë (f)	[harénə]

brood (het)	bukë (f)	[búkə]
kaas (de)	djath (m)	[djáθ]
suiker (de)	sheqer (m)	[ʃɛcér]
zout (het)	kripë (f)	[krípə]

rijst (de)	oriz (m)	[oríz]
pasta (de)	makarona (f)	[makaróna]
noedels (mv.)	makarona petë (f)	[makaróna pétə]

boter (de)	gjalp (m)	[ɟalp]
plantaardige olie (de)	vaj vegjetal (m)	[vaj vɛɟɛtál]
zonnebloemolie (de)	vaj luledielli (m)	[vaj lulɛdiéɬi]
margarine (de)	margarinë (f)	[margarínə]

olijven (mv.)	ullinj (pl)	[uɬíɲ]
olijfolie (de)	vaj ulliri (m)	[vaj uɬíri]

melk (de)	qumësht (m)	[cúməʃt]
gecondenseerde melk (de)	qumësht i kondensuar (m)	[cúməʃt i kondɛnsúar]
yoghurt (de)	kos (m)	[kos]
zure room (de)	salcë kosi (f)	[sáltsə kosi]
room (de)	krem qumështi (m)	[krɛm cúməʃti]

mayonaise (de)	majonezë (f)	[majonézə]
crème (de)	krem gjalpi (m)	[krɛm ɟálpi]

graan (het)	drithëra (pl)	[dríθəra]
meel (het), bloem (de)	miell (m)	[míɛɬ]
conserven (mv.)	konserva (f)	[konsérva]

maïsvlokken (mv.)	kornfleiks (m)	[kornfléiks]
honing (de)	mjaltë (f)	[mjáltə]
jam (de)	reçel (m)	[rɛtʃél]
kauwgom (de)	çamçakëz (m)	[tʃamtʃakéz]

45. Drankjes

water (het)	ujë (m)	[újə]
drinkwater (het)	ujë i pijshëm (m)	[újə i píjʃəm]
mineraalwater (het)	ujë mineral (m)	[újə minɛrál]

zonder gas	ujë natyral	[újə natyrál]
koolzuurhoudend (bn)	ujë i karbonuar	[újə i karbonúar]
bruisend (bn)	ujë i gazuar	[újə i gazúar]
ijs (het)	akull (m)	[ákuɬ]

met ijs	me akull	[mɛ ákuɫ]
alcohol vrij (bn)	jo alkoolik	[jo alkoolík]
alcohol vrije drank (de)	pije e lehtë (f)	[píjɛ ɛ léhtə]
frisdrank (de)	pije freskuese (f)	[píjɛ frɛskúɛsɛ]
limonade (de)	limonadë (f)	[limonádə]

alcoholische dranken (mv.)	likere (pl)	[likérɛ]
wijn (de)	verë (f)	[vérə]
witte wijn (de)	verë e bardhë (f)	[vérə ɛ bárðə]
rode wijn (de)	verë e kuqe (f)	[vérə ɛ kúcɛ]

likeur (de)	liker (m)	[likér]
champagne (de)	shampanjë (f)	[ʃampáɲə]
vermout (de)	vermut (m)	[vɛrmút]

whisky (de)	uiski (m)	[víski]
wodka (de)	vodkë (f)	[vódkə]
gin (de)	xhin (m)	[dʒin]
cognac (de)	konjak (m)	[koɲák]
rum (de)	rum (m)	[rum]

koffie (de)	kafe (f)	[káfɛ]
zwarte koffie (de)	kafe e zezë (f)	[káfɛ ɛ zézə]
koffie (de) met melk	kafe me qumësht (m)	[káfɛ mɛ cúməʃt]
cappuccino (de)	kapuçino (m)	[kaputʃíno]
oploskoffie (de)	neskafe (f)	[nɛskáfɛ]

melk (de)	qumësht (m)	[cúməʃt]
cocktail (de)	koktej (m)	[koktéj]
milkshake (de)	milkshake (f)	[milkʃákɛ]

sap (het)	lëng frutash (m)	[ləŋ frútaʃ]
tomatensap (het)	lëng domatesh (m)	[ləŋ domátɛʃ]
sinaasappelsap (het)	lëng portokalli (m)	[ləŋ portokáɫi]
vers geperst sap (het)	lëng frutash i freskët (m)	[ləŋ frútaʃ i fréskət]

bier (het)	birrë (f)	[bírə]
licht bier (het)	birrë e lehtë (f)	[bírə ɛ léhtə]
donker bier (het)	birrë e zezë (f)	[bírə ɛ zézə]

thee (de)	çaj (m)	[tʃáj]
zwarte thee (de)	çaj i zi (m)	[tʃáj i zí]
groene thee (de)	çaj jeshil (m)	[tʃáj jɛʃíl]

46. Groenten

| groenten (mv.) | perime (pl) | [pɛrímɛ] |
| verse kruiden (mv.) | zarzavate (pl) | [zarzavátɛ] |

tomaat (de)	domate (f)	[domátɛ]
augurk (de)	kastravec (m)	[kastravéts]
wortel (de)	karotë (f)	[karótə]
aardappel (de)	patate (f)	[patátɛ]
ui (de)	qepë (f)	[cépə]

knoflook (de)	hudhër (f)	[húðər]
kool (de)	lakër (f)	[lákər]
bloemkool (de)	lulelakër (f)	[lulɛlákər]
spruitkool (de)	lakër Brukseli (f)	[lákər brukséli]
broccoli (de)	brokoli (m)	[brókoli]

rode biet (de)	panxhar (m)	[pandʒár]
aubergine (de)	patëllxhan (m)	[patəɫdʒán]
courgette (de)	kungulleshë (m)	[kuŋuɫéʃə]
pompoen (de)	kungull (m)	[kúŋuɫ]
raap (de)	rrepë (f)	[répə]

peterselie (de)	majdanoz (m)	[majdanóz]
dille (de)	kopër (f)	[kópər]
sla (de)	sallatë jeshile (f)	[saɫátə jɛʃílɛ]
selderij (de)	selino (f)	[sɛlíno]
asperge (de)	asparagus (m)	[asparágus]
spinazie (de)	spinaq (m)	[spinác]

erwt (de)	bizele (f)	[bizélɛ]
bonen (mv.)	fasule (f)	[fasúlɛ]
maïs (de)	misër (m)	[mísər]
nierboon (de)	groshë (f)	[gróʃə]

peper (de)	spec (m)	[spɛts]
radijs (de)	rrepkë (f)	[répkə]
artisjok (de)	angjinare (f)	[aɲinárɛ]

47. Vruchten. Noten

vrucht (de)	frut (m)	[frut]
appel (de)	mollë (f)	[móɫə]
peer (de)	dardhë (f)	[dárðə]
citroen (de)	limon (m)	[limón]
sinaasappel (de)	portokall (m)	[portokáɫ]
aardbei (de)	luleshtrydhe (f)	[lulɛʃtrýðɛ]

mandarijn (de)	mandarinë (f)	[mandarínə]
pruim (de)	kumbull (f)	[kúmbuɫ]
perzik (de)	pjeshkë (f)	[pjéʃkə]
abrikoos (de)	kajsi (f)	[kajsí]
framboos (de)	mjedër (f)	[mjédər]
ananas (de)	ananas (m)	[ananás]

banaan (de)	banane (f)	[banánɛ]
watermeloen (de)	shalqi (m)	[ʃalcí]
druif (de)	rrush (m)	[ruʃ]
zure kers (de)	qershi vishnje (f)	[cɛrʃí víʃɲɛ]
zoete kers (de)	qershi (f)	[cɛrʃí]
meloen (de)	pjepër (m)	[pjépər]

grapefruit (de)	grejpfrut (m)	[grɛjpfrút]
avocado (de)	avokado (f)	[avokádo]
papaja (de)	papaja (f)	[papája]

| mango (de) | mango (f) | [máŋo] |
| granaatappel (de) | shegë (f) | [ʃégə] |

rode bes (de)	kaliboba e kuqe (f)	[kalibóba ɛ kúcɛ]
zwarte bes (de)	kaliboba e zezë (f)	[kalibóba ɛ zézə]
kruisbes (de)	kulumbri (f)	[kulumbrí]
blauwe bosbes (de)	boronicë (f)	[boronítsə]
braambes (de)	manaferra (f)	[manaféra]

rozijn (de)	rrush i thatë (m)	[ruʃ i θátə]
vijg (de)	fik (m)	[fik]
dadel (de)	hurmë (f)	[húrmə]

pinda (de)	kikirik (m)	[kikirík]
amandel (de)	bajame (f)	[bajámɛ]
walnoot (de)	arrë (f)	[árə]
hazelnoot (de)	lajthi (f)	[lajθí]
kokosnoot (de)	arrë kokosi (f)	[árə kokósi]
pistaches (mv.)	fëstëk (m)	[fəsték]

48. Brood. Snoep

suikerbakkerij (de)	ëmbëlsira (pl)	[əmbəlsíra]
brood (het)	bukë (f)	[búkə]
koekje (het)	biskota (pl)	[biskóta]

chocolade (de)	çokollatë (f)	[tʃokoɫátə]
chocolade- (abn)	prej çokollate	[prɛj tʃokoɫátɛ]
snoepje (het)	karamele (f)	[karamélɛ]
cakeje (het)	kek (m)	[kék]
taart (bijv. verjaardags~)	tortë (f)	[tórtə]

| pastei (de) | tortë (f) | [tórtə] |
| vulling (de) | mbushje (f) | [mbúʃɛ] |

confituur (de)	reçel (m)	[rɛtʃél]
marmelade (de)	marmelatë (f)	[marmɛlátə]
wafel (de)	vafera (pl)	[vaféra]
ijsje (het)	akullore (f)	[akuɫórɛ]
pudding (de)	puding (m)	[pudíŋ]

49. Bereide gerechten

gerecht (het)	pjatë (f)	[pjátə]
keuken (bijv. Franse ~)	kuzhinë (f)	[kuʒínə]
recept (het)	recetë (f)	[rɛtsétə]
portie (de)	racion (m)	[ratsión]

salade (de)	sallatë (f)	[saɫátə]
soep (de)	supë (f)	[súpə]
bouillon (de)	lëng mishi (m)	[ləŋ míʃi]
boterham (de)	sandviç (m)	[sandvítʃ]

spiegelei (het)	vezë të skuqura (pl)	[véze te skúcura]
hamburger (de)	hamburger	[hamburgér]
biefstuk (de)	biftek (m)	[bifték]

garnering (de)	garniturë (f)	[garnitúre]
spaghetti (de)	shpageti (pl)	[ʃpagéti]
aardappelpuree (de)	pure patatesh (f)	[puré patátɛʃ]
pizza (de)	pica (f)	[pítsa]
pap (de)	qull (m)	[cuɫ]
omelet (de)	omëletë (f)	[omeléte]

gekookt (in water)	i zier	[i zíɛr]
gerookt (bn)	i tymosur	[i tymósur]
gebakken (bn)	i skuqur	[i skúcur]
gedroogd (bn)	i tharë	[i θáre]
diepvries (bn)	i ngrirë	[i ŋríre]
gemarineerd (bn)	i marinuar	[i marinúar]

zoet (bn)	i ëmbël	[i émbel]
gezouten (bn)	i kripur	[i krípur]
koud (bn)	i ftohtë	[i ftóhte]
heet (bn)	i nxehtë	[i ndzéhte]
bitter (bn)	i hidhur	[i híður]
lekker (bn)	i shijshëm	[i ʃijʃem]

koken (in kokend water)	ziej	[zíɛj]
bereiden (avondmaaltijd ~)	gatuaj	[gatúaj]
bakken (ww)	skuq	[skuc]
opwarmen (ww)	ngroh	[ŋróh]

zouten (ww)	hedh kripë	[hɛð krípe]
peperen (ww)	hedh piper	[hɛð pipér]
raspen (ww)	rendoj	[rɛndój]
schil (de)	lëkurë (f)	[lekúre]
schillen (ww)	qëroj	[cerój]

50. Kruiden

zout (het)	kripë (f)	[krípe]
gezouten (bn)	i kripur	[i krípur]
zouten (ww)	hedh kripë	[hɛð krípe]

zwarte peper (de)	piper i zi (m)	[pipér i zi]
rode peper (de)	piper i kuq (m)	[pipér i kuc]
mosterd (de)	mustardë (f)	[mustárde]
mierikswortel (de)	rrepë djegëse (f)	[répe djégese]

condiment (het)	salcë (f)	[sáltse]
specerij, kruiderij (de)	erëz (f)	[érez]
saus (de)	salcë (f)	[sáltse]
azijn (de)	uthull (f)	[úθuɫ]

| anijs (de) | anisetë (f) | [aniséte] |
| basilicum (de) | borzilok (m) | [borzilók] |

kruidnagel (de)	karafil (m)	[karafíl]
gember (de)	xhenxhefil (m)	[dʒɛndʒɛfíl]
koriander (de)	koriandër (m)	[koriándər]
kaneel (de/het)	kanellë (f)	[kanétə]

sesamzaad (het)	susam (m)	[susám]
laurierblad (het)	gjeth dafine (m)	[ɟɛθ dafínɛ]
paprika (de)	spec (m)	[spɛts]
komijn (de)	kumin (m)	[kumín]
saffraan (de)	shafran (m)	[ʃafrán]

51. Maaltijden

| eten (het) | ushqim (m) | [uʃcím] |
| eten (ww) | ha | [ha] |

ontbijt (het)	mëngjes (m)	[mənɟés]
ontbijten (ww)	ha mëngjes	[ha mənɟés]
lunch (de)	drekë (f)	[drékə]
lunchen (ww)	ha drekë	[ha drékə]
avondeten (het)	darkë (f)	[dárkə]
souperen (ww)	ha darkë	[ha dárkə]

| eetlust (de) | oreks (m) | [oréks] |
| Eet smakelijk! | Të bëftë mirë! | [tə bəftə mírə!] |

openen (een fles ~)	hap	[hap]
morsen (koffie, enz.)	derdh	[dérð]
zijn gemorst	derdhje	[dérðjɛ]

koken (water kookt bij 100°C)	ziej	[zíɛj]
koken (Hoe om water te ~)	ziej	[zíɛj]
gekookt (~ water)	i zier	[i zíɛr]
afkoelen (koeler maken)	ftoh	[ftoh]
afkoelen (koeler worden)	ftohje	[ftóhjɛ]

| smaak (de) | shije (f) | [ʃíjɛ] |
| nasmaak (de) | shije (f) | [ʃíjɛ] |

volgen een dieet	dobësohem	[dobəsóhɛm]
dieet (het)	dietë (f)	[diétə]
vitamine (de)	vitaminë (f)	[vitamínə]
calorie (de)	kalori (f)	[kalorí]

| vegetariër (de) | vegjetarian (m) | [vɛɟɛtarián] |
| vegetarisch (bn) | vegjetarian | [vɛɟɛtarián] |

vetten (mv.)	yndyrë (f)	[yndýrə]
eiwitten (mv.)	proteinë (f)	[protɛínə]
koolhydraten (mv.)	karbohidrat (m)	[karbohidrát]

snede (de)	fetë (f)	[fétə]
stuk (bijv. een ~ taart)	copë (f)	[tsópə]
kruimel (de)	dromcë (f)	[drómtsə]

52. Tafelschikking

lepel (de)	lugë (f)	[lúgə]
mes (het)	thikë (f)	[θíkə]
vork (de)	pirun (m)	[pirún]
kopje (het)	filxhan (m)	[fildʒán]
bord (het)	pjatë (f)	[pjátə]
schoteltje (het)	pjatë filxhani (f)	[pjátə fildʒáni]
servet (het)	pecetë (f)	[pɛtsétə]
tandenstoker (de)	kruajtëse dhëmbësh (f)	[krúajtəsɛ ðémbəʃ]

53. Restaurant

restaurant (het)	restorant (m)	[rɛstoránt]
koffiehuis (het)	kafene (f)	[kafɛné]
bar (de)	pab (m), pijetore (f)	[pab], [pijɛtórɛ]
tearoom (de)	çajtore (f)	[tʃajtórɛ]
kelner, ober (de)	kamerier (m)	[kamɛriér]
serveerster (de)	kameriere (f)	[kamɛriérɛ]
barman (de)	banakier (m)	[banakiér]
menu (het)	menu (f)	[mɛnú]
wijnkaart (de)	menu verërash (f)	[mɛnú vérəraʃ]
een tafel reserveren	rezervoj një tavolinë	[rɛzɛrvój ɲə tavolínə]
gerecht (het)	pjatë (f)	[pjátə]
bestellen (eten ~)	porosis	[porosís]
een bestelling maken	bëj porosinë	[bəj porosínə]
aperitief (de/het)	aperitiv (m)	[apɛritív]
voorgerecht (het)	antipastë (f)	[antipástə]
dessert (het)	ëmbëlsirë (f)	[əmbəlsírə]
rekening (de)	faturë (f)	[fatúrə]
de rekening betalen	paguaj faturën	[pagúaj fatúrən]
wisselgeld teruggeven	jap kusur	[jap kusúr]
fooi (de)	bakshish (m)	[bakʃíʃ]

Familie, verwanten en vrienden

54. Persoonlijke informatie. Formulieren

naam (de)	emër (m)	[émər]
achternaam (de)	mbiemër (m)	[mbiémər]
geboortedatum (de)	datëlindje (f)	[datəlíndjɛ]
geboorteplaats (de)	vendlindje (f)	[vɛndlíndjɛ]
nationaliteit (de)	kombësi (f)	[kombəsí]
woonplaats (de)	vendbanim (m)	[vɛndbaním]
land (het)	shtet (m)	[ʃtɛt]
beroep (het)	profesion (m)	[profɛsión]
geslacht (ov. het vrouwelijk ~)	gjinia (f)	[ɟinía]
lengte (de)	gjatësia (f)	[ɟatəsía]
gewicht (het)	peshë (f)	[péʃə]

55. Familieleden. Verwanten

moeder (de)	nënë (f)	[nénə]
vader (de)	baba (f)	[babá]
zoon (de)	bir (m)	[bir]
dochter (de)	bijë (f)	[bíjə]
jongste dochter (de)	vajza e vogël (f)	[vájza ɛ vógəl]
jongste zoon (de)	djali i vogël (m)	[djáli i vógəl]
oudste dochter (de)	vajza e madhe (f)	[vájza ɛ máðɛ]
oudste zoon (de)	djali i vogël (m)	[djáli i vógəl]
broer (de)	vëlla (m)	[vətá]
oudere broer (de)	vëllai i madh (m)	[vətái i mað]
jongere broer (de)	vëllai i vogël (m)	[vətai i vógəl]
zuster (de)	motër (f)	[mótər]
oudere zuster (de)	motra e madhe (f)	[mótra ɛ máðɛ]
jongere zuster (de)	motra e vogël (f)	[mótra ɛ vógəl]
neef (zoon van oom, tante)	kushëri (m)	[kuʃərí]
nicht (dochter van oom, tante)	kushërirë (f)	[kuʃərírə]
mama (de)	mami (f)	[mámi]
papa (de)	babi (m)	[bábi]
ouders (mv.)	prindër (pl)	[príndər]
kind (het)	fëmijë (f)	[fəmíjə]
kinderen (mv.)	fëmijë (pl)	[fəmíjə]
oma (de)	gjyshe (f)	[ɟýʃɛ]

opa (de)	gjysh (m)	[ɟyʃ]
kleinzoon (de)	nip (m)	[nip]
kleindochter (de)	mbesë (f)	[mbésə]
kleinkinderen (mv.)	nipër e mbesa (pl)	[nípər ɛ mbésa]

oom (de)	dajë (f)	[dájə]
tante (de)	teze (f)	[tézɛ]
neef (zoon van broer, zus)	nip (m)	[nip]
nicht (dochter van broer, zus)	mbesë (f)	[mbésə]

schoonmoeder (de)	vjehrrë (f)	[vjéhrə]
schoonvader (de)	vjehrri (m)	[vjéhri]
schoonzoon (de)	dhëndër (m)	[ðéndər]
stiefmoeder (de)	njerkë (f)	[ɲérkə]
stiefvader (de)	njerk (m)	[ɲérk]

zuigeling (de)	foshnjë (f)	[fóʃnə]
wiegenkind (het)	fëmijë (f)	[fəmíjə]
kleuter (de)	djalosh (m)	[djalóʃ]

vrouw (de)	bashkëshorte (f)	[baʃkəʃórtɛ]
man (de)	bashkëshort (m)	[baʃkəʃórt]
echtgenoot (de)	bashkëshort (m)	[baʃkəʃórt]
echtgenote (de)	bashkëshorte (f)	[baʃkəʃórtɛ]

gehuwd (mann.)	i martuar	[i martúar]
gehuwd (vrouw.)	e martuar	[ɛ martúar]
ongehuwd (mann.)	beqar	[bɛcár]
vrijgezel (de)	beqar (m)	[bɛcár]
gescheiden (bn)	i divorcuar	[i divortsúar]
weduwe (de)	vejushë (f)	[vɛjúʃə]
weduwnaar (de)	vejan (m)	[vɛján]

familielid (het)	kushëri (m)	[kuʃərí]
dichte familielid (het)	kushëri i afërt (m)	[kuʃərí i áfərt]
verre familielid (het)	kushëri i largët (m)	[kuʃərí i lárgət]
familieleden (mv.)	kushërinj (pl)	[kuʃəríɲ]

wees (weesjongen)	jetim (m)	[jɛtím]
wees (weesmeisje)	jetime (f)	[jɛtímɛ]
voogd (de)	kujdestar (m)	[kujdɛstár]
adopteren (een jongen te ~)	adoptoj	[adoptój]
adopteren (een meisje te ~)	adoptoj	[adoptój]

56. Vrienden. Collega's

vriend (de)	mik (m)	[mik]
vriendin (de)	mike (f)	[míkɛ]
vriendschap (de)	miqësi (f)	[micəsí]
bevriend zijn (ww)	të miqësohem	[tə micəsóhɛm]

makker (de)	shok (m)	[ʃok]
vriendin (de)	shoqe (f)	[ʃócɛ]
partner (de)	partner (m)	[partnér]

chef (de)	shef (m)	[ʃɛf]
baas (de)	epror (m)	[ɛprór]
eigenaar (de)	pronar (m)	[pronár]
ondergeschikte (de)	vartës (m)	[vártəs]
collega (de)	koleg (m)	[kolég]

kennis (de)	i njohur (m)	[i ɲóhur]
medereiziger (de)	bashkudhëtar (m)	[baʃkuðətár]
klasgenoot (de)	shok klase (m)	[ʃok klásɛ]

buurman (de)	komshi (m)	[komʃí]
buurvrouw (de)	komshike (f)	[komʃíkɛ]
buren (mv.)	komshinj (pl)	[komʃíɲ]

57. Man. Vrouw

vrouw (de)	grua (f)	[grúa]
meisje (het)	vajzë (f)	[vájzə]
bruid (de)	nuse (f)	[núsɛ]

mooi(e) (vrouw, meisje)	i bukur	[i búkur]
groot, grote (vrouw, meisje)	i gjatë	[i ɟátə]
slank(e) (vrouw, meisje)	i hollë	[i hółə]
korte, kleine (vrouw, meisje)	i shkurtër	[i ʃkúrtər]

| blondine (de) | bionde (f) | [bióndɛ] |
| brunette (de) | zeshkane (f) | [zɛʃkánɛ] |

dames- (abn)	për femra	[pər fémra]
maagd (de)	virgjëreshë (f)	[virɟəréʃə]
zwanger (bn)	shtatzënë	[ʃtatzénə]
man (de)	burrë (m)	[búrə]
blonde man (de)	biond (m)	[biónd]
bruinharige man (de)	zeshkan (m)	[zɛʃkán]
groot (bn)	i gjatë	[i ɟátə]
klein (bn)	i shkurtër	[i ʃkúrtər]

onbeleefd (bn)	i vrazhdë	[i vráʒdə]
gedrongen (bn)	trupngjeshur	[trupɲéʃur]
robuust (bn)	i fuqishëm	[i fucíʃəm]
sterk (bn)	i fortë	[i fórtə]
sterkte (de)	forcë (f)	[fórtsə]

mollig (bn)	bullafiq	[bułafíc]
getaand (bn)	zeshkan	[zɛʃkán]
slank (bn)	i hollë	[i hółə]
elegant (bn)	elegant	[ɛlɛgánt]

58. Leeftijd

| leeftijd (de) | moshë (f) | [móʃə] |
| jeugd (de) | rini (f) | [riní] |

jong (bn)	i ri	[i rí]
jonger (bn)	më i ri	[mə i rí]
ouder (bn)	më i vjetër	[mə i vjétər]

jongen (de)	djalë i ri (m)	[djálə i rí]
tiener, adolescent (de)	adoleshent (m)	[adolɛʃént]
kerel (de)	djalë (f)	[djálə]

| oude man (de) | plak (m) | [plak] |
| oude vrouw (de) | plakë (f) | [plákə] |

volwassen (bn)	i rritur	[i rítur]
van middelbare leeftijd (bn)	mesoburrë	[mɛsobúrə]
bejaard (bn)	i moshuar	[i moʃúar]
oud (bn)	i vjetër	[i vjétər]

pensioen (het)	pension (m)	[pɛnsión]
met pensioen gaan	dal në pension	[dál nə pɛnsión]
gepensioneerde (de)	pensionist (m)	[pɛnsioníst]

59. Kinderen

kind (het)	fëmijë (f)	[fəmíjə]
kinderen (mv.)	fëmijë (pl)	[fəmíjə]
tweeling (de)	binjakë (pl)	[biɲákə]

wieg (de)	djep (m)	[djép]
rammelaar (de)	rraketake (f)	[rakɛtákɛ]
luier (de)	pelenë (f)	[pɛlénə]

speen (de)	biberon (m)	[bibɛrón]
kinderwagen (de)	karrocë për bebe (f)	[karótsə pər bébɛ]
kleuterschool (de)	kopsht fëmijësh (m)	[kópʃt fəmíjəʃ]
babysitter (de)	dado (f)	[dádo]

kindertijd (de)	fëmijëri (f)	[fəmijərí]
pop (de)	kukull (f)	[kúkuɫ]
speelgoed (het)	lodër (f)	[lódər]
bouwspeelgoed (het)	lodër për ndërtim (m)	[lódər pər ndərtím]
welopgevoed (bn)	i edukuar	[i ɛdukúar]
onopgevoed (bn)	i paedukuar	[i paɛdukúar]
verwend (bn)	i llastuar	[i ɫastúar]

stout zijn (ww)	trazovaç	[trazovátʃ]
stout (bn)	mistrec	[mistréts]
stoutheid (de)	shpirtligësi (f)	[ʃpirtligəsí]
stouterd (de)	fëmijë mistrec (m)	[fəmíjə mistréts]

| gehoorzaam (bn) | i bindur | [i bíndur] |
| ongehoorzaam (bn) | i pabindur | [i pabíndur] |

braaf (bn)	i butë	[i bútə]
slim (verstandig)	i zgjuar	[i zɟúar]
wonderkind (het)	fëmijë gjeni (m)	[fəmíjə ɟɛní]

60. Gehuwde paren. Gezinsleven

kussen (een kus geven)	puth	[puθ]
elkaar kussen (ww)	puthem	[púθɛm]
gezin (het)	familje (f)	[famíljɛ]
gezins- (abn)	familjare	[familjárɛ]
paar (het)	çift (m)	[tʃíft]
huwelijk (het)	martesë (f)	[martésə]
thuis (het)	vatra (f)	[vátra]
dynastie (de)	dinasti (f)	[dinastí]

date (de)	takim (m)	[takím]
zoen (de)	puthje (f)	[púθjɛ]

liefde (de)	dashuri (f)	[daʃurí]
liefhebben (ww)	dashuroj	[daʃurój]
geliefde (bn)	i dashur	[i dáʃur]

tederheid (de)	ndjeshmëri (f)	[ndjɛʃmərí]
teder (bn)	i ndjeshëm	[i ndjéʃəm]
trouw (de)	besnikëri (f)	[bɛsnikərí]
trouw (bn)	besnik	[bɛsník]
zorg (bijv. bejaarden~)	kujdes (m)	[kujdés]
zorgzaam (bn)	i dashur	[i dáʃur]

jonggehuwden (mv.)	të porsamartuar (pl)	[tə porsamartúar]
wittebroodsweken (mv.)	muaj mjalti (m)	[múaj mjálti]
trouwen (vrouw)	martohem	[martóhɛm]
trouwen (man)	martohem	[martóhɛm]

bruiloft (de)	dasmë (f)	[dásmə]
gouden bruiloft (de)	martesë e artë (f)	[martésə ɛ ártə]
verjaardag (de)	përvjetor (m)	[pərvjɛtór]

minnaar (de)	dashnor (m)	[daʃnór]
minnares (de)	dashnore (f)	[daʃnórɛ]

overspel (het)	tradhti bashkëshortore (f)	[traðtí baʃkəʃortórɛ]
overspel plegen (ww)	tradhtoj ...	[traðtój ...]
jaloers (bn)	xheloz	[dʒɛlóz]
jaloers zijn (echtgenoot, enz.)	jam xheloz	[jam dʒɛlóz]
echtscheiding (de)	divorc (m)	[divórts]
scheiden (ww)	divorcoj	[divortsój]

ruzie hebben (ww)	grindem	[gríndɛm]
vrede sluiten (ww)	pajtohem	[pajtóhɛm]
samen (bw)	së bashku	[sə báʃku]
seks (de)	seks (m)	[sɛks]

geluk (het)	lumturi (f)	[lumturí]
gelukkig (bn)	i lumtur	[i lúmtur]
ongeluk (het)	fatkeqësi (f)	[fatkɛcəsí]
ongelukkig (bn)	i trishtuar	[i tríʃtúar]

Karakter. Gevoelens. Emoties

61. Gevoelens. Emoties

gevoel (het)	ndjenjë (f)	[ndjéɲə]
gevoelens (mv.)	ndjenja (pl)	[ndjéɲa]
voelen (ww)	ndjej	[ndjéj]
honger (de)	uri (f)	[urí]
honger hebben (ww)	kam uri	[kam urí]
dorst (de)	etje (f)	[étjɛ]
dorst hebben	kam etje	[kam étjɛ]
slaperigheid (de)	përgjumësi (f)	[pərɟuməsí]
willen slapen	përgjumje	[pərɟúmjɛ]
moeheid (de)	lodhje (f)	[lóðjɛ]
moe (bn)	i lodhur	[i lóður]
vermoeid raken (ww)	lodhem	[lóðɛm]
stemming (de)	humor (m)	[humór]
verveling (de)	mërzitje (f)	[mərzítjɛ]
zich vervelen (ww)	mërzitem	[mərzítɛm]
afzondering (de)	izolim (m)	[izolím]
zich afzonderen (ww)	izolohem	[izolóhɛm]
bezorgd maken	shqetësoj	[ʃcɛtəsój]
bezorgd zijn (ww)	shqetësohem	[ʃcɛtəsóhɛm]
zorg (bijv. geld~en)	shqetësim (m)	[ʃcɛtəsím]
ongerustheid (de)	ankth (m)	[ankθ]
ongerust (bn)	i merakosur	[i mɛrakósur]
zenuwachtig zijn (ww)	nervozohem	[nɛrvozóhɛm]
in paniek raken	më zë paniku	[mə zə paníku]
hoop (de)	shpresë (f)	[ʃprésə]
hopen (ww)	shpresoj	[ʃprɛsój]
zekerheid (de)	siguri (f)	[sigurí]
zeker (bn)	i sigurt	[i sígurt]
onzekerheid (de)	pasiguri (f)	[pasigurí]
onzeker (bn)	i pasigurt	[i pasígurt]
dronken (bn)	i dehur	[i déhur]
nuchter (bn)	i kthjellët	[i kθjéɫət]
zwak (bn)	i dobët	[i dóbət]
gelukkig (bn)	i lumtur	[i lúmtur]
doen schrikken (ww)	tremb	[trɛmb]
toorn (de)	tërbim (m)	[tərbím]
woede (de)	inat (m)	[inát]
depressie (de)	depresion (m)	[dɛprɛsión]
ongemak (het)	parehati (f)	[parɛhatí]

gemak, comfort (het)	rehati (f)	[rɛhatí]
spijt hebben (ww)	pendohem	[pɛndóhɛm]
spijt (de)	pendim (m)	[pɛndím]
pech (de)	ters (m)	[tɛrs]
bedroefdheid (de)	trishtim (m)	[triʃtím]

schaamte (de)	turp (m)	[turp]
pret (de), plezier (het)	gëzim (m)	[gəzím]
enthousiasme (het)	entuziazëm (m)	[ɛntuziázəm]
enthousiasteling (de)	entuziast (m)	[ɛntuziást]
enthousiasme vertonen	tregoj entuziazëm	[trɛgój ɛntuziázəm]

62. Karakter. Persoonlijkheid

karakter (het)	karakter (m)	[karaktér]
karakterfout (de)	dobësi karakteri (f)	[dobəsí karaktéri]
verstand (het)	mendje (f)	[méndjɛ]
rede (de)	arsye (f)	[arsýɛ]

geweten (het)	ndërgjegje (f)	[ndərɲéɟɛ]
gewoonte (de)	zakon (m)	[zakón]
bekwaamheid (de)	aftësi (f)	[aftəsí]
kunnen (bijv., ~ zwemmen)	mund	[mund]

geduldig (bn)	i duruar	[i durúar]
ongeduldig (bn)	i paduruar	[i padurúar]
nieuwsgierig (bn)	kurioz	[kurióz]
nieuwsgierigheid (de)	kuriozitet (m)	[kuriozitét]

bescheidenheid (de)	modesti (f)	[modɛstí]
bescheiden (bn)	modest	[modést]
onbescheiden (bn)	i paturpshëm	[i patúrpʃəm]

luiheid (de)	dembeli (f)	[dɛmbɛlí]
lui (bn)	dembel	[dɛmbél]
luiwammes (de)	dembel (m)	[dɛmbél]

sluwheid (de)	dinakëri (f)	[dinakərí]
sluw (bn)	dinak	[dinák]
wantrouwen (het)	mosbesim (m)	[mosbɛsím]
wantrouwig (bn)	mosbesues	[mosbɛsúɛs]

gulheid (de)	zemërgjerësi (f)	[zɛmərɲɛrəsí]
gul (bn)	zemërgjerë	[zɛmərɲérə]
talentrijk (bn)	i talentuar	[i talɛntúar]
talent (het)	talent (m)	[talént]

moedig (bn)	i guximshëm	[i gudzímʃəm]
moed (de)	guxim (m)	[gudzím]
eerlijk (bn)	i ndershëm	[i ndérʃəm]
eerlijkheid (de)	ndershmëri (f)	[ndɛrʃmərí]

voorzichtig (bn)	i kujdesshëm	[i kujdésʃəm]
manhaftig (bn)	trim, guximtar	[trim], [gudzimtár]

ernstig (bn)	serioz	[sɛrióz]
streng (bn)	i rreptë	[i réptə]

resoluut (bn)	i vendosur	[i vɛndósur]
onzeker, irresoluut (bn)	i pavendosur	[i pavɛndósur]
schuchter (bn)	i turpshëm	[i túrpʃəm]
schuchterheid (de)	turp (m)	[turp]

vertrouwen (het)	besim në vetvete (m)	[bɛsím nə vɛtvétɛ]
vertrouwen (ww)	besoj	[bɛsój]
goedgelovig (bn)	i besueshëm	[i bɛsúɛʃəm]

oprecht (bw)	sinqerisht	[síncɛriʃt]
oprecht (bn)	i sinqertë	[i sincértə]
oprechtheid (de)	sinqeritet (m)	[sincɛritét]
open (bn)	i hapur	[i hápur]

rustig (bn)	i qetë	[i cétə]
openhartig (bn)	i dëlirë	[i dəlírə]
naïef (bn)	naiv	[naív]
verstrooid (bn)	i hutuar	[i hutúar]
leuk, grappig (bn)	zbavitës	[zbavítəs]

gierigheid (de)	lakmi (f)	[lakmí]
gierig (bn)	lakmues	[lakmúɛs]
inhalig (bn)	koprrac	[kopráts]
kwaad (bn)	djallëzor	[djałəzór]
koppig (bn)	kokëfortë	[kokəfórtə]
onaangenaam (bn)	i pakëndshëm	[i pakéndʃəm]

egoïst (de)	egoist (m)	[ɛgoíst]
egoïstisch (bn)	egoist	[ɛgoíst]
lafaard (de)	frikacak (m)	[frikatsák]
laf (bn)	frikacak	[frikatsák]

63. Slaap. Dromen

slapen (ww)	fle	[flɛ]
slaap (in ~ vallen)	gjumë (m)	[ɟúmə]
droom (de)	ëndërr (m)	[éndər]
dromen (in de slaap)	ëndërroj	[əndərój]
slaperig (bn)	përgjumshëm	[pərɟúmʃəm]

bed (het)	shtrat (m)	[ʃtrat]
matras (de)	dyshek (m)	[dyʃék]
deken (de)	mbulesë (f)	[mbulésə]
kussen (het)	jastëk (m)	[jasték]
laken (het)	çarçaf (m)	[tʃartʃáf]

slapeloosheid (de)	pagjumësi (f)	[paɟuməsí]
slapeloos (bn)	i pagjumë	[i paɟúmə]
slaapmiddel (het)	ilaç gjumi (m)	[ilátʃ ɟúmi]
slaapmiddel innemen	marr ilaç gjumi	[mar ilátʃ ɟúmi]
willen slapen	përgjumje	[pərɟúmjɛ]

geeuwen (ww)	më hapet goja	[mə hápɛt gója]
gaan slapen	shkoj të fle	[ʃkoj tə flɛ]
het bed opmaken	rregulloj shtratin	[rɛguɫój ʃtrátin]
inslapen (ww)	më zë gjumi	[mə zə ɟúmi]
nachtmerrie (de)	ankth (m)	[ankθ]
gesnurk (het)	gërhitje (f)	[gərhítjɛ]
snurken (ww)	gërhas	[gərhás]
wekker (de)	orë me zile (f)	[órə mɛ zílɛ]
wekken (ww)	zgjoj	[zɟoj]
wakker worden (ww)	zgjohem nga gjumi	[zɟóhɛm ŋa ɟúmi]
opstaan (ww)	ngrihem	[ŋríhɛm]
zich wassen (ww)	laj	[laj]

64. Humor. Gelach. Blijdschap

humor (de)	humor (m)	[humór]
gevoel (het) voor humor	sens humori (m)	[sɛns humóri]
plezier hebben (ww)	kënaqem	[kənácɛm]
vrolijk (bn)	gëzueshëm	[gəzúɛʃəm]
pret (de), plezier (het)	gëzim (m)	[gəzím]
glimlach (de)	buzëqeshje (f)	[buzəcéʃjɛ]
glimlachen (ww)	buzëqesh	[buzəcéʃ]
beginnen te lachen (ww)	filloj të qesh	[fiɫój tə céʃ]
lachen (ww)	qesh	[cɛʃ]
lach (de)	qeshje (f)	[céʃjɛ]
mop (de)	anekdotë (f)	[anɛkdótə]
grappig (een ~ verhaal)	për të qeshur	[pər tə céʃur]
grappig (~e clown)	zbavitës	[zbavítəs]
grappen maken (ww)	bëj shaka	[bəj ʃaká]
grap (de)	shaka (f)	[ʃaká]
blijheid (de)	gëzim (m)	[gəzím]
blij zijn (ww)	ngazëllohem	[ŋazəɫóhɛm]
blij (bn)	gazmor	[gazmór]

65. Discussie, conversatie. Deel 1

communicatie (de)	komunikim (m)	[komunikím]
communiceren (ww)	komunikoj	[komunikój]
conversatie (de)	bisedë (f)	[bisédə]
dialoog (de)	dialog (m)	[dialóg]
discussie (de)	diskutim (m)	[diskutím]
debat (het)	mosmarrëveshje (f)	[mosmarəvéʃjɛ]
debatteren, twisten (ww)	kundërshtoj	[kundərʃtój]
gesprekspartner (de)	bashkëbisedues (m)	[baʃkəbisɛdúɛs]
thema (het)	temë (f)	[témə]

standpunt (het)	pikëpamje (f)	[pikəpámjɛ]
mening (de)	opinion (m)	[opinión]
toespraak (de)	fjalim (m)	[fjalím]

bespreking (de)	diskutim (m)	[diskutím]
bespreken (spreken over)	diskutoj	[diskutój]
gesprek (het)	bisedë (f)	[bisédə]
spreken (converseren)	bisedoj	[bisɛdój]
ontmoeting (de)	takim (m)	[takím]
ontmoeten (ww)	takoj	[takój]

spreekwoord (het)	fjalë e urtë (f)	[fjálə ɛ úrtə]
gezegde (het)	thënie (f)	[θéniɛ]
raadsel (het)	gjëegjëzë (f)	[ɟəéɟəzə]
een raadsel opgeven	them gjëegjëzë	[θɛm ɟəéɟəzə]
wachtwoord (het)	fjalëkalim (m)	[fjaləkalím]
geheim (het)	sekret (m)	[sɛkrét]

eed (de)	betim (m)	[bɛtím]
zweren (een eed doen)	betohem	[bɛtóhɛm]
belofte (de)	premtim (m)	[prɛmtím]
beloven (ww)	premtoj	[prɛmtój]

advies (het)	këshillë (f)	[kəʃítə]
adviseren (ww)	këshilloj	[kəʃitój]
advies volgen (iemands ~)	ndjek këshillën	[ndjék kəʃítən]
luisteren (gehoorzamen)	bindem ...	[bíndɛm ...]

nieuws (het)	lajme (f)	[lájmɛ]
sensatie (de)	ndjesi (f)	[ndjɛsí]
informatie (de)	informacion (m)	[informatsión]
conclusie (de)	përfundim (m)	[pərfundím]
stem (de)	zë (f)	[zə]
compliment (het)	kompliment (m)	[komplimént]
vriendelijk (bn)	i mirë	[i mírə]

woord (het)	fjalë (f)	[fjálə]
zin (de), zinsdeel (het)	frazë (f)	[frázə]
antwoord (het)	përgjigje (f)	[pərɟíɟɛ]

| waarheid (de) | e vërtetë (f) | [ɛ vərtétə] |
| leugen (de) | gënjeshtër (f) | [gəɲéʃtər] |

gedachte (de)	mendim (m)	[mɛndím]
idee (de/het)	ide (f)	[idé]
fantasie (de)	fantazi (f)	[fantazí]

66. Discussie, conversatie. Deel 2

gerespecteerd (bn)	i nderuar	[i ndɛrúar]
respecteren (ww)	nderoj	[ndɛrój]
respect (het)	nder (m)	[ndér]
Geachte ... (brief)	i dashur ...	[i dáʃur ...]
voorstellen (Mag ik jullie ~)	prezantoj	[prɛzantój]

kennismaken (met …)	njoftoj	[ɲoftój]
intentie (de)	qëllim (m)	[cəɬím]
intentie hebben (ww)	kam ndërmend	[kam ndərménd]
wens (de)	dëshirë (f)	[dəʃírə]
wensen (ww)	dëshiroj	[dəʃirój]

verbazing (de)	surprizë (f)	[surprízə]
verbazen (verwonderen)	befasoj	[bɛfasój]
verbaasd zijn (ww)	çuditem	[tʃudítɛm]

geven (ww)	jap	[jap]
nemen (ww)	marr	[mar]
teruggeven (ww)	kthej	[kθɛj]
retourneren (ww)	rikthej	[rikθéj]

zich verontschuldigen	kërkoj falje	[kərkój fáljɛ]
verontschuldiging (de)	falje (f)	[fáljɛ]
vergeven (ww)	fal	[fal]

spreken (ww)	flas	[flas]
luisteren (ww)	dëgjoj	[dəɟój]
aanhoren (ww)	tregoj vëmendje	[trɛgój vəméndjɛ]
begrijpen (ww)	kuptoj	[kuptój]

tonen (ww)	tregoj	[trɛgój]
kijken naar …	shikoj …	[ʃikój …]
roepen (vragen te komen)	thërras	[θərás]
afleiden (storen)	tërheq vëmendjen	[tərhéc vəméndjɛn]
storen (lastigvallen)	shqetësoj	[ʃcɛtəsój]
doorgeven (ww)	jap	[jap]

verzoek (het)	kërkesë (f)	[kərkésə]
verzoeken (ww)	kërkoj	[kərkój]
eis (de)	kërkesë (f)	[kərkésə]
eisen (met klem vragen)	kërkoj	[kərkój]

beledigen (beledigende namen geven)	ngacmoj	[ŋatsmój]
uitlachen (ww)	tallem	[táɬɛm]
spot (de)	tallje (f)	[táɬjɛ]
bijnaam (de)	pseudonim (m)	[psɛudoním]

zinspeling (de)	nënkuptim (m)	[nənkuptím]
zinspelen (ww)	nënkuptoj	[nənkuptój]
impliceren (duiden op)	dua të them	[dúa tə θém]

beschrijving (de)	përshkrim (m)	[pərʃkrím]
beschrijven (ww)	përshkruaj	[pərʃkrúaj]
lof (de)	lëvdatë (f)	[ləvdátə]
loven (ww)	lavdëroj	[lavdərój]

teleurstelling (de)	zhgënjim (m)	[ʒgəɲím]
teleurstellen (ww)	zhgënjej	[ʒgəɲéj]
teleurgesteld zijn (ww)	zhgënjehem	[ʒgəɲéhɛm]
veronderstelling (de)	supozim (m)	[supozím]
veronderstellen (ww)	supozoj	[supozój]

| waarschuwing (de) | paralajmërim (m) | [paralajmərím] |
| waarschuwen (ww) | paralajmëroj | [paralajmərój] |

67. Discussie, conversatie. Deel 3

| aanpraten (ww) | bind | [bínd] |
| kalmeren (kalm maken) | qetësoj | [cɛtəsój] |

stilte (de)	heshtje (f)	[héʃtjɛ]
zwijgen (ww)	i heshtur	[i héʃtur]
fluisteren (ww)	pëshpëris	[pəʃpərís]
gefluister (het)	pëshpërimë (f)	[pəʃpərímə]

| open, eerlijk (bw) | sinqerisht | [sínɕɛriʃt] |
| volgens mij ... | sipas mendimit tim ... | [sipás mɛndímit tim ...] |

detail (het)	detaj (m)	[dɛtáj]
gedetailleerd (bn)	i detajuar	[i dɛtajúar]
gedetailleerd (bw)	hollësisht	[hoɫəsíʃt]

| hint (de) | sugjerim (m) | [suɟɛrím] |
| een hint geven | aludoj | [aludój] |

blik (de)	shikim (m)	[ʃikím]
een kijkje nemen	i hedh një sy	[i héð ɲə sý]
strak (een ~ke blik)	i ngurtë	[i ŋúrtə]
knipperen (ww)	hap e mbyll sytë	[hap ɛ mbýɫ sýtə]
knipogen (ww)	luaj syrin	[lúaj sýrin]
knikken (ww)	pohoj me kokë	[pohój mɛ kókə]

zucht (de)	psherëtimë (f)	[pʃɛrətímə]
zuchten (ww)	psherëtij	[pʃɛrətíj]
huiveren (ww)	rrëqethem	[rəcéθɛm]
gebaar (het)	gjest (m)	[ɟɛst]
aanraken (ww)	prek	[prɛk]
grijpen (ww)	kap	[kap]
een schouderklopje geven	prek	[prɛk]

Kijk uit!	Kujdes!	[kujdés!]
Echt?	Vërtet?	[vərtét?]
Bent je er zeker van?	Je i sigurt?	[jɛ i sígurt?]
Succes!	Paç fat!	[patʃ fat!]
Juist, ja!	E kuptova!	[ɛ kuptóva!]
Wat jammer!	Sa keq!	[sa kɛc!]

68. Overeenstemming. Weigering

instemming (het)	leje (f)	[léjɛ]
instemmen (akkoord gaan)	lejoj	[lɛjój]
goedkeuring (de)	miratim (m)	[miratím]
goedkeuren (ww)	miratoj	[miratój]
weigering (de)	refuzim (m)	[rɛfuzím]

weigeren (ww)	refuzoj	[rɛfuzój]
Geweldig!	Të lumtë!	[tə lúmtə!]
Goed!	Në rregull!	[nə réguɫ!]
Akkoord!	Në rregull!	[nə réguɫ!]

verboden (bn)	i ndaluar	[i ndalúar]
het is verboden	është e ndalúar	[əʃtə ɛ ndalúar]
het is onmogelijk	është e pamundur	[əʃtə ɛ pámundur]
onjuist (bn)	i pasaktë	[i pasáktə]

afwijzen (ww)	hedh poshtë	[hɛð póʃtə]
steunen	mbështes	[mbəʃtés]
(een goed doel, enz.)		
aanvaarden (excuses ~)	pranoj	[pranój]

bevestigen (ww)	konfirmoj	[konfirmój]
bevestiging (de)	konfirmim (m)	[konfirmím]
toestemming (de)	leje (f)	[léjɛ]
toestaan (ww)	lejoj	[lɛjój]
beslissing (de)	vendim (m)	[vɛndím]
z'n mond houden (ww)	nuk them asgjë	[nuk θɛm ásɟə]

voorwaarde (de)	kusht (m)	[kuʃt]
smoes (de)	justifikim (m)	[justifikím]
lof (de)	lëvdata (f)	[ləvdáta]
loven (ww)	lavdëroj	[lavdərój]

69. Succes. Veel geluk. Mislukking

succes (het)	sukses (m)	[suksés]
succesvol (bw)	me sukses	[mɛ suksés]
succesvol (bn)	i suksesshëm	[i suksésʃəm]

geluk (het)	fat (m)	[fat]
Succes!	Paç fat!	[patʃ fat!]
geluks- (bn)	me fat	[mɛ fat]
gelukkig (fortuinlijk)	fatlum	[fatlúm]

mislukking (de)	dështim (m)	[dəʃtím]
tegenslag (de)	fatkeqësi (f)	[fatkɛcəsí]
pech (de)	ters (m)	[tɛrs]
zonder succes (bn)	i pasuksesshëm	[i pasuksésʃəm]
catastrofe (de)	katastrofë (f)	[katastrófə]

fierheid (de)	krenari (f)	[krɛnarí]
fier (bn)	krenar	[krɛnár]
fier zijn (ww)	jam krenar	[jam krɛnár]

winnaar (de)	fitues (m)	[fitúɛs]
winnen (ww)	fitoj	[fitój]
verliezen (ww)	humb	[húmb]
poging (de)	përpjekje (f)	[pərpjékjɛ]
pogen, proberen (ww)	përpiqem	[pərpícɛm]
kans (de)	shans (m)	[ʃans]

70. Ruzies. Negatieve emoties

schreeuw (de)	**britmë** (f)	[brítmə]
schreeuwen (ww)	**bërtas**	[bərtás]
beginnen te schreeuwen	**filloj të ulërij**	[fiɬój tə uləríj]
ruzie (de)	**grindje** (f)	[gríndjɛ]
ruzie hebben (ww)	**grindem**	[gríndɛm]
schandaal (het)	**sherr** (m)	[ʃɛr]
schandaal maken (ww)	**bëj skenë**	[bəj skénə]
conflict (het)	**konflikt** (m)	[konflíkt]
misverstand (het)	**keqkuptim** (m)	[kɛckuptím]
belediging (de)	**ofendim** (m)	[ofɛndím]
beledigen (met scheldwoorden)	**fyej**	[fýɛj]
beledigd (bn)	**i ofenduar**	[i ofɛndúar]
krenking (de)	**fyerje** (f)	[fýɛrjɛ]
krenken (beledigen)	**ofendoj**	[ofɛndój]
gekwetst worden (ww)	**mbrohem**	[mbróhɛm]
verontwaardiging (de)	**indinjatë** (f)	[indiɲátə]
verontwaardigd zijn (ww)	**zemërohem**	[zɛməróhɛm]
klacht (de)	**ankesë** (f)	[ankésə]
klagen (ww)	**ankohem**	[ankóhɛm]
verontschuldiging (de)	**falje** (f)	[fáljɛ]
zich verontschuldigen	**kërkoj falje**	[kərkój fáljɛ]
excuus vragen	**kërkoj ndjesë**	[kərkój ndjésə]
kritiek (de)	**kritikë** (f)	[kritíkə]
bekritiseren (ww)	**kritikoj**	[kritikój]
beschuldiging (de)	**akuzë** (f)	[akúzə]
beschuldigen (ww)	**akuzoj**	[akuzój]
wraak (de)	**hakmarrje** (f)	[hakmárjɛ]
wreken (ww)	**hakmerrem**	[hakmérɛm]
wraak nemen (ww)	**shpaguaj**	[ʃpagúaj]
minachting (de)	**përbuzje** (f)	[pərbúzjɛ]
minachten (ww)	**përbuz**	[pərbúz]
haat (de)	**urrejtje** (f)	[uréjtjɛ]
haten (ww)	**urrej**	[uréj]
zenuwachtig (bn)	**nervoz**	[nɛrvóz]
zenuwachtig zijn (ww)	**nervozohem**	[nɛrvozóhɛm]
boos (bn)	**i zemëruar**	[i zɛmərúar]
boos maken (ww)	**zemëroj**	[zɛmərój]
vernedering (de)	**poshtërim** (m)	[poʃtərím]
vernederen (ww)	**poshtëroj**	[poʃtərój]
zich vernederen (ww)	**poshtërohem**	[poʃtəróhɛm]
schok (de)	**tronditje** (f)	[trondítjɛ]
schokken (ww)	**trondit**	[trondít]

onaangenaamheid (de)	shqetësim (m)	[ʃcɛtəsím]
onaangenaam (bn)	i pakëndshëm	[i pakéndʃəm]

vrees (de)	frikë (f)	[fríkə]
vreselijk (bijv. ~ onweer)	i tmerrshëm	[i tmérʃəm]
eng (bn)	i frikshëm	[i fríkʃəm]
gruwel (de)	horror (m)	[horór]
vreselijk (~ nieuws)	i tmerrshëm	[i tmérʃəm]

beginnen te beven	filloj të dridhem	[fiɬój tə dríðɛm]
huilen (wenen)	qaj	[caj]
beginnen te huilen (wenen)	filloj të qaj	[fiɬój tə cáj]
traan (de)	lot (m)	[lot]

schuld (~ geven aan)	faj (m)	[faj]
schuldgevoel (het)	faj (m)	[faj]
schande (de)	turp (m)	[turp]
protest (het)	protestë (f)	[protéstə]
stress (de)	stres (m)	[strɛs]

storen (lastigvallen)	shqetësoj	[ʃcɛtəsój]
kwaad zijn (ww)	tërbohem	[tərbóhɛm]
kwaad (bn)	i inatosur	[i inatósur]
beëindigen (een relatie ~)	përfundoj	[pərfundój]
vloeken (ww)	betohem	[bɛtóhɛm]

schrikken (schrik krijgen)	tremb	[trɛmb]
slaan (iemand ~)	qëlloj	[cəɬój]
vechten (ww)	grindem	[gríndɛm]

regelen (conflict)	zgjidh	[zɟið]
ontevreden (bn)	i pakënaqur	[i pakənácur]
woedend (bn)	i xhindosur	[i dʒindósur]

Dat is niet goed!	Nuk është mirë!	[nuk éʃtə mírə!]
Dat is slecht!	Është keq!	[éʃtə kɛc!]

Geneeskunde

71. Ziekten

ziekte (de)	sëmundje (f)	[səmúndjɛ]
ziek zijn (ww)	jam sëmurë	[jam səmúrə]
gezondheid (de)	shëndet (m)	[ʃəndét]

snotneus (de)	rrifë (f)	[rífə]
angina (de)	grykët (m)	[grýkət]
verkoudheid (de)	ftohje (f)	[ftóhjɛ]
verkouden raken (ww)	ftohem	[ftóhɛm]

bronchitis (de)	bronkit (m)	[bronkít]
longontsteking (de)	pneumoni (f)	[pnɛumoní]
griep (de)	grip (m)	[grip]

bijziend (bn)	miop	[mióp]
verziend (bn)	presbit	[prɛsbít]
scheelheid (de)	strabizëm (m)	[strabízəm]
scheel (bn)	strabik	[strabík]
grauwe staar (de)	katarakt (m)	[katarákt]
glaucoom (het)	glaukoma (f)	[glaukóma]

beroerte (de)	goditje (f)	[godítjɛ]
hartinfarct (het)	sulm në zemër (m)	[sulm nə zémər]
myocardiaal infarct (het)	infarkt miokardiak (m)	[infárkt miokardiák]
verlamming (de)	paralizë (f)	[paralízə]
verlammen (ww)	paralizoj	[paralizój]

allergie (de)	alergji (f)	[alɛrɟí]
astma (de/het)	astmë (f)	[ástmə]
diabetes (de)	diabet (m)	[diabét]

tandpijn (de)	dhimbje dhëmbi (f)	[ðímbjɛ ðémbi]
tandbederf (het)	karies (m)	[kariés]

diarree (de)	diarre (f)	[diaré]
constipatie (de)	kapsllëk (m)	[kapsɫék]
maagstoornis (de)	dispepsi (f)	[dispɛpsí]
voedselvergiftiging (de)	helmim (m)	[hɛlmím]
voedselvergiftiging oplopen	helmohem nga ushqimi	[hɛlmóhɛm ŋa uʃcími]

artritis (de)	artrit (m)	[artrít]
rachitis (de)	rakit (m)	[rakít]
reuma (het)	reumatizëm (m)	[rɛumatízəm]
arteriosclerose (de)	arteriosklerozë (f)	[artɛriosklɛrózə]

gastritis (de)	gastrit (m)	[gastrít]
blindedarmontsteking (de)	apendicit (m)	[apɛnditsít]

galblaasontsteking (de)	**kolecistit** (m)	[kolɛtsistít]
zweer (de)	**ulcerë** (f)	[ultsérə]

mazelen (mv.)	**fruth** (m)	[fruθ]
rodehond (de)	**rubeola** (f)	[rubɛóla]
geelzucht (de)	**verdhëza** (f)	[vérðəza]
leverontsteking (de)	**hepatit** (m)	[hɛpatít]

schizofrenie (de)	**skizofreni** (f)	[skizofrɛní]
dolheid (de)	**sëmundje e tërbimit** (f)	[səmúndjɛ ɛ tərbímit]
neurose (de)	**neurozë** (f)	[nɛurózə]
hersenschudding (de)	**tronditje** (f)	[trondítjɛ]

kanker (de)	**kancer** (m)	[kantsér]
sclerose (de)	**sklerozë** (f)	[sklɛrózə]
multiple sclerose (de)	**sklerozë e shumëfishtë** (f)	[sklɛrózə ɛ ʃuməfíʃtə]

alcoholisme (het)	**alkoolizëm** (m)	[alkoolízəm]
alcoholicus (de)	**alkoolik** (m)	[alkoolík]
syfilis (de)	**sifiliz** (m)	[sifilíz]
AIDS (de)	**SIDA** (f)	[sída]

tumor (de)	**tumor** (m)	[tumór]
kwaadaardig (bn)	**malinj**	[malíɲ]
goedaardig (bn)	**beninj**	[bɛníɲ]

koorts (de)	**ethe** (f)	[éθɛ]
malaria (de)	**malarie** (f)	[malaríɛ]
gangreen (het)	**gangrenë** (f)	[gaɲrénə]
zeeziekte (de)	**sëmundje deti** (f)	[səmúndjɛ déti]
epilepsie (de)	**epilepsi** (f)	[ɛpilɛpsí]

epidemie (de)	**epidemi** (f)	[ɛpidɛmí]
tyfus (de)	**tifo** (f)	[tífo]
tuberculose (de)	**tuberkuloz** (f)	[tubɛrkulóz]
cholera (de)	**kolerë** (f)	[kolérə]
pest (de)	**murtaja** (f)	[murtája]

72. Symptomen. Behandelingen. Deel 1

symptoom (het)	**simptomë** (f)	[simptómə]
temperatuur (de)	**temperaturë** (f)	[tɛmpɛratúrə]
verhoogde temperatuur (de)	**temperaturë e lartë** (f)	[tɛmpɛratúrə ɛ lártə]
polsslag (de)	**puls** (m)	[puls]

duizeling (de)	**marrje mendsh** (m)	[márjɛ méndʃ]
heet (erg warm)	**i nxehtë**	[i ndzéhtə]
koude rillingen (mv.)	**drithërima** (f)	[driθəríma]
bleek (bn)	**i zbehur**	[i zbéhur]

hoest (de)	**kollë** (f)	[kóɬə]
hoesten (ww)	**kollitem**	[koɬítɛm]
niezen (ww)	**teshtij**	[tɛʃtíj]
flauwte (de)	**të fikët** (f)	[tə fíkət]

flauwvallen (ww)	bie të fikët	[bíɛ tǝ fíkǝt]
blauwe plek (de)	mavijosje (f)	[mavijósjɛ]
buil (de)	gungë (f)	[gúŋǝ]
zich stoten (ww)	godas	[godás]
kneuzing (de)	lëndim (m)	[lǝndím]
kneuzen (gekneusd zijn)	lëndohem	[lǝndóhɛm]

hinken (ww)	çaloj	[ʧalój]
verstuiking (de)	dislokim (m)	[dislokím]
verstuiken (enkel, enz.)	del nga vendi	[dɛl ŋa véndi]
breuk (de)	thyerje (f)	[θýɛrjɛ]
een breuk oplopen	thyej	[θýɛj]

snijwond (de)	e prerë (f)	[ɛ prérǝ]
zich snijden (ww)	pres veten	[prɛs vétɛn]
bloeding (de)	rrjedhje gjaku (f)	[rjéðjɛ ɟáku]

brandwond (de)	djegie (f)	[djégiɛ]
zich branden (ww)	digjem	[díɟɛm]

prikken (ww)	shpoj	[ʃpoj]
zich prikken (ww)	shpohem	[ʃpóhɛm]
blesseren (ww)	dëmtoj	[dǝmtój]
blessure (letsel)	dëmtim (m)	[dǝmtím]
wond (de)	plagë (f)	[plágǝ]
trauma (het)	traumë (f)	[traúmǝ]

ijlen (ww)	fol përçart	[fól pǝrʧárt]
stotteren (ww)	belbëzoj	[bɛlbǝzój]
zonnesteek (de)	pikë e diellit (f)	[píkǝ ɛ diéɫit]

73. Symptomen. Behandelingen. Deel 2

pijn (de)	dhimbje (f)	[ðímbjɛ]
splinter (de)	cifël (f)	[tsífǝl]

zweet (het)	djersë (f)	[djérsǝ]
zweten (ww)	djersij	[djɛrsíj]
braking (de)	të vjella (f)	[tǝ vjéɫa]
stuiptrekkingen (mv.)	konvulsione (f)	[konvulsiónɛ]

zwanger (bn)	shtatzënë	[ʃtatzénǝ]
geboren worden (ww)	lind	[lind]
geboorte (de)	lindje (f)	[líndjɛ]
baren (ww)	sjell në jetë	[sjɛɫ nǝ jétǝ]
abortus (de)	abort (m)	[abórt]

ademhaling (de)	frymëmarrje (f)	[frymǝmárjɛ]
inademing (de)	mbajtje e frymës (f)	[mbájtjɛ ɛ frýmǝs]
uitademing (de)	lëshim i frymës (m)	[lǝʃím i frýmǝs]
uitademen (ww)	nxjerr frymën	[ndzjér frýmǝn]
inademen (ww)	marr frymë	[mar frýmǝ]
invalide (de)	invalid (m)	[invalíd]
gehandicapte (de)	i gjymtuar (m)	[i ɟymtúar]

drugsverslaafde (de)	narkoman (m)	[narkomán]
doof (bn)	shurdh	[ʃurð]
stom (bn)	memec	[mɛméts]
doofstom (bn)	shurdh-memec	[ʃurð-mɛméts]

krankzinnig (bn)	i marrë	[i márə]
krankzinnige (man)	i çmendur (m)	[i tʃméndur]
krankzinnige (vrouw)	e çmendur (f)	[ɛ tʃméndur]
krankzinnig worden	çmendem	[tʃméndɛm]

gen (het)	gen (m)	[gɛn]
immuniteit (de)	imunitet (m)	[imunitét]
erfelijk (bn)	e trashëguar	[ɛ traʃəgúar]
aangeboren (bn)	e lindur	[ɛ líndur]

virus (het)	virus (m)	[virús]
microbe (de)	mikrob (m)	[mikrób]
bacterie (de)	bakterie (f)	[baktériɛ]
infectie (de)	infeksion (m)	[infɛksión]

74. Symptomen. Behandelingen. Deel 3

ziekenhuis (het)	spital (m)	[spitál]
patiënt (de)	pacient (m)	[patsiént]

diagnose (de)	diagnozë (f)	[diagnózə]
genezing (de)	kurë (f)	[kúrə]
medische behandeling (de)	trajtim mjekësor (m)	[trajtím mjɛkəsór]
onder behandeling zijn	kurohem	[kuróhɛm]
behandelen (ww)	kuroj	[kurój]
zorgen (zieken ~)	kujdesem	[kujdésɛm]
ziekenzorg (de)	kujdes (m)	[kujdés]

operatie (de)	operacion (m)	[opɛratsión]
verbinden (een arm ~)	fashoj	[faʃój]
verband (het)	fashim (m)	[faʃím]

vaccin (het)	vaksinim (m)	[vaksiním]
inenten (vaccineren)	vaksinoj	[vaksinój]
injectie (de)	injeksion (m)	[iɲɛksión]
een injectie geven	bëj injeksion	[bəj iɲɛksíon]

aanval (de)	atak (m)	[aták]
amputatie (de)	amputim (m)	[amputím]
amputeren (ww)	amputoj	[amputój]
coma (het)	komë (f)	[kómə]
in coma liggen	jam në komë	[jam nə kómə]
intensieve zorg, ICU (de)	kujdes intensiv (m)	[kujdés intɛnsív]

zich herstellen (ww)	shërohem	[ʃəróhɛm]
toestand (de)	gjendje (f)	[ɟéndjɛ]
bewustzijn (het)	vetëdije (f)	[vɛtədíjɛ]
geheugen (het)	kujtesë (f)	[kujtésə]
trekken (een kies ~)	heq	[hɛc]

vulling (de)	mbushje (f)	[mbúʃjɛ]
vullen (ww)	mbush	[mbúʃ]

hypnose (de)	hipnozë (f)	[hipnózə]
hypnotiseren (ww)	hipnotizim	[hipnotizím]

75. Artsen

dokter, arts (de)	mjek (m)	[mjék]
ziekenzuster (de)	infermiere (f)	[infɛrmiérɛ]
lijfarts (de)	mjek personal (m)	[mjék pɛrsonál]

tandarts (de)	dentist (m)	[dɛntíst]
oogarts (de)	okulist (m)	[okulíst]
therapeut (de)	mjek i përgjithshëm (m)	[mjék i pərɟíθʃəm]
chirurg (de)	kirurg (m)	[kirúrg]

psychiater (de)	psikiatër (m)	[psikiátər]
pediater (de)	pediatër (m)	[pɛdiátər]
psycholoog (de)	psikolog (m)	[psikológ]
gynaecoloog (de)	gjinekolog (m)	[ɟinɛkológ]
cardioloog (de)	kardiolog (m)	[kardiológ]

76. Geneeskunde. Medicijnen. Accessoires

geneesmiddel (het)	ilaç (m)	[ilátʃ]
middel (het)	mjekim (m)	[mjɛkím]
voorschrijven (ww)	shkruaj recetë	[ʃkrúaj rɛtsétə]
recept (het)	recetë (f)	[rɛtsétə]

tablet (de/het)	pilulë (f)	[pilúlə]
zalf (de)	krem (m)	[krɛm]
ampul (de)	ampulë (f)	[ampúlə]
drank (de)	përzierje (f)	[pərzíɛrjɛ]
siroop (de)	shurup (m)	[ʃurúp]
pil (de)	pilulë (f)	[pilúlə]
poeder (de/het)	pudër (f)	[púdər]

verband (het)	fashë garze (f)	[faʃə gárzɛ]
watten (mv.)	pambuk (m)	[pambúk]
jodium (het)	jod (m)	[jod]

pleister (de)	leukoplast (m)	[lɛukoplást]
pipet (de)	pikatore (f)	[pikatórɛ]
thermometer (de)	termometër (m)	[tɛrmométər]
spuit (de)	shiringë (f)	[ʃiríŋə]

rolstoel (de)	karrocë me rrota (f)	[karótsə mɛ róta]
krukken (mv.)	paterica (f)	[patɛrítsa]

pijnstiller (de)	qetësues (m)	[cɛtəsúɛs]
laxeermiddel (het)	laksativ (m)	[laksatív]

spiritus (de)	alkool dezinfektues (m)	[alkoól dɛzinfɛktúɛs]
medicinale kruiden (mv.)	bimë mjekësore (f)	[bímə mjɛkəsórɛ]
kruiden- (abn)	çaj bimor	[tʃáj bimór]

77. Roken. Tabaksproducten

tabak (de)	duhan (m)	[duhán]
sigaret (de)	cigare (f)	[tsigárɛ]
sigaar (de)	puro (f)	[púro]
pijp (de)	llullë (f)	[ɫúɫə]
pakje (~ sigaretten)	pako cigaresh (m)	[páko tsigárɛʃ]

lucifers (mv.)	shkrepëse (pl)	[ʃkrépəsɛ]
luciferdoosje (het)	kuti shkrepësesh (f)	[kutí ʃkrépəsɛʃ]
aansteker (de)	çakmak (m)	[tʃakmák]
asbak (de)	taketuke (f)	[takɛtúkɛ]
sigarettendoosje (het)	kuti cigaresh (f)	[kutí tsigárɛʃ]

| sigarettenpijpje (het) | cigarishte (f) | [tsigaríʃtɛ] |
| filter (de/het) | filtër (m) | [fíltər] |

roken (ww)	pi duhan	[pi duhán]
een sigaret opsteken	ndez një cigare	[ndɛz ɲə tsigárɛ]
roken (het)	pirja e duhanit (f)	[pírja ɛ duhánit]
roker (de)	duhanpirës (m)	[duhanpírəs]

peuk (de)	bishti i cigares (m)	[bíʃti i tsigárɛs]
rook (de)	tym (m)	[tym]
as (de)	hi (m)	[hi]

HET MENSELIJKE LEEFGEBIED

Stad

78. Stad. Het leven in de stad

stad (de)	qytet (m)	[cytét]
hoofdstad (de)	kryeqytet (m)	[kryɛcytét]
dorp (het)	fshat (m)	[fʃát]

plattegrond (de)	hartë e qytetit (f)	[hártə ɛ cytétit]
centrum (ov. een stad)	qendër e qytetit (f)	[céndər ɛ cytétit]
voorstad (de)	periferi (f)	[pɛrifɛrí]
voorstads- (abn)	periferik	[pɛrifɛrík]

randgemeente (de)	periferia (f)	[pɛrifɛría]
omgeving (de)	periferia (f)	[pɛrifɛría]
blok (huizenblok)	bllok pallatesh (m)	[bɫók paɫátɛʃ]
woonwijk (de)	bllok banimi (m)	[bɫók baními]

verkeer (het)	trafik (m)	[trafík]
verkeerslicht (het)	semafor (m)	[sɛmafór]
openbaar vervoer (het)	transport publik (m)	[transpórt publík]
kruispunt (het)	kryqëzim (m)	[krycəzím]

zebrapad (oversteekplaats)	kalim për këmbësorë (m)	[kalím pər kəmbəsórə]
onderdoorgang (de)	nënkalim për këmbësorë (m)	[nənkalím pər kəmbəsórə]
oversteken (de straat ~)	kapërcej	[kapərtséj]
voetganger (de)	këmbësor (m)	[kəmbəsór]
trottoir (het)	trotuar (m)	[trotuár]

brug (de)	urë (f)	[úrə]
dijk (de)	breg lumi (m)	[brɛg lúmi]
fontein (de)	shatërvan (m)	[ʃatərván]

allee (de)	rrugëz (m)	[rúgəz]
park (het)	park (m)	[park]
boulevard (de)	bulevard (m)	[bulɛvárd]
plein (het)	shesh (m)	[ʃɛʃ]
laan (de)	bulevard (m)	[bulɛvárd]
straat (de)	rrugë (f)	[rúgə]
zijstraat (de)	rrugë dytësore (f)	[rúgə dytəsórɛ]
doodlopende straat (de)	rrugë pa krye (f)	[rúgə pa krýɛ]

huis (het)	shtëpi (f)	[ʃtəpí]
gebouw (het)	ndërtesë (f)	[ndərtésə]
wolkenkrabber (de)	qiellgërvishtës (m)	[ciɛɫgərvíʃtəs]
gevel (de)	fasadë (f)	[fasádə]
dak (het)	çati (f)	[tʃatí]

venster (het)	dritare (f)	[dritárɛ]
boog (de)	hark (m)	[hárk]
pilaar (de)	kolonë (f)	[kolónə]
hoek (ov. een gebouw)	kënd (m)	[kǝnd]

vitrine (de)	vitrinë (f)	[vitrínə]
gevelreclame (de)	tabelë (f)	[tabélə]
affiche (de/het)	poster (m)	[postér]
reclameposter (de)	afishe reklamuese (f)	[afíʃɛ rɛklamúɛsɛ]
aanplakbord (het)	tabelë reklamash (f)	[tabélə rɛklámaʃ]

vuilnis (de/het)	plehra (f)	[pléhra]
vuilnisbak (de)	kosh plehrash (m)	[koʃ pléhraʃ]
afval weggooien (ww)	hedh mbeturina	[hɛð mbɛturína]
stortplaats (de)	deponi plehrash (f)	[dɛponí pléhraʃ]

telefooncel (de)	kabinë telefonike (f)	[kabínə tɛlɛfoníkɛ]
straatlicht (het)	shtyllë dritash (f)	[ʃtýłə drítaʃ]
bank (de)	stol (m)	[stol]

politieagent (de)	polic (m)	[políts]
politie (de)	polici (f)	[politsí]
zwerver (de)	lypës (m)	[lýpəs]
dakloze (de)	i pastrehë (m)	[i pastréhə]

79. Stedelijke instellingen

winkel (de)	dyqan (m)	[dycán]
apotheek (de)	farmaci (f)	[farmatsí]
optiek (de)	optikë (f)	[optíkə]
winkelcentrum (het)	qendër tregtare (f)	[céndər trɛgtárɛ]
supermarkt (de)	supermarket (m)	[supɛrmarkét]

bakkerij (de)	furrë (f)	[fúrə]
bakker (de)	furrtar (m)	[furtár]
banketbakkerij (de)	pastiçeri (f)	[pastitʃɛrí]
kruidenier (de)	dyqan ushqimor (m)	[dycán uʃcimór]
slagerij (de)	dyqan mishi (m)	[dycán míʃi]

| groentewinkel (de) | dyqan fruta-perimesh (m) | [dycán frúta-pɛrímɛʃ] |
| markt (de) | treg (m) | [trɛg] |

koffiehuis (het)	kafene (f)	[kafɛné]
restaurant (het)	restorant (m)	[rɛstoránt]
bar (de)	pab (m), pijetore (f)	[pab], [pijɛtórɛ]
pizzeria (de)	piceri (f)	[pitsɛrí]

kapperssalon (de/het)	parukeri (f)	[parukɛrí]
postkantoor (het)	zyrë postare (f)	[zýrə postárɛ]
stomerij (de)	pastrim kimik (m)	[pastrím kimík]
fotostudio (de)	studio fotografike (f)	[stúdio fotografíkɛ]

| schoenwinkel (de) | dyqan këpucësh (m) | [dycán kəpútsəʃ] |
| boekhandel (de) | librari (f) | [librarí] |

sportwinkel (de)	dyqan me mallra sportivë (m)	[dycán mɛ máłra sportívə]
kledingreparatie (de)	rrobaqepësi (f)	[robacɛpəsí]
kledingverhuur (de)	dyqan veshjesh me qira (m)	[dycán véʃjɛʃ mɛ cirá]
videotheek (de)	dyqan videosh me qira (m)	[dycán vídɛoʃ mɛ cirá]

circus (de/het)	cirk (m)	[tsírk]
dierentuin (de)	kopsht zoologjik (m)	[kópʃt zooloɟík]
bioscoop (de)	kinema (f)	[kinɛmá]
museum (het)	muze (m)	[muzé]
bibliotheek (de)	bibliotekë (f)	[bibliotékə]

theater (het)	teatër (m)	[tɛátər]
opera (de)	opera (f)	[opéra]
nachtclub (de)	klub nate (m)	[klúb nátɛ]
casino (het)	kazino (f)	[kazíno]

moskee (de)	xhami (f)	[dʒamí]
synagoge (de)	sinagogë (f)	[sinagógə]
kathedraal (de)	katedrale (f)	[katɛdrálɛ]
tempel (de)	tempull (m)	[témpuł]
kerk (de)	kishë (f)	[kíʃə]

instituut (het)	kolegj (m)	[koléɟ]
universiteit (de)	universitet (m)	[univɛrsitét]
school (de)	shkollë (f)	[ʃkółə]

gemeentehuis (het)	prefekturë (f)	[prɛfɛktúrə]
stadhuis (het)	bashki (f)	[baʃkí]
hotel (het)	hotel (m)	[hotél]
bank (de)	bankë (f)	[bánkə]

ambassade (de)	ambasadë (f)	[ambasádə]
reisbureau (het)	agjenci udhëtimesh (f)	[aɟɛntsí uðətímɛʃ]
informatieloket (het)	zyrë informacioni (f)	[zýrə informatsióni]
wisselkantoor (het)	këmbim valutor (m)	[kəmbím valutór]

metro (de)	metro (f)	[mɛtró]
ziekenhuis (het)	spital (m)	[spitál]

benzinestation (het)	pikë karburanti (f)	[píkə karburánti]
parking (de)	parking (m)	[parkíŋ]

80. Borden

gevelreclame (de)	tabelë (f)	[tabélə]
opschrift (het)	njoftim (m)	[ɲoftím]
poster (de)	poster (m)	[postér]
wegwijzer (de)	tabelë drejtuese (f)	[tabélə drɛjtúɛsɛ]
pijl (de)	shigjetë (f)	[ʃiɟétə]

waarschuwing (verwittiging)	kujdes (m)	[kujdés]
waarschuwingsbord (het)	shenjë paralajmëruese (f)	[ʃéɲə paralajmərúɛsɛ]
waarschuwen (ww)	paralajmëroj	[paralajmərój]

vrije dag (de)	ditë pushimi (f)	[dítə puʃími]
dienstregeling (de)	orar (m)	[orár]
openingsuren (mv.)	orari i punës (m)	[orári i púnəs]

WELKOM!	MIRË SE VINI!	[mírə sɛ víni!]
INGANG	HYRJE	[hýrjɛ]
UITGANG	DALJE	[dáljɛ]

DUWEN	SHTY	[ʃty]
TREKKEN	TËRHIQ	[tərhíc]
OPEN	HAPUR	[hápur]
GESLOTEN	MBYLLUR	[mbýɬur]

| DAMES | GRA | [gra] |
| HEREN | BURRA | [búra] |

KORTING	ZBRITJE	[zbrítjɛ]
UITVERKOOP	ULJE	[úljɛ]
NIEUW!	TË REJA!	[tə réja!]
GRATIS	FALAS	[fálas]

PAS OP!	KUJDES!	[kujdés!]
VOLGEBOEKT	NUK KA VENDE TË LIRA	[nuk ka véndɛ tə líra]
GERESERVEERD	E REZERVUAR	[ɛ rɛzɛrvúar]

| ADMINISTRATIE | ADMINISTRATA | [administráta] |
| ALLEEN VOOR PERSONEEL | VETËM PËR STAFIN | [vétəm pər stáfin] |

GEVAARLIJKE HOND	RUHUNI NGA QENI!	[rúhuni ŋa céni!]
VERBODEN TE ROKEN!	NDALOHET DUHANI	[ndalóhɛt duháni]
NIET AANRAKEN!	MOS PREK!	[mos prék!]

GEVAARLIJK	TË RREZIKSHME	[tə rɛzíkʃmɛ]
GEVAAR	RREZIK	[rɛzík]
HOOGSPANNING	TENSION I LARTË	[tɛnsión i lártə]
VERBODEN TE ZWEMMEN	NUK LEJOHET NOTI!	[nuk lɛjóhɛt nóti!]
BUITEN GEBRUIK	E PRISHUR	[ɛ príʃur]

ONTVLAMBAAR	LËNDË DJEGËSE	[ləndə djégəsɛ]
VERBODEN	E NDALUAR	[ɛ ndalúar]
DOORGANG VERBODEN	NDALOHET HYRJA	[ndalóhɛt hýrja]
OPGELET PAS GEVERFD	BOJË E FRESKËT	[bójə ɛ fréskət]

81. Stedelijk vervoer

bus, autobus (de)	autobus (m)	[autobús]
tram (de)	tramvaj (m)	[tramváj]
trolleybus (de)	autobus tramvaj (m)	[autobús tramváj]
route (de)	itinerar (m)	[itinɛrár]
nummer (busnummer, enz.)	numër (m)	[númər]

| rijden met ... | udhëtoj me ... | [uðətój mɛ ...] |
| stappen (in de bus ~) | hip | [hip] |

afstappen (ww)	zbres ...	[zbrɛs ...]
halte (de)	stacion (m)	[statsión]
volgende halte (de)	stacioni tjetër (m)	[statsióni tjétər]
eindpunt (het)	terminal (m)	[tɛrminál]
dienstregeling (de)	orar (m)	[orár]
wachten (ww)	pres	[prɛs]

kaartje (het)	biletë (f)	[bilétə]
reiskosten (de)	çmim bilete (m)	[tʃmím bilétɛ]

kassier (de)	shitës biletash (m)	[ʃítəs bilétaʃ]
kaartcontrole (de)	kontroll biletash (m)	[kontróɫ bilétaʃ]
controleur (de)	kontrollues biletash (m)	[kontroɫúɛs bilétaʃ]

te laat zijn (ww)	vonohem	[vonóhɛm]
missen (de bus ~)	humbas	[humbás]
zich haasten (ww)	nxitoj	[ndzitój]

taxi (de)	taksi (m)	[táksi]
taxichauffeur (de)	shofer taksie (m)	[ʃofér taksíɛ]
met de taxi (bw)	me taksi	[mɛ táksi]
taxistandplaats (de)	stacion taksish (m)	[statsión táksiʃ]
een taxi bestellen	thërras taksi	[θərás táksi]
een taxi nemen	marr taksi	[mar táksi]

verkeer (het)	trafik (m)	[trafík]
file (de)	bllokim trafiku (m)	[bɫokím trafíku]
spitsuur (het)	orë e trafikut të rëndë (f)	[órə ɛ trafíkut tə rəndə]
parkeren (on.ww.)	parkoj	[parkój]
parkeren (ov.ww.)	parkim	[parkím]
parking (de)	parking (m)	[parkíŋ]

metro (de)	metro (f)	[mɛtró]
halte (bijv. kleine treinhalte)	stacion (m)	[statsión]
de metro nemen	shkoj me metro	[ʃkoj mɛ métro]
trein (de)	tren (m)	[trɛn]
station (treinstation)	stacion treni (m)	[statsión tréni]

82. Bezienswaardigheden

monument (het)	monument (m)	[monumént]
vesting (de)	kala (f)	[kalá]
paleis (het)	pallat (m)	[paɫát]
kasteel (het)	kështjellë (f)	[kəʃtjétə]
toren (de)	kullë (f)	[kútə]
mausoleum (het)	mauzoleum (m)	[mauzolɛúm]

architectuur (de)	arkitekturë (f)	[arkitɛktúrə]
middeleeuws (bn)	mesjetare	[mɛsjɛtárɛ]
oud (bn)	e lashtë	[ɛ láʃtə]
nationaal (bn)	kombëtare	[kombətárɛ]
bekend (bn)	i famshëm	[i fámʃəm]
toerist (de)	turist (m)	[turíst]
gids (de)	udhërrëfyes (m)	[uðərəfýɛs]

rondleiding (de)	ekskursion (m)	[εkskursión]
tonen (ww)	tregoj	[trεgój]
vertellen (ww)	dëftoj	[dəftój]

vinden (ww)	gjej	[ɟéj]
verdwalen (de weg kwijt zijn)	humbas	[humbás]
plattegrond (~ van de metro)	hartë (f)	[hártə]
plattegrond (~ van de stad)	hartë (f)	[hártə]

souvenir (het)	suvenir (m)	[suvεnír]
souvenirwinkel (de)	dyqan dhuratash (m)	[dycán ðurátaʃ]
foto's maken	bëj foto	[bəj fóto]
zich laten fotograferen	bëj fotografi	[bəj fotografí]

83. Winkelen

kopen (ww)	blej	[blεj]
aankoop (de)	blerje (f)	[blérjε]
winkelen (ww)	shkoj për pazar	[ʃkoj pər pazár]
winkelen (het)	pazar (m)	[pazár]

open zijn (ov. een winkel, enz.)	hapur	[hápur]
gesloten zijn (ww)	mbyllur	[mbýɫur]

schoeisel (het)	këpucë (f)	[kəpútsə]
kleren (mv.)	veshje (f)	[véʃjε]
cosmetica (mv.)	kozmetikë (f)	[kozmεtíkə]
voedingswaren (mv.)	mallra ushqimore (f)	[máɫra uʃcimórε]
geschenk (het)	dhuratë (f)	[ðurátə]

verkoper (de)	shitës (m)	[ʃítəs]
verkoopster (de)	shitëse (f)	[ʃítəsε]

kassa (de)	arkë (f)	[árkə]
spiegel (de)	pasqyrë (f)	[pascýrə]
toonbank (de)	banak (m)	[bának]
paskamer (de)	dhomë prove (f)	[ðómə próvε]

aanpassen (ww)	provoj	[provój]
passen (ov. kleren)	më rri mirë	[mə ri mírə]
bevallen (prettig vinden)	pëlqej	[pəlcéj]

prijs (de)	çmim (m)	[tʃmím]
prijskaartje (het)	etiketa e çmimit (f)	[εtikéta ε tʃmímit]
kosten (ww)	kushton	[kuʃtón]
Hoeveel?	Sa?	[sa?]
korting (de)	ulje (f)	[úljε]

niet duur (bn)	jo e shtrenjtë	[jo ε ʃtréɲtə]
goedkoop (bn)	e lirë	[ε lírə]
duur (bn)	i shtrenjtë	[i ʃtréɲtə]
Dat is duur.	Është e shtrenjtë	[əʃtə ε ʃtréɲtə]
verhuur (de)	qiramarrje (f)	[ciramárjε]

huren (smoking, enz.)	marr me qira	[mar mɛ cirá]
krediet (het)	kredit (m)	[krɛdít]
op krediet (bw)	me kredi	[mɛ krɛdí]

84. Geld

geld (het)	para (f)	[pará]
ruil (de)	këmbim valutor (m)	[kəmbím valutór]
koers (de)	kurs këmbimi (m)	[kurs kəmbími]
geldautomaat (de)	bankomat (m)	[bankomát]
muntstuk (de)	monedhë (f)	[monéðə]

| dollar (de) | dollar (m) | [doɫár] |
| euro (de) | euro (f) | [éuro] |

lire (de)	lirë (f)	[lírə]
Duitse mark (de)	Marka gjermane (f)	[márka ɟɛrmánɛ]
frank (de)	franga (f)	[fráŋa]
pond sterling (het)	sterlina angleze (f)	[stɛrlína aŋlézɛ]
yen (de)	jen (m)	[jén]

schuld (geldbedrag)	borxh (m)	[bórdʒ]
schuldenaar (de)	debitor (m)	[dɛbitór]
uitlenen (ww)	jap hua	[jap huá]
lenen (geld ~)	marr hua	[mar huá]

bank (de)	bankë (f)	[bánkə]
bankrekening (de)	llogari (f)	[ɫogarí]
storten (ww)	depozitoj	[dɛpozitój]
op rekening storten	depozitoj në llogari	[dɛpozitój nə ɫogarí]
opnemen (ww)	tërheq	[tərhéc]

kredietkaart (de)	kartë krediti (f)	[kártə krɛdíti]
baar geld (het)	kesh (m)	[kɛʃ]
cheque (de)	çek (m)	[tʃék]
een cheque uitschrijven	lëshoj një çek	[ləʃój ɲə tʃék]
chequeboekje (het)	bllok çeqesh (m)	[bɫók tʃécɛʃ]

portefeuille (de)	portofol (m)	[portofól]
geldbeugel (de)	kuletë (f)	[kulétə]
safe (de)	kasafortë (f)	[kasafórtə]

erfgenaam (de)	trashëgimtar (m)	[traʃəgimtár]
erfenis (de)	trashëgimi (f)	[traʃəgimí]
fortuin (het)	pasuri (f)	[pasurí]

huur (de)	qira (f)	[cirá]
huurprijs (de)	qiraja (f)	[cirája]
huren (huis, kamer)	marr me qira	[mar mɛ cirá]

prijs (de)	çmim (m)	[tʃmím]
kostprijs (de)	kosto (f)	[kósto]
som (de)	shumë (f)	[ʃúmə]
uitgeven (geld besteden)	shpenzoj	[ʃpɛnzój]

kosten (mv.)	shpenzime (f)	[ʃpɛnzímɛ]
bezuinigen (ww)	kursej	[kurséj]
zuinig (bn)	ekonomik	[ɛkonomík]

betalen (ww)	paguaj	[pagúaj]
betaling (de)	pagesë (f)	[pagésə]
wisselgeld (het)	kusur (m)	[kusúr]

belasting (de)	taksë (f)	[táksə]
boete (de)	gjobë (f)	[ɟóbə]
beboeten (bekeuren)	vendos gjobë	[vɛndós ɟóbə]

85. Post. Postkantoor

postkantoor (het)	zyrë postare (f)	[zýrə postárɛ]
post (de)	postë (f)	[póstə]
postbode (de)	postier (m)	[postiér]
openingsuren (mv.)	orari i punës (m)	[orári i púnəs]

brief (de)	letër (f)	[létər]
aangetekende brief (de)	letër rekomande (f)	[létər rɛkomándɛ]
briefkaart (de)	kartolinë (f)	[kartolínə]
telegram (het)	telegram (m)	[tɛlɛgrám]
postpakket (het)	pako (f)	[páko]
overschrijving (de)	transfer parash (m)	[transfér paráʃ]

ontvangen (ww)	pranoj	[pranój]
sturen (zenden)	dërgoj	[dərgój]
verzending (de)	dërgesë (f)	[dərgésə]

adres (het)	adresë (f)	[adrésə]
postcode (de)	kodi postar (m)	[kódi postár]
verzender (de)	dërguesi (m)	[dərgúɛsi]
ontvanger (de)	pranues (m)	[pranúɛs]

| naam (de) | emër (m) | [émər] |
| achternaam (de) | mbiemër (m) | [mbiémər] |

tarief (het)	tarifë postare (f)	[tarífə postárɛ]
standaard (bn)	standard	[standárd]
zuinig (bn)	ekonomike	[ɛkonomíkɛ]

gewicht (het)	peshë (f)	[péʃə]
afwegen (op de weegschaal)	peshoj	[pɛʃój]
envelop (de)	zarf (m)	[zarf]
postzegel (de)	pullë postare (f)	[púłə postárɛ]
een postzegel plakken op	vendos pullën postare	[vɛndós púłən postárɛ]

Woning. Huis. Thuis

86. Huis. Woning

huis (het)	shtëpi (f)	[ʃtəpí]
thuis (bw)	në shtëpi	[nə ʃtəpí]
cour (de)	oborr (m)	[obór]
omheining (de)	gardh (m)	[garð]
baksteen (de)	tullë (f)	[túłə]
van bakstenen	me tulla	[mɛ túła]
steen (de)	gur (m)	[gur]
stenen (bn)	guror	[gurór]
beton (het)	çimento (f)	[tʃiménto]
van beton	prej çimentoje	[prɛj tʃiméntojɛ]
nieuw (bn)	i ri	[i rí]
oud (bn)	i vjetër	[i vjétər]
vervallen (bn)	e vjetruar	[ɛ vjɛtrúar]
modern (bn)	moderne	[modérnɛ]
met veel verdiepingen	shumëkatëshe	[ʃuməkátəʃɛ]
hoog (bn)	e lartë	[ɛ lártə]
verdieping (de)	kat (m)	[kat]
met een verdieping	njëkatëshe	[ɲəkátəʃɛ]
laagste verdieping (de)	përdhese (f)	[pərðésɛ]
bovenverdieping (de)	kati i fundit (m)	[káti i fúndit]
dak (het)	çati (f)	[tʃatí]
schoorsteen (de)	oxhak (m)	[odʒák]
dakpan (de)	tjegulla (f)	[tjéguła]
pannen- (abn)	me tjegulla	[mɛ tjéguła]
zolder (de)	papafingo (f)	[papafíŋo]
venster (het)	dritare (f)	[dritárɛ]
glas (het)	xham (m)	[dʒam]
vensterbank (de)	prag dritareje (m)	[prag dritárɛjɛ]
luiken (mv.)	grila (f)	[gríla]
muur (de)	mur (m)	[mur]
balkon (het)	ballkon (m)	[bałkón]
regenpijp (de)	ulluk (m)	[ułúk]
boven (bw)	lart	[lart]
naar boven gaan (ww)	ngjitem lart	[ɲjitém lárt]
afdalen (on.ww.)	zbres	[zbrɛs]
verhuizen (ww)	lëviz	[ləvíz]

87. Huis. Ingang. Lift

ingang (de)	hyrje (f)	[hýrjɛ]
trap (de)	shkallë (f)	[ʃkátə]
treden (mv.)	shkallë (f)	[ʃkátə]
trapleuning (de)	parmak (m)	[parmák]
hal (de)	holl (m)	[hoɫ]

postbus (de)	kuti postare (f)	[kutí postárɛ]
vuilnisbak (de)	kazan mbeturinash (m)	[kazán mbɛturínaʃ]
vuilniskoker (de)	ashensor mbeturinash (m)	[aʃɛnsór mbɛturínaʃ]

lift (de)	ashensor (m)	[aʃɛnsór]
goederenlift (de)	ashensor mallrash (m)	[aʃɛnsór máɫraʃ]
liftcabine (de)	kabinë ashensori (f)	[kabínə aʃɛnsóri]
de lift nemen	marr ashensorin	[mar aʃɛnsórin]

appartement (het)	apartament (m)	[apartamént]
bewoners (mv.)	banorë (pl)	[banórə]
buurman (de)	komshi (m)	[komʃí]
buurvrouw (de)	komshike (f)	[komʃíkɛ]
buren (mv.)	komshinj (pl)	[komʃíɲ]

88. Huis. Elektriciteit

elektriciteit (de)	elektricitet (m)	[ɛlɛktritsitét]
lamp (de)	poç (m)	[potʃ]
schakelaar (de)	çelës drite (m)	[tʃéləs drítɛ]
zekering (de)	siguresë (f)	[sigurésə]

draad (de)	kabllo (f)	[kábɫo]
bedrading (de)	rrjet elektrik (m)	[rjét ɛlɛktrík]
elektriciteitsmeter (de)	njehsor elektrik (m)	[ɲɛhsór ɛlɛktrík]
gegevens (mv.)	matjet (pl)	[mátjɛt]

89. Huis. Deuren. Sloten

deur (de)	derë (f)	[dérə]
toegangspoort (de)	portik (m)	[portík]
deurkruk (de)	dorezë (f)	[dorézə]
ontsluiten (ontgrendelen)	zhbllokoj	[ʒbɫokój]
openen (ww)	hap	[hap]
sluiten (ww)	mbyll	[mbyɫ]

sleutel (de)	çelës (m)	[tʃéləs]
sleutelbos (de)	tufë çelësash (f)	[túfə tʃéləsaʃ]
knarsen (bijv. scharnier)	kërcet	[kərtsét]
knarsgeluid (het)	kërcitje (f)	[kərtsítjɛ]
scharnier (het)	menteshë (f)	[mɛntéʃə]
deurmat (de)	tapet hyrës (m)	[tapét hýrəs]
slot (het)	kyç (m)	[kytʃ]

sleutelgat (het)	vrimë e çelësit (f)	[vrímə ɛ tʃéləsit]
grendel (de)	shul (m)	[ʃul]
schuif (de)	shul (m)	[ʃul]
hangslot (het)	dry (m)	[dry]

aanbellen (ww)	i bie ziles	[i bíɛ zíləs]
bel (geluid)	tingulli i ziles (m)	[tíŋułi i zíłɛs]
deurbel (de)	zile (f)	[zíłɛ]
belknop (de)	çelësi i ziles (m)	[tʃéłəsi i zíłɛs]
geklop (het)	trokitje (f)	[trokítjɛ]
kloppen (ww)	trokas	[trokás]

code (de)	kod (m)	[kod]
cijferslot (het)	kod (m)	[kod]
parlofoon (de)	interkom (m)	[intɛrkóm]
nummer (het)	numër (m)	[númər]
naambordje (het)	pllakë e emrit (f)	[płákə ɛ émrit]
deurspion (de)	vrimë përgjimi (f)	[vrímə pərɟími]

90. Huis op het platteland

dorp (het)	fshat (m)	[fʃát]
moestuin (de)	kopsht zarzavatesh (m)	[kópʃt zarzavátɛʃ]
hek (het)	gardh (m)	[garð]
houten hekwerk (het)	gardh kunjash	[garð kúɲaʃ]
tuinpoortje (het)	portik (m)	[portík]

graanschuur (de)	hambar (m)	[hambár]
wortelkelder (de)	qilar (m)	[cilár]
schuur (de)	kasolle (f)	[kasółɛ]
waterput (de)	pus (m)	[pus]

kachel (de)	sobë (f)	[sóbə]
de kachel stoken	mbush sobën	[mbúʃ sóbən]
brandhout (het)	dru për zjarr (m)	[dru pər zjár]
houtblok (het)	dru (m)	[dru]

veranda (de)	verandë (f)	[vɛrándə]
terras (het)	ballkon (m)	[bałkón]
bordes (het)	prag i derës (m)	[prag i dérəs]
schommel (de)	kolovajzë (f)	[kolovájzə]

91. Villa. Herenhuis

landhuisje (het)	vilë (f)	[vílə]
villa (de)	vilë (f)	[vílə]
vleugel (de)	krah (m)	[krah]

tuin (de)	kopsht (m)	[kopʃt]
park (het)	park (m)	[park]
oranjerie (de)	serrë (f)	[sérə]
onderhouden (tuin, enz.)	përkujdesem	[pərkujdésɛm]

zwembad (het)	pishinë (f)	[piʃínə]
gym (het)	palestër (f)	[paléstər]
tennisveld (het)	fushë tenisi (f)	[fúʃə tɛnísi]
bioscoopkamer (de)	sallon teatri (m)	[saɫón tɛátri]
garage (de)	garazh (m)	[garáʒ]

| privé-eigendom (het) | pronë private (f) | [prónə privátɛ] |
| eigen terrein (het) | tokë private (f) | [tókə privátɛ] |

| waarschuwing (de) | paralajmërim (m) | [paralajmərím] |
| waarschuwingsbord (het) | shenjë paralajmëruese (f) | [ʃéɲə paralajmərúɛsɛ] |

bewaking (de)	sigurim (m)	[sigurím]
bewaker (de)	roje sigurimi (m)	[rójɛ sigurími]
inbraakalarm (het)	alarm (m)	[alárm]

92. Kasteel. Paleis

kasteel (het)	kështjellë (f)	[kəʃtjétə]
paleis (het)	pallat (m)	[paɫát]
vesting (de)	kala (f)	[kalá]
ringmuur (de)	mur rrethues (m)	[mur rɛθúɛs]
toren (de)	kullë (f)	[kútə]
donjon (de)	kulla e parë (f)	[kúɫa ɛ párə]

valhek (het)	portë me hekura (f)	[pórtə mɛ hékura]
onderaardse gang (de)	nënkalim (m)	[nənkalím]
slotgracht (de)	kanal (m)	[kanál]
ketting (de)	zinxhir (m)	[zindʒír]
schietgat (het)	frëngji (f)	[frəɲí]

prachtig (bn)	e mrekullueshme	[ɛ mrɛkutúɛʃmɛ]
majestueus (bn)	madhështore	[maðəʃtórɛ]
onneembaar (bn)	e padepërtueshme	[ɛ padɛpərtúɛʃmɛ]
middeleeuws (bn)	mesjetare	[mɛsjɛtárɛ]

93. Appartement

appartement (het)	apartament (m)	[apartamént]
kamer (de)	dhomë (f)	[ðómə]
slaapkamer (de)	dhomë gjumi (f)	[ðómə ɟúmi]
eetkamer (de)	dhomë ngrënie (f)	[ðómə ŋrəníɛ]
salon (de)	dhomë ndeje (f)	[ðómə ndéjɛ]
studeerkamer (de)	dhomë pune (f)	[ðómə púnɛ]

gang (de)	hyrje (f)	[hýrjɛ]
badkamer (de)	banjo (f)	[báɲo]
toilet (het)	tualet (m)	[tualét]

plafond (het)	tavan (m)	[taván]
vloer (de)	dysheme (f)	[dyʃɛmé]
hoek (de)	qoshe (f)	[cóʃɛ]

94. Appartement. Schoonmaken

schoonmaken (ww)	pastroj	[pastrój]
opbergen (in de kast, enz.)	vendos	[vɛndós]
stof (het)	pluhur (m)	[plúhur]
stoffig (bn)	e pluhurosur	[ɛ pluhurósur]
stoffen (ww)	marr pluhurat	[mar plúhurat]
stofzuiger (de)	fshesë elektrike (f)	[ffésə ɛlɛktríkɛ]
stofzuigen (ww)	thith pluhurin	[θiθ plúhurin]
vegen (de vloer ~)	fshij	[ffíj]
veegsel (het)	plehra (f)	[pléhra]
orde (de)	rregull (m)	[réguɫ]
wanorde (de)	rrëmujë (f)	[rəmújə]
zwabber (de)	shtupë (f)	[ʃtúpə]
poetsdoek (de)	leckë (f)	[létskə]
veger (de)	fshesë (f)	[ffésə]
stofblik (het)	kaci (f)	[katsí]

95. Meubels. Interieur

meubels (mv.)	orendi (f)	[orɛndí]
tafel (de)	tryezë (f)	[tryézə]
stoel (de)	karrige (f)	[karígɛ]
bed (het)	shtrat (m)	[ʃtrat]
bankstel (het)	divan (m)	[diván]
fauteuil (de)	kolltuk (m)	[koɫtúk]
boekenkast (de)	raft librash (m)	[ráft líbraʃ]
boekenrek (het)	sergjen (m)	[sɛrɟén]
kledingkast (de)	gardërobë (f)	[gardəróbə]
kapstok (de)	varëse (f)	[várəsɛ]
staande kapstok (de)	varëse xhaketash (f)	[várəsɛ dʒakétaʃ]
commode (de)	komodë (f)	[komódə]
salontafeltje (het)	tryezë e ulët (f)	[tryézə ɛ úlət]
spiegel (de)	pasqyrë (f)	[pascýrə]
tapijt (het)	qilim (m)	[cilím]
tapijtje (het)	tapet (m)	[tapét]
haard (de)	oxhak (m)	[odʒák]
kaars (de)	qiri (m)	[círi]
kandelaar (de)	shandan (m)	[ʃandán]
gordijnen (mv.)	perde (f)	[pérdɛ]
behang (het)	tapiceri (f)	[tapitsɛrí]
jaloezie (de)	grila (f)	[gríla]
bureaulamp (de)	llambë tavoline (f)	[ɫámbə tavolínɛ]
wandlamp (de)	llambadar muri (m)	[ɫambadár múri]

staande lamp (de)	llambadar (m)	[ɫambadár]
luchter (de)	llambadar (m)	[ɫambadár]

poot (ov. een tafel, enz.)	këmbë (f)	[kə́mbə]
armleuning (de)	mbështetëse krahu (f)	[mbəʃtétəsɛ kráhu]
rugleuning (de)	mbështetëse (f)	[mbəʃtétəsɛ]
la (de)	sirtar (m)	[sirtár]

96. Beddengoed

beddengoed (het)	çarçafë (pl)	[tʃartʃáfə]
kussen (het)	jastëk (m)	[jasték]
kussenovertrek (de)	këllëf jastëku (m)	[kəɫə́f jastéku]
deken (de)	jorgan (m)	[jorgán]
laken (het)	çarçaf (m)	[tʃartʃáf]
sprei (de)	mbulesë (f)	[mbulésə]

97. Keuken

keuken (de)	kuzhinë (f)	[kuʒínə]
gas (het)	gaz (m)	[gaz]
gasfornuis (het)	sobë me gaz (f)	[sóbə mɛ gaz]
elektrisch fornuis (het)	sobë elektrike (f)	[sóbə ɛlɛktríkɛ]
oven (de)	furrë (f)	[fúrə]
magnetronoven (de)	mikrovalë (f)	[mikroválə]

koelkast (de)	frigorifer (m)	[frigorifér]
diepvriezer (de)	frigorifer (m)	[frigorifér]
vaatwasmachine (de)	pjatalarëse (f)	[pjatalárəsɛ]

vleesmolen (de)	grirëse mishi (f)	[grírəsɛ míʃi]
vruchtenpers (de)	shtrydhëse frutash (f)	[ʃtrýðəsɛ frútaʃ]
toaster (de)	toster (m)	[tostér]
mixer (de)	mikser (m)	[miksér]

koffiemachine (de)	makinë kafeje (f)	[makínə kaféjɛ]
koffiepot (de)	kafetierë (f)	[kafɛtiérə]
koffiemolen (de)	mulli kafeje (f)	[muɫí káfɛjɛ]

fluitketel (de)	çajnik (m)	[tʃajník]
theepot (de)	çajnik (m)	[tʃajník]
deksel (de/het)	kapak (m)	[kapák]
theezeefje (het)	sitë çaji (f)	[sítə tʃáji]

lepel (de)	lugë (f)	[lúgə]
theelepeltje (het)	lugë çaji (f)	[lúgə tʃáji]
eetlepel (de)	lugë gjelle (f)	[lúgə ɟétɛ]
vork (de)	pirun (m)	[pirún]
mes (het)	thikë (f)	[θíkə]

vaatwerk (het)	enë kuzhine (f)	[énə kuʒínɛ]
bord (het)	pjatë (f)	[pjátə]

schoteltje (het)	pjatë filxhani (f)	[pjátə fildʒáni]
likeurglas (het)	potir (m)	[potír]
glas (het)	gotë (f)	[gótə]
kopje (het)	filxhan (m)	[fildʒán]

suikerpot (de)	tas për sheqer (m)	[tas pər ʃɛcér]
zoutvat (het)	kripore (f)	[kripórɛ]
pepervat (het)	enë piperi (f)	[énə pipéri]
boterschaaltje (het)	pjatë gjalpi (f)	[pjátə ɟálpi]

pan (de)	tenxhere (f)	[tɛndʒérɛ]
bakpan (de)	tigan (m)	[tigán]
pollepel (de)	garuzhdë (f)	[garúʒdə]
vergiet (de/het)	kullesë (f)	[kuɫésə]
dienblad (het)	tabaka (f)	[tabaká]

fles (de)	shishe (f)	[ʃíʃɛ]
glazen pot (de)	kavanoz (m)	[kavanóz]
blik (conserven~)	kanoçe (f)	[kanótʃɛ]

flesopener (de)	hapëse shishesh (f)	[hapəsé ʃíʃɛʃ]
blikopener (de)	hapëse kanoçesh (f)	[hapəsé kanótʃɛʃ]
kurkentrekker (de)	turjelë tapash (f)	[turjélə tápaʃ]
filter (de/het)	filtër (m)	[fíltər]
filteren (ww)	filtroj	[filtrój]

huisvuil (het)	pleh (m)	[plɛh]
vuilnisemmer (de)	kosh plehrash (m)	[koʃ pléhraʃ]

98. Badkamer

badkamer (de)	banjo (f)	[báɲo]
water (het)	ujë (m)	[újə]
kraan (de)	rubinet (m)	[rubinét]
warm water (het)	ujë i nxehtë (f)	[újə i ndzéhtə]
koud water (het)	ujë i ftohtë (f)	[újə i ftóhtə]

tandpasta (de)	pastë dhëmbësh (f)	[pástə ðémbəʃ]
tanden poetsen (ww)	laj dhëmbët	[laj ðémbət]
tandenborstel (de)	furçë dhëmbësh (f)	[fúrtʃə ðémbəʃ]

zich scheren (ww)	rruhem	[rúhɛm]
scheercrème (de)	shkumë rroje (f)	[ʃkumə rójɛ]
scheermes (het)	brisk (m)	[brísk]

wassen (ww)	laj duart	[laj dúart]
een bad nemen	lahem	[láhɛm]
douche (de)	dush (m)	[duʃ]
een douche nemen	bëj dush	[bəj dúʃ]

bad (het)	vaskë (f)	[váskə]
toiletpot (de)	tualet (m)	[tualét]
wastafel (de)	lavaman (m)	[lavamán]
zeep (de)	sapun (m)	[sapún]

zeepbakje (het)	pjatë sapuni (f)	[pjátə sapúni]
spons (de)	sfungjer (m)	[sfunɟér]
shampoo (de)	shampo (f)	[ʃampó]
handdoek (de)	peshqir (m)	[pɛʃcír]
badjas (de)	peshqir trupi (m)	[pɛʃcír trúpi]

was (bijv. handwas)	larje (f)	[lárjɛ]
wasmachine (de)	makinë larëse (f)	[makínə lárəsɛ]
de was doen	laj rroba	[laj róba]
waspoeder (de)	detergjent (m)	[dɛtɛɾɟént]

99. Huishoudelijke apparaten

televisie (de)	televizor (m)	[tɛlɛvizór]
cassettespeler (de)	inçizues me shirit (m)	[intʃizúɛs mɛ ʃirít]
videorecorder (de)	video regjistrues (m)	[vídɛo rɛɟistrúɛs]
radio (de)	radio (f)	[rádio]
speler (de)	kasetofon (m)	[kasɛtofón]

videoprojector (de)	projektor (m)	[projɛktór]
home theater systeem (het)	kinema shtëpie (f)	[kinɛmá ʃtəpíɛ]
DVD-speler (de)	DVD player (m)	[dividí plɛjər]
versterker (de)	amplifikator (m)	[amplifikatór]
spelconsole (de)	konsol video loje (m)	[konsól vídɛo lójɛ]

videocamera (de)	videokamerë (f)	[vidɛokamérə]
fotocamera (de)	aparat fotografik (m)	[aparát fotografík]
digitale camera (de)	kamerë digjitale (f)	[kamérə diɟitálɛ]

stofzuiger (de)	fshesë elektrike (f)	[fʃésə ɛlɛktríkɛ]
strijkijzer (het)	hekur (m)	[hékur]
strijkplank (de)	tryezë për hekurosje (f)	[tryézə pər hɛkurósjɛ]

telefoon (de)	telefon (m)	[tɛlɛfón]
mobieltje (het)	celular (m)	[tsɛlulár]
schrijfmachine (de)	makinë shkrimi (f)	[makínə ʃkrími]
naaimachine (de)	makinë qepëse (f)	[makínə cépəsɛ]

microfoon (de)	mikrofon (m)	[mikrofón]
koptelefoon (de)	kufje (f)	[kúfjɛ]
afstandsbediening (de)	telekomandë (f)	[tɛlɛkomándə]

CD (de)	CD (f)	[tsɛdé]
cassette (de)	kasetë (f)	[kasétə]
vinylplaat (de)	pllakë gramafoni (f)	[pɫákə gramafóni]

100. Reparaties. Renovatie

renovatie (de)	renovim (m)	[rɛnovím]
renoveren (ww)	rinovoj	[rinovój]
repareren (ww)	riparoj	[riparój]
op orde brengen	rregulloj	[rɛguɫój]

overdoen (ww)	ribëj	[ribéj]
verf (de)	bojë (f)	[bójə]
verven (muur ~)	lyej	[lýɛj]
schilder (de)	bojaxhi (m)	[bojadʒí]
kwast (de)	furçë (f)	[fúrtʃə]

kalk (de)	gëlqere (f)	[gəlcérɛ]
kalken (ww)	lyej me gëlqere	[lýɛj mɛ gəlcérɛ]

behang (het)	tapiceri (f)	[tapitsɛrí]
behangen (ww)	vendos tapiceri	[vɛndós tapitsɛrí]
lak (de/het)	llak (m)	[ɫak]
lakken (ww)	lustroj	[lustrój]

101. Loodgieterswerk

water (het)	ujë (m)	[újə]
warm water (het)	ujë i nxehtë (f)	[újə i ndzéhtə]
koud water (het)	ujë i ftohtë (f)	[újə i ftóhtə]
kraan (de)	rubinet (m)	[rubinét]

druppel (de)	pikë uji (f)	[píkə úji]
druppelen (ww)	pikon	[pikón]
lekken (een lek hebben)	rrjedh	[rjéð]
lekkage (de)	rrjedhje (f)	[rjéðjɛ]
plasje (het)	pellg (m)	[pɛɫg]

buis, leiding (de)	gyp (m)	[gyp]
stopkraan (de)	valvulë (f)	[valvúlə]
verstopt raken (ww)	bllokohet	[bɫokóhɛt]

gereedschap (het)	vegla (pl)	[végla]
Engelse sleutel (de)	çelës anglez (m)	[tʃéləs aŋléz]
losschroeven (ww)	zhvidhos	[ʒviðós]
aanschroeven (ww)	vidhos	[viðós]

ontstoppen (riool, enz.)	zhbllokoj	[ʒbɫokój]
loodgieter (de)	hidraulik (m)	[hidraulík]
kelder (de)	qilar (m)	[cilár]
riolering (de)	kanalizim (m)	[kanalizím]

102. Brand. Vuurzee

brand (de)	zjarr (m)	[zjar]
vlam (de)	flakë (f)	[flákə]
vonk (de)	shkëndijë (f)	[ʃkəndíjə]
rook (de)	tym (m)	[tym]
fakkel (de)	pishtar (m)	[piʃtár]
kampvuur (het)	zjarr kampingu (m)	[zjar kampíŋu]

benzine (de)	benzinë (f)	[bɛnzínə]
kerosine (de)	vajgur (m)	[vajgúr]

brandbaar (bn)	djegëse	[djégəsɛ]
ontplofbaar (bn)	shpërthyese	[ʃpərθýɛsɛ]
VERBODEN TE ROKEN!	NDALOHET DUHANI	[ndalóhɛt duháni]

veiligheid (de)	siguri (f)	[sigurí]
gevaar (het)	rrezik (m)	[rɛzík]
gevaarlijk (bn)	i rrezikshëm	[i rɛzíkʃəm]

in brand vliegen (ww)	merr flakë	[mɛr flákə]
explosie (de)	shpërthim (m)	[ʃpərθím]
in brand steken (ww)	vë flakën	[və flákən]
brandstichter (de)	zjarrvënës (m)	[zjarvénəs]
brandstichting (de)	zjarrvënie e qëllimshme (f)	[zjarvéniɛ ɛ cəɫímʃmɛ]

vlammen (ww)	flakëron	[flakərón]
branden (ww)	digjet	[díɟɛt]
afbranden (ww)	u dogj	[u doɟ]

de brandweer bellen	telefonoj zjarrfikësit	[tɛlɛfonój zjarfíkəsit]
brandweerman (de)	zjarrfikës (m)	[zjarfíkəs]
brandweerwagen (de)	kamion zjarrfikës (m)	[kamión zjarfíkəs]
brandweer (de)	zjarrfikës (m)	[zjarfíkəs]
uitschuifbare ladder (de)	shkallë e zjarrfikëses (f)	[ʃkáɫə ɛ zjarfíkəsɛs]

brandslang (de)	pompë e ujit (f)	[pómpə ɛ újit]
brandblusser (de)	bombolë kundër zjarrit (f)	[bombólə kúndər zjárit]
helm (de)	helmetë (f)	[hɛlmétə]
sirene (de)	alarm (m)	[alárm]

roepen (ww)	bërtas	[bərtás]
hulp roepen	thërras për ndihmë	[θərás pər ndíhmə]
redder (de)	shpëtimtar (m)	[ʃpətimtár]
redden (ww)	shpëtoj	[ʃpətój]

aankomen (per auto, enz.)	arrij	[aríj]
blussen (ww)	shuaj	[ʃúaj]
water (het)	ujë (m)	[újə]
zand (het)	rërë (f)	[rérə]

ruïnes (mv.)	gërmadhë (f)	[gərmáðə]
instorten (gebouw, enz.)	shembet	[ʃémbɛt]
ineenstorten (ww)	rrëzohem	[rəzóhɛm]
inzakken (ww)	shembet	[ʃémbɛt]

| brokstuk (het) | mbetje (f) | [mbétjɛ] |
| as (de) | hi (m) | [hi] |

| verstikken (ww) | asfiksim | [asfiksím] |
| omkomen (ww) | vdes | [vdɛs] |

MENSELIJKE ACTIVITEITEN

Baan. Business. Deel 1

103. Kantoor. Op kantoor werken

kantoor (het)	zyrë (f)	[zýrə]
kamer (de)	zyrë (f)	[zýrə]
receptie (de)	recepsion (m)	[rɛtsɛpsión]
secretaris (de)	sekretar (m)	[sɛkrɛtár]
secretaresse (de)	sekretare (f)	[sɛkrɛtárɛ]
directeur (de)	drejtor (m)	[drɛjtór]
manager (de)	menaxher (m)	[mɛnadʒér]
boekhouder (de)	kontabilist (m)	[kontabilíst]
werknemer (de)	punonjës (m)	[punóɲəs]
meubilair (het)	orendi (f)	[orɛndí]
tafel (de)	tavolinë pune (f)	[tavolínə púnɛ]
bureaustoel (de)	karrige pune (f)	[karígɛ púnɛ]
ladeblok (het)	njësi sirtarësh (f)	[ɲəsí sirtárəʃ]
kapstok (de)	varëse xhaketash (f)	[várəsɛ dʒakétaʃ]
computer (de)	kompjuter (m)	[kompjutér]
printer (de)	printer (m)	[printér]
fax (de)	aparat faksi (m)	[aparát fáksi]
kopieerapparaat (het)	fotokopje (f)	[fotokópjɛ]
papier (het)	letër (f)	[létər]
kantoorartikelen (mv.)	pajisje zyre (f)	[pajísjɛ zýrɛ]
muismat (de)	shtroje e mausit (f)	[ʃtrójɛ ɛ máusit]
blad (het)	fletë (f)	[flétə]
ordner (de)	dosje (f)	[dósjɛ]
catalogus (de)	katalog (m)	[katalóg]
telefoongids (de)	numerator telefonik (m)	[numɛratór tɛlɛfoník]
documentatie (de)	dokumentacion (m)	[dokumɛntatsión]
brochure (de)	broshurë (f)	[broʃúrə]
flyer (de)	fletëpalosje (f)	[flɛtəpalósjɛ]
monster (het), staal (de)	mostër (f)	[móstər]
training (de)	takim trajnimi (m)	[takím trajními]
vergadering (de)	takim (m)	[takím]
lunchpauze (de)	pushim dreke (m)	[puʃím drékɛ]
een kopie maken	bëj fotokopje	[bəj fotokópjɛ]
de kopieën maken	shumëfishoj	[ʃuməfiʃój]
een fax ontvangen	marr faks	[mar fáks]
een fax versturen	dërgoj faks	[dərgój fáks]

opbellen (ww)	telefonoj	[tɛlɛfonój]
antwoorden (ww)	përgjigjem	[pəɾʝíɟɛm]
doorverbinden (ww)	kaloj linjën	[kalój líɲən]

afspreken (ww)	lë takim	[lə takím]
demonstreren (ww)	tregoj	[trɛgój]
absent zijn (ww)	mungoj	[muŋój]
afwezigheid (de)	mungesë (f)	[muŋésə]

104. Bedrijfsprocessen. Deel 1

| bedrijf (business) | biznes (m) | [biznés] |
| zaak (de), beroep (het) | profesion (m) | [profɛsión] |

firma (de)	firmë (f)	[fírmə]
bedrijf (maatschap)	kompani (f)	[kompaní]
corporatie (de)	korporatë (f)	[korporátə]
onderneming (de)	ndërmarrje (f)	[ndərmárjɛ]
agentschap (het)	agjenci (f)	[aʝɛntsí]

overeenkomst (de)	marrëveshje (f)	[marəvéʃɛ]
contract (het)	kontratë (f)	[kontrátə]
transactie (de)	marrëveshje (f)	[marəvéʃɛ]
bestelling (de)	porosi (f)	[porosí]
voorwaarde (de)	kushte (f)	[kúʃtɛ]

in het groot (bw)	me shumicë	[mɛ ʃumítsə]
groothandels- (abn)	me shumicë	[mɛ ʃumítsə]
groothandel (de)	me shumicë (f)	[mɛ ʃumítsə]
kleinhandels- (abn)	me pakicë	[mɛ pakítsə]
kleinhandel (de)	me pakicë (f)	[mɛ pakítsə]

concurrent (de)	konkurrent (m)	[konkurént]
concurrentie (de)	konkurrencë (f)	[konkuréntsə]
concurreren (ww)	konkurroj	[konkurój]

| partner (de) | ortak (m) | [orták] |
| partnerschap (het) | partneritet (m) | [partnɛritét] |

crisis (de)	krizë (f)	[krízə]
bankroet (het)	falimentim (m)	[falimɛntím]
bankroet gaan (ww)	falimentoj	[falimɛntój]
moeilijkheid (de)	vështirësi (f)	[vəʃtirəsí]
probleem (het)	problem (m)	[problém]
catastrofe (de)	katastrofë (f)	[katastrófə]

economie (de)	ekonomi (f)	[ɛkonomí]
economisch (bn)	ekonomik	[ɛkonomík]
economische recessie (de)	recesion ekonomik (m)	[rɛtsɛsión ɛkonomík]

doel (het)	qëllim (m)	[cəɫím]
taak (de)	detyrë (f)	[dɛtýrə]
handelen (handel drijven)	tregtoj	[trɛgtój]
netwerk (het)	rrjet (m)	[rjét]

| voorraad (de) | inventar (m) | [invɛntár] |
| assortiment (het) | gamë (f) | [gámə] |

leider (de)	lider (m)	[lidér]
groot (bn)	e madhe	[ɛ máðɛ]
monopolie (het)	monopol (m)	[monopól]

theorie (de)	teori (f)	[tɛorí]
praktijk (de)	praktikë (f)	[praktíkə]
ervaring (de)	përvojë (f)	[pərvójə]
tendentie (de)	trend (m)	[trɛnd]
ontwikkeling (de)	zhvillim (m)	[ʒviɫím]

105. Bedrijfsprocessen. Deel 2

| voordeel (het) | fitim (m) | [fitím] |
| voordelig (bn) | fitimprurës | [fitimprúrəs] |

delegatie (de)	delegacion (m)	[dɛlɛgatsión]
salaris (het)	pagë (f)	[págə]
corrigeren (fouten ~)	korrigjoj	[koriɟój]
zakenreis (de)	udhëtim pune (m)	[uðətím púnɛ]
commissie (de)	komision (m)	[komisión]

controleren (ww)	kontrolloj	[kontroɫój]
conferentie (de)	konferencë (f)	[konfɛréntsə]
licentie (de)	licencë (f)	[litséntsə]
betrouwbaar (partner, enz.)	i besueshëm	[i bɛsúɛʃəm]

aanzet (de)	nismë (f)	[nísmə]
norm (bijv. ~ stellen)	normë (f)	[nórmə]
omstandigheid (de)	rrethanë (f)	[rɛθánə]
taak, plicht (de)	detyrë (f)	[dɛtýrə]

organisatie (bedrijf, zaak)	organizatë (f)	[organizátə]
organisatie (proces)	organizativ (m)	[organizatív]
georganiseerd (bn)	i organizuar	[i organizúar]
afzegging (de)	anulim (m)	[anulím]
afzeggen (ww)	anuloj	[anulój]
verslag (het)	raport (m)	[rapórt]

patent (het)	patentë (f)	[paténtə]
patenteren (ww)	patentoj	[patɛntój]
plannen (ww)	planifikoj	[planifikój]

premie (de)	bonus (m)	[bonús]
professioneel (bn)	profesional	[profɛsionál]
procedure (de)	procedurë (f)	[protsɛdúrə]

onderzoeken (contract, enz.)	shqyrtoj	[ʃcyrtój]
berekening (de)	llogaritje (f)	[ɫogarítjɛ]
reputatie (de)	reputacion (m)	[rɛputatsión]
risico (het)	rrezik (m)	[rɛzík]
beheren (managen)	drejtoj	[drɛjtój]

informatie (de)	informacion (m)	[informatsión]
eigendom (bezit)	pronë (f)	[prónǝ]
unie (de)	bashkim (m)	[baʃkím]

levensverzekering (de)	sigurim jete (m)	[sigurím jétɛ]
verzekeren (ww)	siguroj	[sigurój]
verzekering (de)	sigurim (m)	[sigurím]

veiling (de)	ankand (m)	[ankánd]
verwittigen (ww)	njoftoj	[ɲoftój]
beheer (het)	menaxhim (m)	[mɛnadʒím]
dienst (de)	shërbim (m)	[ʃǝrbím]

forum (het)	forum (m)	[forúm]
functioneren (ww)	funksionoj	[funksionój]
stap, etappe (de)	fazë (f)	[fázǝ]
juridisch (bn)	ligjor	[liɟór]
jurist (de)	avokat (m)	[avokát]

106. Productie. Werken

industriële installatie (fabriek)	uzinë (f)	[uzínǝ]
fabriek (de)	fabrikë (f)	[fabríkǝ]
werkplaatsruimte (de)	punëtori (f)	[punǝtorí]
productielocatie (de)	punishte (f)	[puníʃtɛ]

industrie (de)	industri (f)	[industrí]
industrieel (bn)	industrial	[industriál]
zware industrie (de)	industri e rëndë (f)	[industrí ɛ rǝndǝ]
lichte industrie (de)	industri e lehtë (f)	[industrí ɛ léhtǝ]

productie (de)	produkt (m)	[prodúkt]
produceren (ww)	prodhoj	[proðój]
grondstof (de)	lëndë e parë (f)	[lǝndǝ ɛ párǝ]

voorman, ploegbaas (de)	përgjegjës (m)	[pǝrɟéɟǝs]
ploeg (de)	skuadër (f)	[skuádǝr]
arbeider (de)	punëtor (m)	[punǝtór]

werkdag (de)	ditë pune (f)	[dítǝ púnɛ]
pauze (de)	pushim (m)	[puʃím]
samenkomst (de)	mbledhje (f)	[mbléðjɛ]
bespreken (spreken over)	diskutoj	[diskutój]

plan (het)	plan (m)	[plan]
het plan uitvoeren	përmbush planin	[pǝrmbúʃ plánin]
productienorm (de)	normë prodhimi (f)	[nórmǝ proðími]
kwaliteit (de)	cilësi (f)	[tsilǝsí]
controle (de)	kontroll (m)	[kontróɫ]
kwaliteitscontrole (de)	kontroll cilësie (m)	[kontróɫ tsilǝsíɛ]

arbeidsveiligheid (de)	siguri në punë (f)	[sigurí nǝ púnǝ]
discipline (de)	disiplinë (f)	[disiplínǝ]
overtreding (de)	thyerje rregullash (f)	[θýɛrjɛ réguɫaʃ]

overtreden (ww)	thyej rregullat	[θýɛj régułat]
staking (de)	grevë (f)	[grévə]
staker (de)	grevist (m)	[grɛvíst]
staken (ww)	jam në grevë	[jam nə grévə]
vakbond (de)	sindikatë punëtorësh (f)	[sindikátə punətórəʃ]

uitvinden (machine, enz.)	shpik	[ʃpik]
uitvinding (de)	shpikje (f)	[ʃpíkjɛ]
onderzoek (het)	kërkim (m)	[kərkím]
verbeteren (beter maken)	përmirësoj	[pərmirəsój]
technologie (de)	teknologji (f)	[tɛknoloɟí]
technische tekening (de)	vizatim teknik (m)	[vizatím tɛkník]

vracht (de)	ngarkesë (f)	[ŋarkésə]
lader (de)	ngarkues (m)	[ŋarkúɛs]
laden (vrachtwagen)	ngarkoj	[ŋarkój]
laden (het)	ngarkimi	[ŋarkími]
lossen (ww)	shkarkoj	[ʃkarkój]
lossen (het)	shkarkim (m)	[ʃkarkím]

transport (het)	transport (m)	[transpórt]
transportbedrijf (de)	agjenci transporti (f)	[aɟɛntsí transpórti]
transporteren (ww)	transportoj	[transportój]

goederenwagon (de)	vagon mallrash (m)	[vagón máłraʃ]
tank (bijv. ketelwagen)	cisternë (f)	[tsistérnə]
vrachtwagen (de)	kamion (m)	[kamión]

| machine (de) | makineri veglash (f) | [makinɛrí vɛgláʃ] |
| mechanisme (het) | mekanizëm (m) | [mɛkanízəm] |

industrieel afval (het)	mbetje industriale (f)	[mbétjɛ industriálɛ]
verpakking (de)	paketim (m)	[pakɛtím]
verpakken (ww)	paketoj	[pakɛtój]

107. Contract. Overeenstemming

contract (het)	kontratë (f)	[kontrátə]
overeenkomst (de)	marrëveshje (f)	[marəvéʃjɛ]
bijlage (de)	shtojcë (f)	[ʃtójtsə]

een contract sluiten	nënshkruaj një kontratë	[nənʃkrúaj ɲə kontrátə]
handtekening (de)	nënshkrim (m)	[nənʃkrím]
ondertekenen (ww)	nënshkruaj	[nənʃkrúaj]
stempel (de)	vulë (f)	[vúlə]

| voorwerp (het) van de overeenkomst | objekt i kontratës (m) | [objékt i kontrátəs] |

| clausule (de) | kusht (m) | [kuʃt] |
| partijen (mv.) | palët (m) | [pálət] |

| vestigingsadres (het) het contract verbreken (overtreden) | adresa zyrtare (f) mosrespektim kontrate | [adrésa zyrtárɛ] [mosrɛspɛktím kontrátɛ] |

verplichting (de)	detyrim (m)	[dɛtyrím]
verantwoordelijkheid (de)	përgjegjësi (f)	[pərɟɛɟəsí]
overmacht (de)	forcë madhore (f)	[fórtsə maðórɛ]
geschil (het)	mosmarrëveshje (f)	[mosmarəvéʃɛ]
sancties (mv.)	ndëshkime (pl)	[ndəʃkímɛ]

108. Import & Export

import (de)	import (m)	[impórt]
importeur (de)	importues (m)	[importúɛs]
importeren (ww)	importoj	[importój]
import- (abn)	i importuar	[i importúar]
uitvoer (export)	eksport (m)	[ɛksport]
exporteur (de)	eksportues (m)	[ɛksportúɛs]
exporteren (ww)	eksportoj	[ɛksportój]
uitvoer- (bijv., ~goederen)	i eksportuar	[i ɛksportúar]
goederen (mv.)	mallra (pl)	[máɫra]
partij (de)	ngarkesë (f)	[ŋarkésə]
gewicht (het)	peshë (f)	[péʃə]
volume (het)	vëllim (m)	[vəɫím]
kubieke meter (de)	metër kub (m)	[métər kúb]
producent (de)	prodhues (m)	[proðúɛs]
transportbedrijf (de)	agjenci transporti (f)	[aɟɛntsí transpórti]
container (de)	kontejner (m)	[kontɛjnér]
grens (de)	kufi (m)	[kufí]
douane (de)	doganë (f)	[dogánə]
douanerecht (het)	taksë doganore (f)	[táksə doganórɛ]
douanier (de)	doganier (m)	[doganiér]
smokkelen (het)	trafikim (m)	[trafikím]
smokkelwaar (de)	kontrabandë (f)	[kontrabándə]

109. Financiën

aandeel (het)	stok (m)	[stok]
obligatie (de)	certifikatë valutore (f)	[tsɛrtifikátə valutórɛ]
wissel (de)	letër me vlerë (f)	[létər mɛ vlérə]
beurs (de)	bursë (f)	[búrsə]
aandelenkoers (de)	çmimi i stokut (m)	[tʃmími i stókut]
dalen (ww)	ulet	[úlɛt]
stijgen (ww)	rritet	[rítɛt]
deel (het)	kuotë (f)	[kuótə]
meerderheidsbelang (het)	përqindje kontrolluese (f)	[pərcíndjɛ kontroɫúɛsɛ]
investeringen (mv.)	investim (m)	[invɛstím]
investeren (ww)	investoj	[invɛstój]

| procent (het) | përqindje (f) | [pərcíndjɛ] |
| rente (de) | interes (m) | [intɛrés] |

winst (de)	fitim (m)	[fitím]
winstgevend (bn)	fitimprurës	[fitimprúrəs]
belasting (de)	taksë (f)	[táksə]

valuta (vreemde ~)	valutë (f)	[valútə]
nationaal (bn)	kombëtare	[kombətárɛ]
ruil (de)	këmbim valute (m)	[kəmbím valútɛ]

| boekhouder (de) | kontabilist (m) | [kontabilíst] |
| boekhouding (de) | kontabilitet (m) | [kontabilitét] |

bankroet (het)	falimentim (m)	[falimɛntím]
ondergang (de)	kolaps (m)	[koláps]
faillissement (het)	rrënim (m)	[rəním]
geruïneerd zijn (ww)	rrënohem	[rənóhɛm]
inflatie (de)	inflacion (m)	[inflatsión]
devaluatie (de)	zhvlerësim (m)	[ʒvlɛrəsím]

kapitaal (het)	kapital (m)	[kapitál]
inkomen (het)	të ardhura (f)	[tə árðura]
omzet (de)	qarkullim (m)	[carkuɫím]
middelen (mv.)	burime (f)	[burímɛ]
financiële middelen (mv.)	burime monetare (f)	[burímɛ monɛtárɛ]

| operationele kosten (mv.) | shpenzime bazë (f) | [ʃpɛnzímɛ bázə] |
| reduceren (kosten ~) | zvogëloj | [zvogəlój] |

110. Marketing

marketing (de)	marketing (m)	[markɛtíŋ]
markt (de)	treg (m)	[trɛg]
marktsegment (het)	segment tregu (m)	[sɛgmént trégu]
product (het)	produkt (m)	[prodúkt]
goederen (mv.)	mallra (pl)	[máɫra]

merk (het)	markë (f)	[márkə]
handelsmerk (het)	markë tregtare (f)	[márkə trɛgtárɛ]
beeldmerk (het)	logo (f)	[lógo]
logo (het)	logo (f)	[lógo]
vraag (de)	kërkesë (f)	[kərkésə]
aanbod (het)	furnizim (m)	[furnizím]
behoefte (de)	nevojë (f)	[nɛvójə]
consument (de)	konsumator (m)	[konsumatór]

analyse (de)	analizë (f)	[analízə]
analyseren (ww)	analizoj	[analizój]
positionering (de)	vendosje (f)	[vɛndósjɛ]
positioneren (ww)	vendos	[vɛndós]
prijs (de)	çmim (m)	[tʃmím]
prijspolitiek (de)	politikë e çmimeve (f)	[politíkə ɛ tʃmímɛvɛ]
prijsvorming (de)	formim i çmimit (m)	[formím i tʃmímit]

111. Reclame

reclame (de)	reklamë (f)	[rɛklámə]
adverteren (ww)	reklamoj	[rɛklamój]
budget (het)	buxhet (m)	[budʒét]

advertentie, reclame (de)	reklamë (f)	[rɛklámə]
TV-reclame (de)	reklamë televizive (f)	[rɛklámə tɛlɛvizívɛ]
radioreclame (de)	reklamë në radio (f)	[rɛklámə nə rádio]
buitenreclame (de)	reklamë ambientale (f)	[rɛklámə ambiɛntálɛ]

massamedia (de)	masmedia (f)	[masmédia]
periodiek (de)	botim periodik (m)	[botím pɛriodík]
imago (het)	imazh (m)	[imáʒ]

slagzin (de)	slogan (m)	[slogán]
motto (het)	moto (f)	[móto]

campagne (de)	fushatë (f)	[fuʃátə]
reclamecampagne (de)	fushatë reklamuese (f)	[fuʃátə rɛklamúɛsɛ]
doelpubliek (het)	grup i synuar (m)	[grup i synúar]

visitekaartje (het)	kartëvizitë (f)	[kartəvizítə]
flyer (de)	fletëpalosje (f)	[flɛtəpalósjɛ]
brochure (de)	broshurë (f)	[broʃúrə]
folder (de)	pamflet (m)	[pamflét]
nieuwsbrief (de)	buletin (m)	[bulɛtín]

gevelreclame (de)	tabelë (f)	[tabélə]
poster (de)	poster (m)	[postér]
aanplakbord (het)	tabelë reklamash (f)	[tabélə rɛklámaʃ]

112. Bankieren

bank (de)	bankë (f)	[bánkə]
bankfiliaal (het)	degë (f)	[dégə]

bankbediende (de)	punonjës banke (m)	[punóɲəs bánkɛ]
manager (de)	drejtor (m)	[drɛjtór]

bankrekening (de)	llogari bankare (f)	[ɫogarí bankárɛ]
rekeningnummer (het)	numër llogarie (m)	[númər ɫogaríɛ]
lopende rekening (de)	llogari rrjedhëse (f)	[ɫogarí rjéðəsɛ]
spaarrekening (de)	llogari kursimesh (f)	[ɫogarí kursímɛʃ]

een rekening openen	hap një llogari	[hap ɲə ɫogarí]
de rekening sluiten	mbyll një llogari	[mbýɫ ɲə ɫogarí]
op rekening storten	depozitoj në llogari	[dɛpozitój nə ɫogarí]
opnemen (ww)	tërheq	[tərhéc]

storting (de)	depozitë (f)	[dɛpozítə]
een storting maken	kryej një depozitim	[krýɛj ɲə dɛpozitím]
overschrijving (de)	transfer bankar (m)	[transfér bankár]

een overschrijving maken	transferoj para	[transfɛrój pará]
som (de)	shumë (f)	[ʃúmə]
Hoeveel?	Sa?	[sa?]

handtekening (de)	nënshkrim (m)	[nənʃkrím]
ondertekenen (ww)	nënshkruaj	[nənʃkrúaj]

kredietkaart (de)	kartë krediti (f)	[kártə krɛdíti]
code (de)	kodi PIN (m)	[kódi pin]
kredietkaartnummer (het)	numri i kartës së kreditit (m)	[númri i kártəs sə krɛdítit]
geldautomaat (de)	bankomat (m)	[bankomát]

cheque (de)	çek (m)	[tʃɛk]
een cheque uitschrijven	lëshoj një çek	[ləʃój ɲə tʃék]
chequeboekje (het)	bllok çeqesh (m)	[bɫók tʃécɛʃ]

lening, krediet (de)	kredi (f)	[krɛdí]
een lening aanvragen	aplikoj për kredi	[aplikój pər krɛdí]
een lening nemen	marr kredi	[mar krɛdí]
een lening verlenen	jap kredi	[jap krɛdí]
garantie (de)	garanci (f)	[garantsí]

113. Telefoon. Telefoongesprek

telefoon (de)	telefon (m)	[tɛlɛfón]
mobieltje (het)	celular (m)	[tsɛlulár]
antwoordapparaat (het)	sekretari telefonike (f)	[sɛkrɛtarí tɛlɛfoníkɛ]

bellen (ww)	telefonoj	[tɛlɛfonój]
belletje (telefoontje)	telefonatë (f)	[tɛlɛfonátə]

een nummer draaien	i bie numrit	[i bíɛ númrit]
Hallo!	Përshëndetje!	[pərʃəndétjɛ!]
vragen (ww)	pyes	[pýɛs]
antwoorden (ww)	përgjigjem	[pərɟíɟɛm]
horen (ww)	dëgjoj	[dəɟój]
goed (bw)	mirë	[mírə]
slecht (bw)	jo mirë	[jo mírə]
storingen (mv.)	zhurmë (f)	[ʒúrmə]

hoorn (de)	marrës (m)	[márəs]
opnemen (ww)	ngre telefonin	[ŋré tɛlɛfónin]
ophangen (ww)	mbyll telefonin	[mbýɫ tɛlɛfónin]

bezet (bn)	i zënë	[i zə́nə]
overgaan (ww)	bie zilja	[bíɛ zílja]
telefoonboek (het)	numerator telefonik (m)	[numɛratór tɛlɛfoník]

lokaal (bn)	lokale	[lokálɛ]
lokaal gesprek (het)	thirrje lokale (f)	[θírjɛ lokálɛ]
interlokaal (bn)	distancë e largët	[distántsɛ ɛ lárgət]
interlokaal gesprek (het)	thirrje në distancë (f)	[θírjɛ nə distántsɛ]
buitenlands (bn)	ndërkombëtar	[ndərkombətár]
buitenlands gesprek (het)	thirrje ndërkombëtare (f)	[θírjɛ ndərkombətárɛ]

114. Mobiele telefoon

mobieltje (het)	celular (m)	[tsɛlulár]
scherm (het)	ekran (m)	[ɛkrán]
toets, knop (de)	buton (m)	[butón]
simkaart (de)	karta SIM (m)	[kárta sim]

batterij (de)	bateri (f)	[batɛrí]
leeg zijn (ww)	e shkarkuar	[ɛ ʃkarkúar]
acculader (de)	karikues (m)	[karikúɛs]

menu (het)	menu (f)	[mɛnú]
instellingen (mv.)	parametra (f)	[paramétra]
melodie (beltoon)	melodi (f)	[mɛlodí]
selecteren (ww)	përzgjedh	[pərzʝéð]

rekenmachine (de)	makinë llogaritëse (f)	[makínə łogarítəsɛ]
voicemail (de)	postë zanore (f)	[póstə zanórɛ]
wekker (de)	alarm (m)	[alárm]
contacten (mv.)	kontakte (pl)	[kontáktɛ]

SMS-bericht (het)	SMS (m)	[ɛsɛmɛs]
abonnee (de)	abonent (m)	[abonént]

115. Schrijfbehoeften

balpen (de)	stilolaps (m)	[stiloláps]
vulpen (de)	stilograf (m)	[stilográf]

potlood (het)	laps (m)	[láps]
marker (de)	shënjues (m)	[ʃəɲúɛs]
viltstift (de)	tushë me bojë (f)	[túʃə mɛ bójə]

notitieboekje (het)	bllok shënimesh (m)	[błók ʃənímɛʃ]
agenda (boekje)	agjendë (f)	[aʝéndə]

liniaal (de/het)	vizore (f)	[vizórɛ]
rekenmachine (de)	makinë llogaritëse (f)	[makínə łogarítəsɛ]
gom (de)	gomë (f)	[gómə]
punaise (de)	pineskë (f)	[pinéskə]
paperclip (de)	kapëse fletësh (f)	[kápəsɛ flétəʃ]

lijm (de)	ngjitës (m)	[nʝítəs]
nietmachine (de)	ngjitës metalik (m)	[nʝítəs mɛtalík]
perforator (de)	hapës vrimash (m)	[hápəs vrímaʃ]
potloodslijper (de)	mprehëse lapsash (m)	[mpréhəsɛ lápsaʃ]

116. Verschillende soorten documenten

verslag (het)	raport (m)	[rapórt]
overeenkomst (de)	marrëveshje (f)	[marəvéʃʝɛ]

aanvraagformulier (het)	aplikacion (m)	[aplikatsión]
origineel, authentiek (bn)	autentike	[autɛntíkɛ]
badge, kaart (de)	kartë identifikimi (f)	[kártə idɛntifikími]
visitekaartje (het)	kartëvizitë (f)	[kartəvizítə]

certificaat (het)	certifikatë (f)	[tsɛrtifikátə]
cheque (de)	çek (m)	[tʃɛk]
rekening (in restaurant)	llogari (f)	[ɬogarí]
grondwet (de)	kushtetutë (f)	[kuʃtɛtútə]

contract (het)	kontratë (f)	[kontrátə]
kopie (de)	kopje (f)	[kópjɛ]
exemplaar (het)	kopje (f)	[kópjɛ]

douaneaangifte (de)	deklarim doganor (m)	[dɛklarím doganór]
document (het)	dokument (m)	[dokumént]
rijbewijs (het)	patentë shoferi (f)	[paténtə ʃoféri]
bijlage (de)	shtojcë (f)	[ʃtójtsə]
formulier (het)	formular (m)	[formulár]

identiteitskaart (de)	letërnjoftim (m)	[lɛtərɲoftím]
aanvraag (de)	kërkesë (f)	[kərkésə]
uitnodigingskaart (de)	ftesë (f)	[ftésə]
factuur (de)	faturë (f)	[fatúrə]

wet (de)	ligj (m)	[liɟ]
brief (de)	letër (f)	[létər]
briefhoofd (het)	kryeradhë (f)	[kryɛráðə]
lijst (de)	listë (f)	[lístə]
manuscript (het)	dorëshkrim (m)	[dorəʃkrím]
nieuwsbrief (de)	buletin (m)	[bulɛtín]
briefje (het)	shënim (m)	[ʃəním]

pasje (voor personeel, enz.)	lejekalim (m)	[lɛjɛkalím]
paspoort (het)	pasaportë (f)	[pasapórtə]
vergunning (de)	leje (f)	[léjɛ]
CV, curriculum vitae (het)	resume (f)	[rɛsumé]
schuldbekentenis (de)	shënim borxhi (m)	[ʃəním bórdʒi]
kwitantie (de)	faturë (f)	[fatúrə]

bon (kassabon)	faturë shitjesh (f)	[fatúrə ʃítjɛʃ]
rapport (het)	raport (m)	[rapórt]

tonen (paspoort, enz.)	tregoj	[trɛgój]
ondertekenen (ww)	nënshkruaj	[nənʃkrúaj]
handtekening (de)	nënshkrim (m)	[nənʃkrím]
stempel (de)	vulë (f)	[vúlə]

tekst (de)	tekst (m)	[tɛkst]
biljet (het)	biletë (f)	[bilétə]

doorhalen (doorstrepen)	fshij	[fʃíj]
invullen (een formulier ~)	plotësoj	[plotəsój]

vrachtbrief (de)	faturë dërgese (f)	[fatúrə dərgésɛ]
testament (het)	testament (m)	[tɛstamént]

117. Soorten bedrijven

uitzendbureau (het)	agjenci punësimi (f)	[aɟɛntsí punəsími]
bewakingsfirma (de)	kompani sigurimi (f)	[kompaní sigurími]
persbureau (het)	agjenci lajmesh (f)	[aɟɛntsí lájmɛʃ]
reclamebureau (het)	agjenci reklamash (f)	[aɟɛntsí rɛklámaʃ]

antiek (het)	antikitete (pl)	[antikitétɛ]
verzekering (de)	sigurim (m)	[sigurím]
naaiatelier (het)	rrobaqepësi (f)	[robaɛpəsí]

banken (mv.)	industri bankare (f)	[industrí bankárɛ]
bar (de)	lokal (m)	[lokál]
bouwbedrijven (mv.)	ndërtim (m)	[ndərtím]
juwelen (mv.)	bizhuteri (f)	[biʒutɛrí]
juwelier (de)	argjendar (m)	[arɟɛndár]

wasserette (de)	lavanteri (f)	[lavantɛrí]
alcoholische dranken (mv.)	pije alkoolike (pl)	[píjɛ alkoólikɛ]
nachtclub (de)	klub nate (m)	[klúb nátɛ]
handelsbeurs (de)	bursë (f)	[búrsə]
bierbrouwerij (de)	birrari (f)	[birarí]
uitvaartcentrum (het)	agjenci funeralesh (f)	[aɟɛntsí funɛrálɛʃ]

casino (het)	kazino (f)	[kazíno]
zakencentrum (het)	qendër biznesi (f)	[céndər biznési]
bioscoop (de)	kinema (f)	[kinɛmá]
airconditioning (de)	kondicioner (m)	[konditsionér]

handel (de)	tregti (f)	[trɛgtí]
luchtvaartmaatschappij (de)	kompani ajrore (f)	[kompaní ajrórɛ]
adviesbureau (het)	konsulencë (f)	[konsuléntsə]
koerierdienst (de)	shërbime postare (f)	[ʃərbímɛ postárɛ]

tandheelkunde (de)	klinikë dentare (f)	[kliníkə dɛntárɛ]
design (het)	dizajn (m)	[dizájn]
business school (de)	shkollë biznesi (f)	[ʃkółə biznési]
magazijn (het)	magazinë (f)	[magazínə]
kunstgalerie (de)	galeri e artit (f)	[galɛrí ɛ ártit]
ijsje (het)	akullore (f)	[akułórɛ]
hotel (het)	hotel (m)	[hotél]

vastgoed (het)	patundshmëri (f)	[patundʃmərí]
drukkerij (de)	shtyp (m)	[ʃtyp]
industrie (de)	industri (f)	[industrí]
Internet (het)	internet (m)	[intɛrnét]
investeringen (mv.)	investim (m)	[invɛstím]

krant (de)	gazetë (f)	[gazétə]
boekhandel (de)	librari (f)	[librarí]
lichte industrie (de)	industri e lehtë (f)	[industrí ɛ léhtə]

winkel (de)	dyqan (m)	[dycán]
uitgeverij (de)	shtëpi botuese (f)	[ʃtəpí botúɛsɛ]
medicijnen (mv.)	mjekësi (f)	[mjɛkəsí]

| meubilair (het) | orendi (f) | [orɛndi̩] |
| museum (het) | muze (m) | [muzé] |

olie (aardolie)	naftë (f)	[náftə]
apotheek (de)	farmaci (f)	[farmatsí]
farmacie (de)	industria farmaceutike (f)	[industría farmatsɛutíkɛ]
zwembad (het)	pishinë (f)	[piʃínə]
stomerij (de)	pastrim kimik (m)	[pastrím kimík]
voedingswaren (mv.)	mallra ushqimore (f)	[máɬra uʃcimórɛ]
reclame (de)	reklamë (f)	[rɛklámə]

radio (de)	radio (f)	[rádio]
afvalinzameling (de)	mbledhja e mbeturinave (f)	[mbléðja ɛ mbɛturínavɛ]
restaurant (het)	restorant (m)	[rɛstoránt]
tijdschrift (het)	revistë (f)	[rɛvístə]

schoonheidssalon (de/het)	sallon bukurie (m)	[saɬón bukuríɛ]
financiële diensten (mv.)	shërbime financiare (pl)	[ʃərbímɛ finantsiárɛ]
juridische diensten (mv.)	këshilltar ligjor (m)	[kəʃiɬtár liɟór]
boekhouddiensten (mv.)	kontabilitet (m)	[kontabilitét]
audit diensten (mv.)	shërbime auditimi (pl)	[ʃərbímɛ auditími]
sport (de)	sport (m)	[sport]
supermarkt (de)	supermarket (m)	[supɛrmarkét]

televisie (de)	televizor (m)	[tɛlɛvizór]
theater (het)	teatër (m)	[tɛátər]
toerisme (het)	udhëtim (m)	[uðətím]
transport (het)	transport (m)	[transpórt]

postorderbedrijven (mv.)	shitje me katalog (f)	[ʃítjɛ mɛ kataлóg]
kleding (de)	rroba (f)	[róba]
dierenarts (de)	veteriner (m)	[vɛtɛrinér]

Baan. Business. Deel 2

118. Show. Tentoonstelling

beurs (de)	ekspozitë (f)	[εkspozítə]
vakbeurs, handelsbeurs (de)	panair (m)	[panaír]
deelneming (de)	pjesëmarrje (f)	[pjεsəmárjε]
deelnemen (ww)	marr pjesë	[mar pjésə]
deelnemer (de)	pjesëmarrës (m)	[pjεsəmárəs]
directeur (de)	drejtor (m)	[drεjtór]
organisatiecomité (het)	zyra drejtuese (f)	[zýra drεjtúεsε]
organisator (de)	organizator (m)	[organizatór]
organiseren (ww)	organizoj	[organizój]
deelnemingsaanvraag (de)	kërkesë për pjesëmarrje (f)	[kərkésə pər pjεsəmárjε]
invullen (een formulier ~)	plotësoj	[plotəsój]
details (mv.)	hollësi (pl)	[hoɫəsí]
informatie (de)	informacion (m)	[informatsión]
prijs (de)	çmim (m)	[tʃmím]
inclusief (bijv. ~ BTW)	përfshirë	[pərfʃírə]
inbegrepen (alles ~)	përfshij	[pərfʃíj]
betalen (ww)	paguaj	[pagúaj]
registratietarief (het)	taksa e regjistrimit (f)	[táksa ε rεɟistrímit]
ingang (de)	hyrje (f)	[hýrjε]
paviljoen (het), hal (de)	pavijon (m)	[pavijón]
registreren (ww)	regjistroj	[rεɟistrój]
badge, kaart (de)	kartë identifikimi (f)	[kártə idεntifikími]
beursstand (de)	kioskë (f)	[kióskə]
reserveren (een stand ~)	rezervoj	[rεzεrvój]
vitrine (de)	vitrinë (f)	[vitrínə]
licht (het)	dritë (f)	[drítə]
design (het)	dizajn (m)	[dizájn]
plaatsen (ww)	vendos	[vεndós]
geplaatst zijn (ww)	vendosur	[vεndósur]
distributeur (de)	distributor (m)	[distributór]
leverancier (de)	furnitor (m)	[furnitór]
leveren (ww)	furnizoj	[furnizój]
land (het)	shtet (m)	[ʃtεt]
buitenlands (bn)	huaj	[húaj]
product (het)	produkt (m)	[prodúkt]
associatie (de)	shoqatë (f)	[ʃocátə]
conferentiezaal (de)	sallë konference (f)	[sáɫə konfεréntsε]

| congres (het) | kongres (m) | [koŋrés] |
| wedstrijd (de) | konkurs (m) | [konkúrs] |

bezoeker (de)	vizitor (m)	[vizitór]
bezoeken (ww)	vizitoj	[vizitój]
afnemer (de)	klient (m)	[kliént]

119. Massamedia

krant (de)	gazetë (f)	[gazétə]
tijdschrift (het)	revistë (f)	[rɛvístə]
pers (gedrukte media)	shtyp (m)	[ʃtyp]
radio (de)	radio (f)	[rádio]
radiostation (het)	radio stacion (m)	[rádio statsión]
televisie (de)	televizor (m)	[tɛlɛvizór]

presentator (de)	prezantues (m)	[prɛzantúɛs]
nieuwslezer (de)	prezantues lajmesh (m)	[prɛzantúɛs lájmɛʃ]
commentator (de)	komentues (m)	[komɛntúɛs]

journalist (de)	gazetar (m)	[gazɛtár]
correspondent (de)	reporter (m)	[rɛportér]
fotocorrespondent (de)	fotograf gazetar (m)	[fotográf gazɛtár]
reporter (de)	reporter (m)	[rɛportér]

| redacteur (de) | redaktor (m) | [rɛdaktór] |
| chef-redacteur (de) | kryeredaktor (m) | [kryɛrɛdaktór] |

zich abonneren op	abonohem	[abonóhɛm]
abonnement (het)	abonim (m)	[aboním]
abonnee (de)	abonent (m)	[abonént]
lezen (ww)	lexoj	[lɛdzój]
lezer (de)	lexues (m)	[lɛdzúɛs]

oplage (de)	qarkullim (m)	[carkułím]
maand-, maandelijks (bn)	mujore	[mujórɛ]
wekelijks (bn)	javor	[javór]
nummer (het)	edicion (m)	[ɛditsión]
vers (~ van de pers)	i ri	[i rí]

kop (de)	kryeradhë (f)	[kryɛráðə]
korte artikel (het)	artikull i shkurtër (m)	[artíkuł i ʃkúrtər]
rubriek (de)	rubrikë (f)	[rubríkə]
artikel (het)	artikull (m)	[artíkuł]
pagina (de)	faqe (f)	[fácɛ]

reportage (de)	reportazh (m)	[rɛportáʒ]
gebeurtenis (de)	ceremoni (f)	[tsɛrɛmoní]
sensatie (de)	ndjesi (f)	[ndjɛsí]
schandaal (het)	skandal (m)	[skandál]
schandalig (bn)	skandaloz	[skandalóz]
groot (~ schandaal, enz.)	i madh	[i máð]
programma (het)	emision (m)	[ɛmisión]
interview (het)	intervistë (f)	[intɛrvístə]

| live uitzending (de) | lidhje direkte (f) | [líðjɛ dirɛ́ktɛ] |
| kanaal (het) | kanal (m) | [kanál] |

120. Landbouw

landbouw (de)	agrikulturë (f)	[agrikultúrə]
boer (de)	fshatar (m)	[fʃatár]
boerin (de)	fshatare (f)	[fʃatárɛ]
landbouwer (de)	fermer (m)	[fɛrmér]

| tractor (de) | traktor (m) | [traktór] |
| maaidorser (de) | autokombajnë (f) | [autokombájnə] |

ploeg (de)	plug (m)	[plug]
ploegen (ww)	lëroj	[lərój]
akkerland (het)	tokë bujqësore (f)	[tókə bujcəsórɛ]
voor (de)	brazdë (f)	[brázdə]

zaaien (ww)	mbjell	[mbjéł]
zaaimachine (de)	mbjellës (m)	[mbjéłəs]
zaaien (het)	mbjellje (f)	[mbjéłjɛ]

| zeis (de) | kosë (f) | [kósə] |
| maaien (ww) | kosit | [kosít] |

| schop (de) | lopatë (f) | [lopátə] |
| spitten (ww) | lëroj | [lərój] |

schoffel (de)	shat (m)	[ʃat]
wieden (ww)	prashis	[praʃís]
onkruid (het)	bar i keq (m)	[bar i kɛc]

gieter (de)	vaditës (m)	[vadítəs]
begieten (water geven)	ujis	[ujís]
bewatering (de)	vaditje (f)	[vadítjɛ]

| riek, hooivork (de) | sfurk (m) | [sfúrk] |
| hark (de) | grabujë (f) | [grabújə] |

kunstmest (de)	pleh (m)	[plɛh]
bemesten (ww)	hedh pleh	[hɛð pléh]
mest (de)	pleh kafshësh (m)	[plɛh káfʃəʃ]

veld (het)	fushë (f)	[fúʃə]
wei (de)	lëndinë (f)	[ləndínə]
moestuin (de)	kopsht zarzavatesh (m)	[kópʃt zarzavátɛʃ]
boomgaard (de)	kopsht frutor (m)	[kópʃt frutór]

weiden (ww)	kullos	[kułós]
herder (de)	bari (m)	[barí]
weiland (de)	kullota (f)	[kułóta]

| veehouderij (de) | mbarështim bagëtish (m) | [mbarəʃtím bagətíʃ] |
| schapenteelt (de) | rritje e deleve (f) | [rítjɛ ɛ délɛvɛ] |

plantage (de)	plantacion (m)	[plantatsión]
rijtje (het)	rresht (m)	[réʃt]
broeikas (de)	serë (f)	[sérə]

droogte (de)	thatësirë (f)	[θatəsírə]
droog (bn)	e thatë	[ɛ θátə]

graan (het)	drithë (m)	[dríθə]
graangewassen (mv.)	drithëra (pl)	[dríθəra]
oogsten (ww)	korr	[kor]

molenaar (de)	mullixhi (m)	[muɫidʒí]
molen (de)	mulli (m)	[muɫí]
malen (graan ~)	bluaj	[blúaj]
bloem (bijv. tarwebloem)	miell (m)	[míɛɫ]
stro (het)	kashtë (f)	[káʃtə]

121. Gebouw. Bouwproces

bouwplaats (de)	kantier ndërtimi (m)	[kantiér ndərtími]
bouwen (ww)	ndërtoj	[ndərtój]
bouwvakker (de)	punëtor ndërtimi (m)	[punətór ndərtími]

project (het)	projekt (m)	[projékt]
architect (de)	arkitekt (m)	[arkitékt]
arbeider (de)	punëtor (m)	[punətór]

fundering (de)	themel (m)	[θɛmél]
dak (het)	çati (f)	[tʃatí]
heipaal (de)	shtyllë themeli (f)	[ʃtýɫə θɛméli]
muur (de)	mur (m)	[mur]

betonstaal (het)	shufra përforcuese (pl)	[ʃúfra pərfortsúɛsɛ]
steigers (mv.)	skela (f)	[skéla]

beton (het)	beton (m)	[bɛtón]
graniet (het)	granit (m)	[graník]
steen (de)	gur (m)	[gur]
baksteen (de)	tullë (f)	[túɫə]

zand (het)	rërë (f)	[rérə]
cement (de/het)	çimento (f)	[tʃiménto]
pleister (het)	suva (f)	[súva]
pleisteren (ww)	suvatoj	[suvatój]

verf (de)	bojë (f)	[bójə]
verven (muur ~)	lyej	[lýɛj]
ton (de)	fuçi (f)	[futʃí]

kraan (de)	vinç (m)	[vintʃ]
heffen, hijsen (ww)	ngreh	[ŋréh]
neerlaten (ww)	ul	[ul]
bulldozer (de)	buldozer (m)	[buldozér]
graafmachine (de)	ekskavator (m)	[ɛkskavatór]

graafbak (de)	goja e ekskavatorit (f)	[gója ɛ ɛkskavatórit]
graven (tunnel, enz.)	gërmoj	[gərmój]
helm (de)	helmetë (f)	[hɛlmétə]

122. Wetenschap. Onderzoek. Wetenschappers

wetenschap (de)	shkencë (f)	[ʃkéntsə]
wetenschappelijk (bn)	shkencore	[ʃkɛntsórɛ]
wetenschapper (de)	shkencëtar (m)	[ʃkɛntsətár]
theorie (de)	teori (f)	[tɛorí]

axioma (het)	aksiomë (f)	[aksiómə]
analyse (de)	analizë (f)	[analízə]
analyseren (ww)	analizoj	[analizój]
argument (het)	argument (m)	[argumént]
substantie (de)	substancë (f)	[substántsə]

hypothese (de)	hipotezë (f)	[hipotézə]
dilemma (het)	dilemë (f)	[dilémə]
dissertatie (de)	disertacion (m)	[disɛrtatsión]
dogma (het)	dogma (f)	[dógma]

doctrine (de)	doktrinë (f)	[doktrínə]
onderzoek (het)	kërkim (m)	[kərkím]
onderzoeken (ww)	kërkoj	[kərkój]
toetsing (de)	analizë (f)	[analízə]
laboratorium (het)	laborator (m)	[laboratór]

methode (de)	metodë (f)	[mɛtódə]
molecule (de/het)	molekulë (f)	[molɛkúlə]
monitoring (de)	monitorim (m)	[monitorím]
ontdekking (de)	zbulim (m)	[zbulím]

postulaat (het)	postulat (m)	[postulát]
principe (het)	parim (m)	[parím]
voorspelling (de)	parashikim (m)	[paraʃikím]
een prognose maken	parashikoj	[paraʃikój]

synthese (de)	sintezë (f)	[sintézə]
tendentie (de)	trend (m)	[trɛnd]
theorema (het)	teoremë (f)	[tɛorémə]

| leerstellingen (mv.) | mësim (m) | [məsím] |
| feit (het) | fakt (m) | [fakt] |

| expeditie (de) | ekspeditë (f) | [ɛkspɛdítə] |
| experiment (het) | eksperiment (m) | [ɛkspɛrimént] |

academicus (de)	akademik (m)	[akadɛmík]
bachelor (bijv. BA, LLB)	baçelor (m)	[bátʃɛlor]
doctor (de)	doktor shkencash (m)	[doktór ʃkéntsaʃ]
universitair docent (de)	Profesor i Asociuar (m)	[profɛsór i asotsiúar]
master, magister (de)	Master (m)	[mastér]
professor (de)	profesor (m)	[profɛsór]

Beroepen en ambachten

123. Zoeken naar werk. Ontslag

baan (de)	punë (f)	[púnə]
werknemers (mv.)	staf (m)	[staf]
personeel (het)	personel (m)	[pɛrsonél]
carrière (de)	karrierë (f)	[kariérə]
vooruitzichten (mv.)	mundësi (f)	[mundəsí]
meesterschap (het)	aftësi (f)	[aftəsí]
keuze (de)	përzgjedhje (f)	[pərʒɟéðjɛ]
uitzendbureau (het)	agjenci punësimi (f)	[aɟɛntsí punəsími]
CV, curriculum vitae (het)	resume (f)	[rɛsumé]
sollicitatiegesprek (het)	intervistë punësimi (f)	[intɛrvístə punəsími]
vacature (de)	vend i lirë pune (m)	[vɛnd i lírə púnɛ]
salaris (het)	rrogë (f)	[rógə]
vaste salaris (het)	rrogë fikse (f)	[rógə fíksɛ]
loon (het)	pagesë (f)	[pagésə]
betrekking (de)	post (m)	[post]
taak, plicht (de)	detyrë (f)	[dɛtýrə]
takenpakket (het)	lista e detyrave (f)	[lísta ɛ dɛtýravɛ]
bezig (~ zijn)	i zënë	[i zə́nə]
ontslagen (ww)	pushoj nga puna	[puʃój ŋa púna]
ontslag (het)	pushim nga puna (m)	[puʃím ŋa púna]
werkloosheid (de)	papunësi (m)	[papunəsí]
werkloze (de)	i papunë (m)	[i papúnə]
pensioen (het)	pension (m)	[pɛnsión]
met pensioen gaan	dal në pension	[dál nə pɛnsión]

124. Zakenmensen

directeur (de)	drejtor (m)	[drɛjtór]
beheerder (de)	drejtor (m)	[drɛjtór]
hoofd (het)	bos (m)	[bos]
baas (de)	epror (m)	[ɛprór]
superieuren (mv.)	eprorët (pl)	[ɛprórət]
president (de)	president (m)	[prɛsidént]
voorzitter (de)	kryetar (m)	[kryɛtár]
adjunct (de)	zëvendës (m)	[zəvéndəs]
assistent (de)	ndihmës (m)	[ndíhməs]

| secretaris (de) | sekretar (m) | [sɛkrɛtár] |
| persoonlijke assistent (de) | ndihmës personal (m) | [ndíhməs pɛrsonál] |

zakenman (de)	biznesmen (m)	[biznɛsmén]
ondernemer (de)	sipërmarrës (m)	[sipərmárəs]
oprichter (de)	themelues (m)	[θɛmɛlúɛs]
oprichten	themeloj	[θɛmɛlój]
(een nieuw bedrijf ~)		

stichter (de)	bashkëthemelues (m)	[baʃkəθɛmɛlúɛs]
partner (de)	partner (m)	[partnér]
aandeelhouder (de)	aksioner (m)	[aksionér]

miljonair (de)	milioner (m)	[milionér]
miljardair (de)	bilioner (m)	[bilionér]
eigenaar (de)	pronar (m)	[pronár]
landeigenaar (de)	pronar tokash (m)	[pronár tókaʃ]

klant (de)	klient (m)	[kliént]
vaste klant (de)	klient i rregullt (m)	[kliént i réguɫt]
koper (de)	blerës (m)	[blérəs]
bezoeker (de)	vizitor (m)	[vizitór]
professioneel (de)	profesionist (m)	[profɛsioníst]
expert (de)	ekspert (m)	[ɛkspért]
specialist (de)	specialist (m)	[spɛtsialíst]

| bankier (de) | bankier (m) | [bankiér] |
| makelaar (de) | komisioner (m) | [komisionér] |

kassier (de)	arkëtar (m)	[arkətár]
boekhouder (de)	kontabilist (m)	[kontabilíst]
bewaker (de)	roje sigurimi (m)	[rójɛ sigurími]

investeerder (de)	investitor (m)	[invɛstitór]
schuldenaar (de)	debitor (m)	[dɛbitór]
crediteur (de)	kreditor (m)	[krɛditór]
lener (de)	huamarrës (m)	[huamárəs]

| importeur (de) | importues (m) | [importúɛs] |
| exporteur (de) | eksportues (m) | [ɛksportúɛs] |

producent (de)	prodhues (m)	[proðúɛs]
distributeur (de)	distributor (m)	[distributór]
bemiddelaar (de)	ndërmjetës (m)	[ndərmjétəs]

adviseur, consulent (de)	këshilltar (m)	[kəʃiɫtár]
vertegenwoordiger (de)	përfaqësues i shitjeve (m)	[pərfacəsúɛs i ʃitjévɛ]
agent (de)	agjent (m)	[aɟént]
verzekeringsagent (de)	agjent sigurimesh (m)	[aɟént sigurímɛʃ]

125. Dienstverlenende beroepen

| kok (de) | kuzhinier (m) | [kuʒiniér] |
| chef-kok (de) | shef kuzhine (m) | [ʃɛf kuʒínɛ] |

bakker (de)	furrtar (m)	[furtár]
barman (de)	banakier (m)	[banakiér]
kelner, ober (de)	kamerier (m)	[kamɛriér]
serveerster (de)	kameriere (f)	[kamɛriérɛ]

advocaat (de)	avokat (m)	[avokát]
jurist (de)	jurist (m)	[juríst]
notaris (de)	noter (m)	[notér]

elektricien (de)	elektricist (m)	[ɛlɛktritsíst]
loodgieter (de)	hidraulik (m)	[hidraulík]
timmerman (de)	marangoz (m)	[maraŋóz]

masseur (de)	masazhist (m)	[masaʒíst]
masseuse (de)	masazhiste (f)	[masaʒístɛ]
dokter, arts (de)	mjek (m)	[mjék]

taxichauffeur (de)	shofer taksie (m)	[ʃofér taksíɛ]
chauffeur (de)	shofer (m)	[ʃofér]
koerier (de)	postier (m)	[postiér]

kamermeisje (het)	pastruese (f)	[pastrúɛsɛ]
bewaker (de)	roje sigurimi (m)	[rójɛ sigurími]
stewardess (de)	stjuardesë (f)	[stjuardésə]

meester (de)	mësues (m)	[məsúɛs]
bibliothecaris (de)	punonjës biblioteke (m)	[punóɲəs bibliotékɛ]
vertaler (de)	përkthyes (m)	[pərkθýɛs]
tolk (de)	përkthyes (m)	[pərkθýɛs]
gids (de)	udhërrëfyes (m)	[uðərəfýɛs]

kapper (de)	parukiere (f)	[parukiérɛ]
postbode (de)	postier (m)	[postiér]
verkoper (de)	shitës (m)	[ʃítəs]

tuinman (de)	kopshtar (m)	[kopʃtár]
huisbediende (de)	shërbëtor (m)	[ʃərbətór]
dienstmeisje (het)	shërbëtore (f)	[ʃərbətórɛ]
schoonmaakster (de)	pastruese (f)	[pastrúɛsɛ]

126. Militaire beroepen en rangen

soldaat (rang)	ushtar (m)	[uʃtár]
sergeant (de)	rreshter (m)	[rɛʃtér]
luitenant (de)	toger (m)	[togér]
kapitein (de)	kapiten (m)	[kapitén]

majoor (de)	major (m)	[majór]
kolonel (de)	kolonel (m)	[kolonél]
generaal (de)	gjeneral (m)	[ɟɛnɛrál]
maarschalk (de)	marshall (m)	[marʃáɫ]
admiraal (de)	admiral (m)	[admirál]
militair (de)	ushtri (f)	[uʃtrí]
soldaat (de)	ushtar (m)	[uʃtár]

officier (de)	oficer (m)	[ofitsér]
commandant (de)	komandant (m)	[komandánt]

grenswachter (de)	roje kufiri (m)	[rójɛ kufíri]
marconist (de)	radist (m)	[radíst]
verkenner (de)	eksplorues (m)	[ɛksplorúɛs]
sappeur (de)	xhenier (m)	[dʒɛniér]
schutter (de)	shënjues (m)	[ʃəɲúɛs]
stuurman (de)	navigues (m)	[navigúɛs]

127. Ambtenaren. Priesters

koning (de)	mbret (m)	[mbrét]
koningin (de)	mbretëreshë (f)	[mbrɛtəréʃə]

prins (de)	princ (m)	[prints]
prinses (de)	princeshë (f)	[printséʃə]

tsaar (de)	car (m)	[tsár]
tsarina (de)	carina (f)	[tsarína]

president (de)	president (m)	[prɛsidént]
minister (de)	ministër (m)	[minístər]
eerste minister (de)	kryeministër (m)	[kryɛminístər]
senator (de)	senator (m)	[sɛnatór]

diplomaat (de)	diplomat (m)	[diplomát]
consul (de)	konsull (m)	[kónsuɫ]
ambassadeur (de)	ambasador (m)	[ambasadór]
adviseur (de)	këshilltar diplomatik (m)	[kəʃiɫtár diplomatík]

ambtenaar (de)	zyrtar (m)	[zyrtár]
prefect (de)	prefekt (m)	[prɛfékt]
burgemeester (de)	kryetar komune (m)	[kryɛtár komúnɛ]

rechter (de)	gjykatës (m)	[ɟykátəs]
aanklager (de)	prokuror (m)	[prokurór]

missionaris (de)	misionar (m)	[misionár]
monnik (de)	murg (m)	[murg]
abt (de)	abat (m)	[abát]
rabbi, rabbijn (de)	rabin (m)	[rabín]

vizier (de)	vezir (m)	[vɛzír]
sjah (de)	shah (m)	[ʃah]
sjeik (de)	sheik (m)	[ʃéik]

128. Agrarische beroepen

imker (de)	bletar (m)	[blɛtár]
herder (de)	bari (m)	[barí]
landbouwkundige (de)	agronom (m)	[agronóm]

veehouder (de)	rritës bagëtish (m)	[rítəs bagətíʃ]
dierenarts (de)	veteriner (m)	[vɛtɛrinér]
landbouwer (de)	fermer (m)	[fɛrmér]
wijnmaker (de)	prodhues verërash (m)	[proðúɛs vérəraʃ]
zoöloog (de)	zoolog (m)	[zoológ]
cowboy (de)	lopar (m)	[lopár]

129. Kunst beroepen

acteur (de)	aktor (m)	[aktór]
actrice (de)	aktore (f)	[aktórɛ]
zanger (de)	këngëtar (m)	[kəŋətár]
zangeres (de)	këngëtare (f)	[kəŋətárɛ]
danser (de)	valltar (m)	[vaɫtár]
danseres (de)	valltare (f)	[vaɫtárɛ]
artiest (mann.)	artist (m)	[artíst]
artiest (vrouw.)	artiste (f)	[artístɛ]
muzikant (de)	muzikant (m)	[muzikánt]
pianist (de)	pianist (m)	[pianíst]
gitarist (de)	kitarist (m)	[kitaríst]
orkestdirigent (de)	dirigjent (m)	[diriɟént]
componist (de)	kompozitor (m)	[kompozitór]
impresario (de)	organizator (m)	[organizatór]
filmregisseur (de)	regjisor (m)	[rɛɟisór]
filmproducent (de)	producent (m)	[produtsént]
scenarioschrijver (de)	skenarist (m)	[skɛnaríst]
criticus (de)	kritik (m)	[kritík]
schrijver (de)	shkrimtar (m)	[ʃkrimtár]
dichter (de)	poet (m)	[poét]
beeldhouwer (de)	skulptor (m)	[skulptór]
kunstenaar (de)	piktor (m)	[piktór]
jongleur (de)	zhongler (m)	[ʒoŋlér]
clown (de)	kloun (m)	[kloún]
acrobaat (de)	akrobat (m)	[akrobát]
goochelaar (de)	magjistar (m)	[maɟistár]

130. Verschillende beroepen

dokter, arts (de)	mjek (m)	[mjék]
ziekenzuster (de)	infermiere (f)	[infɛrmiérɛ]
psychiater (de)	psikiatër (m)	[psikiátər]
tandarts (de)	dentist (m)	[dɛntíst]
chirurg (de)	kirurg (m)	[kirúrg]

astronaut (de)	astronaut (m)	[astronaút]
astronoom (de)	astronom (m)	[astronóm]
piloot (de)	pilot (m)	[pilót]
chauffeur (de)	shofer (m)	[ʃofér]
machinist (de)	makinist (m)	[makiníst]
mecanicien (de)	mekanik (m)	[mɛkaník]
mijnwerker (de)	minator (m)	[minatór]
arbeider (de)	punëtor (m)	[punətór]
bankwerker (de)	bravandreqës (m)	[bravandrécəs]
houtbewerker (de)	marangoz (m)	[maraŋóz]
draaier (de)	tornitor (m)	[tornitór]
bouwvakker (de)	punëtor ndërtimi (m)	[punətór ndərtími]
lasser (de)	saldator (m)	[saldatór]
professor (de)	profesor (m)	[profɛsór]
architect (de)	arkitekt (m)	[arkitékt]
historicus (de)	historian (m)	[historián]
wetenschapper (de)	shkencëtar (m)	[ʃkɛntsətár]
fysicus (de)	fizikant (m)	[fizikánt]
scheikundige (de)	kimist (m)	[kimíst]
archeoloog (de)	arkeolog (m)	[arkɛológ]
geoloog (de)	gjeolog (m)	[ɟɛológ]
onderzoeker (de)	studiues (m)	[studiúɛs]
babysitter (de)	dado (f)	[dádo]
leraar, pedagoog (de)	mësues (m)	[məsúɛs]
redacteur (de)	redaktor (m)	[rɛdaktór]
chef-redacteur (de)	kryeredaktor (m)	[kryɛrɛdaktór]
correspondent (de)	korrespondent (m)	[korɛspondént]
typiste (de)	daktilografiste (f)	[daktilografístɛ]
designer (de)	projektues (m)	[projɛktúɛs]
computerexpert (de)	ekspert kompjuterësh (m)	[ɛkspért kompjutérəʃ]
programmeur (de)	programues (m)	[programúɛs]
ingenieur (de)	inxhinier (m)	[indʒiniér]
matroos (de)	marinar (m)	[marinár]
zeeman (de)	marinar (m)	[marinár]
redder (de)	shpëtimtar (m)	[ʃpətimtár]
brandweerman (de)	zjarrfikës (m)	[zjarfíkəs]
politieagent (de)	polic (m)	[políts]
nachtwaker (de)	roje (f)	[rójɛ]
detective (de)	detektiv (m)	[dɛtɛktív]
douanier (de)	doganier (m)	[doganiér]
lijfwacht (de)	truprojë (f)	[truprójə]
gevangenisbewaker (de)	gardian burgu (m)	[gardián búrgu]
inspecteur (de)	inspektor (m)	[inspɛktór]
sportman (de)	sportist (m)	[sportíst]
trainer (de)	trajner (m)	[trajnér]

slager, beenhouwer (de)	kasap (m)	[kasáp]
schoenlapper (de)	këpucëtar (m)	[kəputsətár]
handelaar (de)	tregtar (m)	[trɛgtár]
lader (de)	ngarkues (m)	[ŋarkúɛs]

| kledingstilist (de) | stilist (m) | [stilíst] |
| model (het) | modele (f) | [modélɛ] |

131. Beroepen. Sociale status

| scholier (de) | nxënës (m) | [ndzénəs] |
| student (de) | student (m) | [studént] |

filosoof (de)	filozof (m)	[filozóf]
econoom (de)	ekonomist (m)	[ɛkonomíst]
uitvinder (de)	shpikës (m)	[ʃpíkəs]

werkloze (de)	i papunë (m)	[i papúnə]
gepensioneerde (de)	pensionist (m)	[pɛnsioníst]
spion (de)	spiun (m)	[spiún]

gedetineerde (de)	i burgosur (m)	[i burgósuɾ]
staker (de)	grevist (m)	[grɛvíst]
bureaucraat (de)	burokrat (m)	[burokrát]
reiziger (de)	udhëtar (m)	[uðətár]

homoseksueel (de)	homoseksual (m)	[homosɛksuál]
hacker (computerkraker)	haker (m)	[hakéɾ]
hippie (de)	hipik (m)	[hipík]

bandiet (de)	bandit (m)	[bandít]
huurmoordenaar (de)	vrasës (m)	[vrásəs]
drugsverslaafde (de)	narkoman (m)	[narkomán]
drugshandelaar (de)	trafikant droge (m)	[trafikánt drógɛ]
prostituee (de)	prostitutë (f)	[prostitútə]
pooier (de)	tutor (m)	[tutór]

tovenaar (de)	magjistar (m)	[maɟistár]
tovenares (de)	shtrigë (f)	[ʃtrígə]
piraat (de)	pirat (m)	[pirát]
slaaf (de)	skllav (m)	[skłav]
samoerai (de)	samurai (m)	[samurái]
wilde (de)	i egër (m)	[i égəɾ]

Sport

132. Soorten sporten. Sporters

sportman (de)	sportist (m)	[sportíst]
soort sport (de/het)	lloj sporti (m)	[ɫoj spórti]
basketbal (het)	basketboll (m)	[baskɛtbóɫ]
basketbalspeler (de)	basketbollist (m)	[baskɛtboɫíst]
baseball (het)	bejsboll (m)	[bɛjsbóɫ]
baseballspeler (de)	lojtar bejsbolli (m)	[lojtár bɛjsbóɫi]
voetbal (het)	futboll (m)	[futbóɫ]
voetballer (de)	futbollist (m)	[futboɫíst]
doelman (de)	portier (m)	[portiér]
hockey (het)	hokej (m)	[hokéj]
hockeyspeler (de)	lojtar hokeji (m)	[lojtár hokéji]
volleybal (het)	volejboll (m)	[volɛjbóɫ]
volleybalspeler (de)	volejbollist (m)	[volɛjboɫíst]
boksen (het)	boks (m)	[boks]
bokser (de)	boksier (m)	[boksiér]
worstelen (het)	mundje (f)	[múndjɛ]
worstelaar (de)	mundës (m)	[múndəs]
karate (de)	karate (f)	[karátɛ]
karateka (de)	karateist (m)	[karatɛíst]
judo (de)	xhudo (f)	[dʒúdo]
judoka (de)	xhudist (m)	[dʒudíst]
tennis (het)	tenis (m)	[tɛnís]
tennisspeler (de)	tenist (m)	[tɛníst]
zwemmen (het)	not (m)	[not]
zwemmer (de)	notar (m)	[notár]
schermen (het)	skerma (f)	[skérma]
schermer (de)	skermist (m)	[skɛrmíst]
schaak (het)	shah (m)	[ʃah]
schaker (de)	shahist (m)	[ʃahíst]
alpinisme (het)	alpinizëm (m)	[alpinízəm]
alpinist (de)	alpinist (m)	[alpiníst]
hardlopen (het)	vrapim (m)	[vrapím]

renner (de)	vrapues (m)	[vrapúɛs]
atletiek (de)	atletikë (f)	[atlɛtíkə]
atleet (de)	atlet (m)	[atlét]

| paardensport (de) | kalërim (m) | [kalərím] |
| ruiter (de) | kalorës (m) | [kalórəs] |

kunstschaatsen (het)	patinazh (m)	[patináʒ]
kunstschaatser (de)	patinator (m)	[patinatór]
kunstschaatsster (de)	patinatore (f)	[patinatórɛ]

| gewichtheffen (het) | peshëngritje (f) | [pɛʃəŋrítjɛ] |
| gewichtheffer (de) | peshëngritës (m) | [pɛʃəŋrítəs] |

| autoraces (mv.) | garë me makina (f) | [gárə mɛ makína] |
| coureur (de) | shofer garash (m) | [ʃofér gáraʃ] |

| wielersport (de) | çiklizëm (m) | [tʃiklízəm] |
| wielrenner (de) | çiklist (m) | [tʃiklíst] |

verspringen (het)	kërcim së gjati (m)	[kərtsím sə ɟáti]
polsstokspringen (het)	kërcim së larti (m)	[kərtsím sə lárti]
verspringer (de)	kërcyes (m)	[kərtsýɛs]

133. Soorten sporten. Diversen

Amerikaans voetbal (het)	futboll amerikan (m)	[futbóɫ amɛrikán]
badminton (het)	badminton (m)	[bádminton]
biatlon (de)	biatlon (m)	[biatlón]
biljart (het)	bilardo (f)	[bilárdo]

bobsleeën (het)	bobsled (m)	[bobsléd]
bodybuilding (de)	bodybuilding (m)	[bodybuildíŋ]
waterpolo (het)	vaterpol (m)	[vatɛrpól]
handbal (de)	hendboll (m)	[hɛndbóɫ]
golf (het)	golf (m)	[golf]

roeisport (de)	kanotazh (m)	[kanotáʒ]
duiken (het)	zhytje (f)	[ʒýtjɛ]
langlaufen (het)	skijim nordik (m)	[skijím nordík]
tafeltennis (het)	ping pong (m)	[piŋ póŋ]

zeilen (het)	lundrim me vela (m)	[lundrím mɛ véla]
rally (de)	garë rally (f)	[gárə ráɫy]
rugby (het)	ragbi (m)	[rágbi]
snowboarden (het)	snoubord (m)	[snoubórd]
boogschieten (het)	gjuajtje me hark (f)	[ɟúajtjɛ mɛ hárk]

134. Fitnessruimte

| lange halter (de) | peshë (f) | [péʃə] |
| halters (mv.) | gira (f) | [gíra] |

training machine (de)	makinë trajnimi (f)	[makínə trajními]
hometrainer (de)	biçikletë ushtrimesh (f)	[bitʃiklétə uʃtrímɛʃ]
loopband (de)	makinë vrapi (f)	[makínə vrápi]

rekstok (de)	tra horizontal (m)	[tra horizontál]
brug (de) gelijke leggers	trarë paralele (pl)	[trárə paralélɛ]
paardsprong (de)	kaluç (m)	[kalútʃ]
mat (de)	tapet gjimnastike (m)	[tapét ɟimnastíkɛ]

springtouw (het)	litar kërcimi (m)	[litár kərtsími]
aerobics (de)	aerobik (m)	[aɛrobík]
yoga (de)	joga (f)	[jóga]

135. Hockey

hockey (het)	hokej (m)	[hokéj]
hockeyspeler (de)	lojtar hokeji (m)	[lojtár hokéji]
hockey spelen	luaj hokej	[lúaj hokéj]
ijs (het)	akull (m)	[ákuɬ]

puck (de)	top hokeji (m)	[top hokéji]
hockeystick (de)	shkop hokeji (m)	[ʃkop hokéji]
schaatsen (mv.)	patina akulli (pl)	[patína ákuɬi]

boarding (de)	fushë hokeji (f)	[fúʃə hokéji]
schot (het)	gjuajtje (f)	[ɟúajtjɛ]

doelman (de)	portier (m)	[portiérr]
goal (de)	gol (m)	[gol]
een goal scoren	shënoj gol	[ʃənój gol]

periode (de)	pjesë (f)	[pjésə]
tweede periode (de)	pjesa e dytë	[pjésa ɛ dýtə]
reservebank (de)	stol i rezervave (m)	[stol i rɛzérrvavɛ]

136. Voetbal

voetbal (het)	futboll (m)	[futbóɬ]
voetballer (de)	futbollist (m)	[futboɬíst]
voetbal spelen	luaj futboll	[lúaj futbóɬ]

eredivisie (de)	liga e parë (f)	[líga ɛ párə]
voetbalclub (de)	klub futbolli (m)	[klúb futbóɬi]
trainer (de)	trajner (m)	[trajnérr]
eigenaar (de)	pronar (m)	[pronárr]

team (het)	skuadër (f)	[skuádər]
aanvoerder (de)	kapiteni i skuadrës (m)	[kapiténi i skuádrəs]
speler (de)	lojtar (m)	[lojtárr]
reservespeler (de)	zëvendësues (m)	[zəvɛndəsúɛs]
aanvaller (de)	sulmues (m)	[sulmúɛs]
centrale aanvaller (de)	qendërsulmues (m)	[cɛndərsulmúɛs]

doelpuntmaker (de)	golashënues (m)	[golaʃənúɛs]
verdediger (de)	mbrojtës (m)	[mbrójtəs]
middenvelder (de)	mesfushor (m)	[mɛsfuʃór]

match, wedstrijd (de)	ndeshje (f)	[ndéʃjɛ]
elkaar ontmoeten (ww)	takoj	[takój]
finale (de)	finale	[finálɛ]
halve finale (de)	gjysmë-finale (f)	[ɟýsmə-finálɛ]
kampioenschap (het)	kampionat (m)	[kampionát]

helft (de)	pjesë (f)	[pjésə]
eerste helft (de)	pjesa e parë (f)	[pjésa ɛ párə]
pauze (de)	pushim (m)	[puʃím]

doel (het)	gol (m)	[gol]
doelman (de)	portier (m)	[portiér]
doelpaal (de)	shtyllë (f)	[ʃtýɬə]
lat (de)	traversa (f)	[travérsa]
doelnet (het)	rrjetë (f)	[rjétə]
een goal incasseren	pësoj gol	[pəsój gol]

bal (de)	top (m)	[top]
pass (de)	pas (m)	[pas]
schot (het), schop (de)	goditje (f)	[godítjɛ]
schieten (de bal ~)	godas	[godás]
vrije schop (directe ~)	goditje e lirë (f)	[godítjɛ ɛ lírə]
hoekschop, corner (de)	goditje nga këndi (f)	[godítjɛ ŋa kəndi]

aanval (de)	sulm (m)	[sulm]
tegenaanval (de)	kundërsulm (m)	[kundərsúlm]
combinatie (de)	kombinim (m)	[kombiním]

scheidsrechter (de)	arbitër (m)	[arbítər]
fluiten (ww)	i bie bilbilit	[i bíɛ bilbílit]
fluitsignaal (het)	bilbil (m)	[bilbíl]
overtreding (de)	faull (m)	[faúɬ]
een overtreding maken	faulloj	[fauɬój]
uit het veld te sturen	nxjerr nga loja	[ndzjér ŋa lója]

gele kaart (de)	karton i verdhë (m)	[kartón i vérðə]
rode kaart (de)	karton i kuq (m)	[kartón i kúc]
diskwalificatie (de)	diskualifikim (m)	[diskualifikím]
diskwalificeren (ww)	diskualifikoj	[diskualifikój]

strafschop, penalty (de)	goditje dënimi (f)	[godítjɛ dəními]
muur (de)	mur (m)	[mur]
scoren (ww)	shënoj	[ʃənój]
goal (de), doelpunt (het)	gol (m)	[gol]
een goal scoren	shënoj gol	[ʃənój gol]

vervanging (de)	zëvendësim (m)	[zəvɛndəsím]
vervangen (ov.ww.)	zëvendësoj	[zəvɛndəsój]
regels (mv.)	rregullat (pl)	[réguɬat]
tactiek (de)	taktikë (f)	[taktíkə]
stadion (het)	stadium (m)	[stadiúm]
tribune (de)	tribunë (f)	[tribúnə]

| fan, supporter (de) | tifoz (m) | [tifóz] |
| schreeuwen (ww) | bërtas | [bərtás] |

| scorebord (het) | tabela e rezultateve (f) | [tabéla ɛ rɛzultátɛvɛ] |
| stand (~ is 3-1) | rezultat (m) | [rɛzultát] |

nederlaag (de)	humbje (f)	[húmbjɛ]
verliezen (ww)	humb	[húmb]
gelijkspel (het)	barazim (m)	[barazím]
in gelijk spel eindigen	barazoj	[barazój]

| overwinning (de) | fitore (f) | [fitórɛ] |
| overwinnen (ww) | fitoj | [fitój] |

kampioen (de)	kampion (m)	[kampión]
best (bn)	më i miri	[mə i míri]
feliciteren (ww)	përgëzoj	[pərgəzój]

commentator (de)	komentues (m)	[komɛntúɛs]
becommentariëren (ww)	komentoj	[komɛntój]
uitzending (de)	transmetim (m)	[transmɛtím]

137. Alpine skiën

ski's (mv.)	ski (pl)	[ski]
skiën (ww)	bëj ski	[bəj skí]
skigebied (het)	resort malor për ski (m)	[rɛsórt malór pər skí]
skilift (de)	ashensor për ski (m)	[aʃɛnsór pər skí]

skistokken (mv.)	heshta skish (pl)	[héʃta skíʃ]
helling (de)	shpat (m)	[ʃpat]
slalom (de)	slalom (m)	[slalóm]

138. Tennis. Golf

golf (het)	golf (m)	[golf]
golfclub (de)	klub golfi (m)	[klúb gólfi]
golfer (de)	golfist (m)	[golfíst]

hole (de)	vrimë (f)	[vrímə]
golfclub (de)	shkop golfi (m)	[ʃkop gólfi]
trolley (de)	karrocë golfi (f)	[karótsə gólfi]

| tennis (het) | tenis (m) | [tɛnís] |
| tennisveld (het) | fushë tenisi (f) | [fúʃə tɛnísi] |

| opslag (de) | servim (m) | [sɛrvím] |
| serveren, opslaan (ww) | servoj | [sɛrvój] |

racket (het)	reket (m)	[rɛkét]
net (het)	rrjetë (f)	[rjétə]
bal (de)	top (m)	[top]

139. Schaken

schaak (het)	shah (m)	[ʃah]
schaakstukken (mv.)	figura shahu (pl)	[figúra ʃáhu]
schaker (de)	shahist (m)	[ʃahíst]
schaakbord (het)	fushë shahu (f)	[fúʃə ʃáhu]
schaakstuk (het)	figurë shahu (f)	[figúrə ʃáhu]
witte stukken (mv.)	të bardhat (pl)	[tə bárðat]
zwarte stukken (mv.)	të zezat (pl)	[tə zézat]
pion (de)	ushtar (m)	[uʃtár]
loper (de)	oficer (m)	[ofitsér]
paard (het)	kalorës (m)	[kalórəs]
toren (de)	top (m)	[top]
dame, koningin (de)	mbretëreshë (f)	[mbrɛtəréʃə]
koning (de)	mbret (m)	[mbrét]
zet (de)	lëvizje (f)	[ləvízjɛ]
zetten (ww)	lëviz	[ləvíz]
opofferen (ww)	sakrifikoj	[sakrifikój]
rokade (de)	rokadë (f)	[rokádə]
schaak (het)	shah (m)	[ʃah]
schaakmat (het)	shah mat (m)	[ʃah mat]
schaakwedstrijd (de)	turne shahu (m)	[turné ʃáhu]
grootmeester (de)	Mjeshtër i Madh (m)	[mjéʃtər i máð]
combinatie (de)	kombinim (m)	[kombiním]
partij (de)	lojë (f)	[lójə]
dammen (de)	damë (f)	[dámə]

140. Boksen

boksen (het)	boks (m)	[boks]
boksgevecht (het)	ndeshje (f)	[ndéʃjɛ]
bokswedstrijd (de)	ndeshje boksi (f)	[ndéʃjɛ bóksi]
ronde (de)	raund (m)	[ráund]
ring (de)	ring (m)	[riŋ]
gong (de)	gong (m)	[goŋ]
stoot (de)	goditje (f)	[godítjɛ]
knock-down (de)	nokdaun (m)	[nokdáun]
knock-out (de)	nokaut (m)	[nokaút]
knock-out slaan (ww)	hedh nokaut	[hɛð nokaút]
bokshandschoen (de)	dorezë boksi (f)	[dorézə bóksi]
referee (de)	arbitër (m)	[arbítər]
lichtgewicht (het)	peshë e lehtë (f)	[péʃə ɛ léhtə]
middengewicht (het)	peshë e mesme (f)	[péʃə ɛ mésmɛ]
zwaargewicht (het)	peshë e rëndë (f)	[péʃə ɛ rəndə]

141. Sporten. Diversen

Olympische Spelen (mv.)	Lojërat Olimpike (pl)	[lójərat olimpíkɛ]
winnaar (de)	fitues (m)	[fitúɛs]
overwinnen (ww)	duke fituar	[dúkɛ fitúar]
winnen (ww)	fitoj	[fitój]
leider (de)	lider (m)	[lidér]
leiden (ww)	udhëheq	[uðəhéc]
eerste plaats (de)	vendi i parë	[véndi i párə]
tweede plaats (de)	vendi i dytë	[véndi i dýtə]
derde plaats (de)	vendi i tretë	[véndi i trétə]
medaille (de)	medalje (f)	[mɛdáljɛ]
trofee (de)	trofe (f)	[trofé]
beker (de)	kupë (f)	[kúpə]
prijs (de)	çmim (m)	[tʃmím]
hoofdprijs (de)	çmimi i parë (m)	[tʃmími i párə]
record (het)	rekord (m)	[rɛkórd]
een record breken	vendos rekord	[vɛndós rɛkórd]
finale (de)	finale	[finálɛ]
finale (bn)	finale	[finálɛ]
kampioen (de)	kampion (m)	[kampión]
kampioenschap (het)	kampionat (m)	[kampionát]
stadion (het)	stadium (m)	[stadiúm]
tribune (de)	tribunë (f)	[tribúnə]
fan, supporter (de)	tifoz (m)	[tifóz]
tegenstander (de)	kundërshtar (m)	[kundərʃtár]
start (de)	start (m)	[start]
finish (de)	cak (m)	[tsák]
nederlaag (de)	humbje (f)	[húmbjɛ]
verliezen (ww)	humb	[húmb]
rechter (de)	arbitër (m)	[arbítər]
jury (de)	juri (f)	[jurí]
stand (~ is 3-1)	rezultat (m)	[rɛzultát]
gelijkspel (het)	barazim (m)	[barazím]
in gelijk spel eindigen	barazoj	[barazój]
punt (het)	pikë (f)	[píkə]
uitslag (de)	rezultat (m)	[rɛzultát]
periode (de)	pjesë (f)	[pjésə]
pauze (de)	pushim (m)	[puʃím]
doping (de)	doping (m)	[dopíŋ]
straffen (ww)	penalizoj	[pɛnalizój]
diskwalificeren (ww)	diskualifikoj	[diskualifikój]
toestel (het)	aparat (m)	[aparát]

speer (de)	hedhje e shtizës (f)	[héðjɛ ɛ ʃtízəs]
kogel (de)	gjyle (f)	[ɟýlɛ]
bal (de)	bile (f)	[bílɛ]

doel (het)	shënjestër (f)	[ʃəɲéstər]
schietkaart (de)	shënjestër (f)	[ʃəɲéstər]
schieten (ww)	qëlloj	[cəɫój]
precies (bijv. precieze schot)	e saktë	[ɛ sáktə]

trainer, coach (de)	trajner (m)	[trajnér]
trainen (ww)	stërvit	[stərvít]
zich trainen (ww)	stërvitem	[stərvítɛm]
training (de)	trajnim (m)	[trajním]

gymnastiekzaal (de)	palestër (f)	[paléstər]
oefening (de)	ushtrime (f)	[uʃtrímɛ]
opwarming (de)	ngrohje (f)	[ŋróhjɛ]

Onderwijs

142. School

school (de)	shkollë (f)	[ʃkótə]
schooldirecteur (de)	drejtor shkolle (m)	[drɛjtór ʃkótɛ]

leerling (de)	nxënës (m)	[ndzénəs]
leerlinge (de)	nxënëse (f)	[ndzénəsɛ]
scholier (de)	nxënës (m)	[ndzénəs]
scholiere (de)	nxënëse (f)	[ndzénəsɛ]

leren (lesgeven)	jap mësim	[jap məsím]
studeren (bijv. een taal ~)	mësoj	[məsój]
van buiten leren	mësoj përmendësh	[məsój pərméndəʃ]

leren (bijv. ~ tellen)	mësoj	[məsój]
in school zijn (schooljongen zijn)	jam në shkollë	[jam nə ʃkótə]
naar school gaan	shkoj në shkollë	[ʃkoj nə ʃkótə]

alfabet (het)	alfabet (m)	[alfabét]
vak (schoolvak)	lëndë (f)	[léndə]

klaslokaal (het)	klasë (f)	[klásə]
les (de)	mësim (m)	[məsím]
pauze (de)	pushim (m)	[puʃím]
bel (de)	zile e shkollës (f)	[zílɛ ɛ ʃkótəs]
schooltafel (de)	bankë e shkollës (f)	[bánkə ɛ ʃkótəs]
schoolbord (het)	tabelë e zezë (f)	[tabélə ɛ zézə]

cijfer (het)	notë (f)	[nótə]
goed cijfer (het)	notë e mirë (f)	[nótə ɛ mírə]
slecht cijfer (het)	notë e keqe (f)	[nótə ɛ kécɛ]
een cijfer geven	vendos notë	[vɛndós nótə]

fout (de)	gabim (m)	[gabím]
fouten maken	bëj gabime	[bəj gabímɛ]
corrigeren (fouten ~)	korrigjoj	[koriɟój]
spiekbriefje (het)	kopje (f)	[kópjɛ]

huiswerk (het)	detyrë shtëpie (f)	[dɛtýrə ʃtəpíɛ]
oefening (de)	ushtrim (m)	[uʃtrím]

aanwezig zijn (ww)	jam prezent	[jam prɛzént]
absent zijn (ww)	mungoj	[muŋój]
school verzuimen	mungoj në shkollë	[muŋój nə ʃkótə]

bestraffen (een stout kind ~)	ndëshkoj	[ndəʃkój]
bestraffing (de)	ndëshkim (m)	[ndəʃkím]

gedrag (het)	sjellje (f)	[sjétjɛ]
cijferlijst (de)	dëftesë (f)	[dəftésə]
potlood (het)	laps (m)	[láps]
gom (de)	gomë (f)	[gómə]
krijt (het)	shkumës (m)	[ʃkúməs]
pennendoos (de)	portofol lapsash (m)	[portofól lápsaʃ]

boekentas (de)	çantë shkolle (f)	[tʃántə ʃkótɛ]
pen (de)	stilolaps (m)	[stiloláps]
schrift (de)	fletore (f)	[flɛtórɛ]
leerboek (het)	tekst mësimor (m)	[tɛkst məsimór]
passer (de)	kompas (m)	[kompás]

technisch tekenen (ww)	vizatoj	[vizatój]
technische tekening (de)	vizatim teknik (m)	[vizatím tɛkník]

gedicht (het)	poezi (f)	[poɛzí]
van buiten (bw)	përmendësh	[pərméndəʃ]
van buiten leren	mësoj përmendësh	[məsój pərméndəʃ]

vakantie (de)	pushimet e shkollës (m)	[puʃímɛt ɛ ʃkótəs]
met vakantie zijn	jam me pushime	[jam mɛ puʃímɛ]
vakantie doorbrengen	kaloj pushimet	[kalój puʃímɛt]

toets (schriftelijke ~)	test (m)	[tɛst]
opstel (het)	ese (f)	[ɛsé]
dictee (het)	diktim (m)	[diktím]
examen (het)	provim (m)	[provím]
examen afleggen	kam provim	[kam provím]
experiment (het)	eksperiment (m)	[ɛkspɛrimént]

143. Hogeschool. Universiteit

academie (de)	akademi (f)	[akadɛmí]
universiteit (de)	universitet (m)	[univɛrsitét]
faculteit (de)	fakultet (m)	[fakultét]

student (de)	student (m)	[studént]
studente (de)	studente (f)	[studéntɛ]
leraar (de)	pedagog (m)	[pɛdagóg]

collegezaal (de)	auditor (m)	[auditór]
afgestudeerde (de)	i diplomuar (m)	[i diplomúar]

diploma (het)	diplomë (f)	[diplómə]
dissertatie (de)	disertacion (m)	[disɛrtatsión]

onderzoek (het)	studim (m)	[studím]
laboratorium (het)	laborator (m)	[laboratór]

college (het)	leksion (m)	[lɛksión]
medestudent (de)	shok kursi (m)	[ʃok kúrsi]
studiebeurs (de)	bursë (f)	[búrsə]
academische graad (de)	diplomë akademike (f)	[diplómə akadɛmíkɛ]

144. Wetenschappen. Disciplines

wiskunde (de)	matematikë (f)	[matɛmatíkə]
algebra (de)	algjebër (f)	[alɟébər]
meetkunde (de)	gjeometri (f)	[ɟɛomɛtrí]
astronomie (de)	astronomi (f)	[astronomí]
biologie (de)	biologji (f)	[bioloɟí]
geografie (de)	gjeografi (f)	[ɟɛografí]
geologie (de)	gjeologji (f)	[ɟɛoloɟí]
geschiedenis (de)	histori (f)	[historí]
geneeskunde (de)	mjekësi (f)	[mjɛkəsí]
pedagogiek (de)	pedagogji (f)	[pɛdagoɟí]
rechten (mv.)	drejtësi (f)	[drɛjtəsí]
fysica, natuurkunde (de)	fizikë (f)	[fizíkə]
scheikunde (de)	kimi (f)	[kimí]
filosofie (de)	filozofi (f)	[filozofí]
psychologie (de)	psikologji (f)	[psikoloɟí]

145. Schrift. Spelling

grammatica (de)	gramatikë (f)	[gramatíkə]
vocabulaire (het)	fjalor (m)	[fjalór]
fonetiek (de)	fonetikë (f)	[fonɛtíkə]
zelfstandig naamwoord (het)	emër (m)	[émər]
bijvoeglijk naamwoord (het)	mbiemër (m)	[mbiémər]
werkwoord (het)	folje (f)	[fóljɛ]
bijwoord (het)	ndajfolje (f)	[ndajfóljɛ]
voornaamwoord (het)	përemër (m)	[pərémər]
tussenwerpsel (het)	pasthirrmë (f)	[pasθírrmə]
voorzetsel (het)	parafjalë (f)	[parafjálə]
stam (de)	rrënjë (f)	[réɲə]
achtervoegsel (het)	fundore (f)	[fundórɛ]
voorvoegsel (het)	parashtesë (f)	[paraʃtésə]
lettergreep (de)	rrokje (f)	[rókjɛ]
achtervoegsel (het)	prapashtesë (f)	[prapaʃtésə]
nadruk (de)	theks (m)	[θɛks]
afkappingsteken (het)	apostrof (m)	[apostróf]
punt (de)	pikë (f)	[píkə]
komma (de/het)	presje (f)	[présjɛ]
puntkomma (de)	pikëpresje (f)	[pikəprésjɛ]
dubbelpunt (de)	dy pika (f)	[dy píka]
beletselteken (het)	tre pika (f)	[trɛ píka]
vraagteken (het)	pikëpyetje (f)	[pikəpýɛtjɛ]
uitroepteken (het)	pikëçuditje (f)	[pikətʃudítjɛ]

aanhalingstekens (mv.)	thonjëza (f)	[θóɲəza]
tussen aanhalingstekens (bw)	në thonjëza	[nə θóɲəza]
haakjes (mv.)	kllapa (f)	[kɬápa]
tussen haakjes (bw)	brenda kllapave	[brénda kɬápavɛ]

streepje (het)	vizë ndarëse (f)	[vízə ndárəsɛ]
gedachtestreepje (het)	vizë (f)	[vízə]
spatie	hapësirë (f)	[hapəsírə]
(~ tussen twee woorden)		

| letter (de) | shkronjë (f) | [ʃkróɲə] |
| hoofdletter (de) | shkronjë e madhe (f) | [ʃkróɲə ɛ máðɛ] |

| klinker (de) | zanore (f) | [zanórɛ] |
| medeklinker (de) | bashkëtingëllore (f) | [baʃkətiŋəɬórɛ] |

zin (de)	fjali (f)	[fjalí]
onderwerp (het)	kryefjalë (f)	[kryɛfjálə]
gezegde (het)	kallëzues (m)	[kaɬəzúɛs]

regel (in een tekst)	rresht (m)	[réʃt]
op een nieuwe regel (bw)	rresht i ri	[réʃt i rí]
alinea (de)	paragraf (m)	[paragráf]

woord (het)	fjalë (f)	[fjálə]
woordgroep (de)	grup fjalësh (m)	[grup fjáləʃ]
uitdrukking (de)	shprehje (f)	[ʃpréhjɛ]
synoniem (het)	sinonim (m)	[sinoním]
antoniem (het)	antonim (m)	[antoním]

regel (de)	rregull (m)	[réguɬ]
uitzondering (de)	përjashtim (m)	[pərjaʃtím]
correct (bijv. ~e spelling)	saktë	[sáktə]

vervoeging, conjugatie (de)	lakim (m)	[lakím]
verbuiging, declinatie (de)	rasë	[rásə]
naamval (de)	rasë emërore (f)	[rásə ɛmərórɛ]
vraag (de)	pyetje (f)	[pýɛtjɛ]
onderstrepen (ww)	nënvijëzoj	[nənvijəzój]
stippellijn (de)	vijë me ndërprerje (f)	[víjə mɛ ndərprérjɛ]

146. Vreemde talen

taal (de)	gjuhë (f)	[ɟúhə]
vreemd (bn)	huaj	[húaj]
vreemde taal (de)	gjuhë e huaj (f)	[ɟúhə ɛ húaj]
leren (bijv. van buiten ~)	studioj	[studiój]
studeren (Nederlands ~)	mësoj	[məsój]

lezen (ww)	lexoj	[lɛdzój]
spreken (ww)	flas	[flas]
begrijpen (ww)	kuptoj	[kuptój]
schrijven (ww)	shkruaj	[ʃkrúaj]
snel (bw)	shpejt	[ʃpɛjt]

| langzaam (bw) | ngadalë | [ŋadálə] |
| vloeiend (bw) | rrjedhshëm | [rjéðʃəm] |

regels (mv.)	rregullat (pl)	[régułat]
grammatica (de)	gramatikë (f)	[gramatíkə]
vocabulaire (het)	fjalor (m)	[fjalór]
fonetiek (de)	fonetikë (f)	[fonɛtíkə]

leerboek (het)	tekst mësimor (m)	[tɛkst məsimór]
woordenboek (het)	fjalor (m)	[fjalór]
leerboek (het) voor zelfstudie	libër i mësimit autodidakt (m)	[líbər i məsímit autodidákt]
taalgids (de)	libër frazeologjik (m)	[líbər frazɛoloɟík]

cassette (de)	kasetë (f)	[kasétə]
videocassette (de)	videokasetë (f)	[vidɛokasétə]
CD (de)	CD (f)	[tsɛdé]
DVD (de)	DVD (m)	[dividí]

alfabet (het)	alfabet (m)	[alfabét]
spellen (ww)	gërmëzoj	[gərməzój]
uitspraak (de)	shqiptim (m)	[ʃciptím]

accent (het)	aksent (m)	[aksént]
met een accent (bw)	me aksent	[mɛ aksént]
zonder accent (bw)	pa aksent	[pa aksént]

| woord (het) | fjalë (f) | [fjálə] |
| betekenis (de) | kuptim (m) | [kuptím] |

cursus (de)	kurs (m)	[kurs]
zich inschrijven (ww)	regjistrohem	[rɛɟistróhɛm]
leraar (de)	mësues (m)	[məsúɛs]

vertaling (een ~ maken)	përkthim (m)	[pərkθím]
vertaling (tekst)	përkthim (m)	[pərkθím]
vertaler (de)	përkthyes (m)	[pərkθýɛs]
tolk (de)	përkthyes (m)	[pərkθýɛs]

| polyglot (de) | poliglot (m) | [poliglót] |
| geheugen (het) | kujtesë (f) | [kujtésə] |

147. Sprookjesfiguren

Sinterklaas (de)	Santa Klaus (m)	[sánta kláus]
Assepoester (de)	Hirushja (f)	[hirúʃja]
zeemeermin (de)	sirenë (f)	[sirénə]
Neptunus (de)	Neptuni (m)	[nɛptúni]

magiër, tovenaar (de)	magjistar (m)	[maɟistár]
goede heks (de)	zanë (f)	[zánə]
magisch (bn)	magjike	[maɟíkɛ]
toverstokje (het)	shkop magjik (m)	[ʃkop maɟík]
sprookje (het)	përrallë (f)	[pəráłə]

wonder (het)	mrekulli (f)	[mrɛkutí]
dwerg (de)	xhuxh (m)	[dʒudʒ]
veranderen in ...	shndërrohem ...	[ʃndəróhɛm ...]
(anders worden)		

geest (de)	fantazmë (f)	[fantázmə]
spook (het)	fantazmë (f)	[fantázmə]
monster (het)	bishë (f)	[bíʃə]
draak (de)	dragua (m)	[dragúa]
reus (de)	gjigant (m)	[ɉigánt]

148. Dierenriem

Ram (de)	Dashi (m)	[dáʃi]
Stier (de)	Demi (m)	[démi]
Tweelingen (mv.)	Binjakët (pl)	[biɲákət]
Kreeft (de)	Gaforrja (f)	[gafórja]
Leeuw (de)	Luani (m)	[luáni]
Maagd (de)	Virgjëresha (f)	[virɉəréʃa]

Weegschaal (de)	Peshorja (f)	[pɛʃórja]
Schorpioen (de)	Akrepi (m)	[akrépi]
Boogschutter (de)	Shigjetari (m)	[ʃiɉɛtári]
Steenbok (de)	Bricjapi (m)	[britsjápi]
Waterman (de)	Ujori (m)	[ujóri]
Vissen (mv.)	Peshqit (pl)	[péʃcit]

karakter (het)	karakter (m)	[karaktér]
karaktertrekken (mv.)	tipare të karakterit (pl)	[tipárɛ tə karaktérit]
gedrag (het)	sjellje (f)	[sjétjɛ]
waarzeggen (ww)	parashikoj fatin	[paraʃikój fátin]
waarzegster (de)	lexuese e fatit (f)	[lɛdzúɛsɛ ɛ fátit]
horoscoop (de)	horoskop (m)	[horoskóp]

Kunst

149. Theater

theater (het)	teatër (m)	[tɛátər]
opera (de)	operë (f)	[opérə]
operette (de)	operetë (f)	[opɛrétə]
ballet (het)	balet (m)	[balét]

affiche (de/het)	afishe teatri (f)	[afíʃɛ tɛátri]
theatergezelschap (het)	trupë teatrale (f)	[trúpə tɛatrálɛ]
tournee (de)	turne (f)	[turné]
op tournee zijn	jam në turne	[jam nə turné]
repeteren (ww)	bëj prova	[bəj próva]
repetitie (de)	provë (f)	[próvə]
repertoire (het)	repertor (m)	[rɛpɛrtór]

voorstelling (de)	shfaqje (f)	[ʃfácjɛ]
spektakel (het)	shfaqje teatrale (f)	[ʃfácjɛ tɛatrálɛ]
toneelstuk (het)	dramë (f)	[drámə]

biljet (het)	biletë (f)	[bilétə]
kassa (de)	zyrë e shitjeve të biletave (f)	[zýrə ɛ ʃítjɛvɛ tə bilétavɛ]
foyer (de)	holl (m)	[hoł]
garderobe (de)	dhoma e xhaketave (f)	[ðóma ɛ dʒakétavɛ]
garderobe nummer (het)	numri i xhaketës (m)	[númri i dʒakétəs]
verrekijker (de)	dylbi (f)	[dylbí]
plaatsaanwijzer (de)	portier (m)	[portiér]

parterre (de)	plato (f)	[plató]
balkon (het)	ballkon (m)	[bałkón]
gouden rang (de)	galeria e parë (f)	[galɛría ɛ párə]
loge (de)	lozhë (f)	[lóʒə]
rij (de)	rresht (m)	[réʃt]
plaats (de)	karrige (f)	[karígɛ]

publiek (het)	publiku (m)	[publíku]
kijker (de)	spektator (m)	[spɛktatór]
klappen (ww)	duartrokas	[duartrokás]
applaus (het)	duartrokitje (f)	[duartrokítjɛ]
ovatie (de)	brohoritje (f)	[brohorítjɛ]

toneel (op het ~ staan)	skenë (f)	[skénə]
gordijn, doek (het)	perde (f)	[pérdɛ]
toneeldecor (het)	skenografi (f)	[skɛnografí]
backstage (de)	prapaskenë (f)	[prapaskénə]

scène (de)	skenë (f)	[skénə]
bedrijf (het)	akt (m)	[ákt]
pauze (de)	pushim (m)	[puʃím]

150. Bioscoop

acteur (de)	aktor (m)	[aktór]
actrice (de)	aktore (f)	[aktórɛ]
bioscoop (de)	kinema (f)	[kinɛmá]
speelfilm (de)	film (m)	[film]
aflevering (de)	episod (m)	[ɛpisód]
detectivefilm (de)	triller (m)	[triʈér]
actiefilm (de)	aksion (m)	[aksión]
avonturenfilm (de)	aventurë (f)	[avɛntúrə]
sciencefictionfilm (de)	fanta-shkencë (f)	[fánta-ʃkéntsə]
griezelfilm (de)	film horror (m)	[fílm horór]
komedie (de)	komedi (f)	[komɛdí]
melodrama (het)	melodramë (f)	[mɛlodrámə]
drama (het)	dramë (f)	[drámə]
speelfilm (de)	film fiktiv (m)	[fílm fiktív]
documentaire (de)	dokumentar (m)	[dokumɛntár]
tekenfilm (de)	film vizatimor (m)	[fílm vizatimór]
stomme film (de)	filma pa zë (m)	[fílma pa zə]
rol (de)	rol (m)	[rol]
hoofdrol (de)	rol kryesor (m)	[rol kryɛsór]
spelen (ww)	luaj	[lúaj]
filmster (de)	yll kinemaje (m)	[yɫ kinɛmájɛ]
bekend (bn)	i njohur	[i ɲóhur]
beroemd (bn)	i famshëm	[i fámʃəm]
populair (bn)	popullor	[popuɫór]
scenario (het)	skenar (m)	[skɛnár]
scenarioschrijver (de)	skenarist (m)	[skɛnaríst]
regisseur (de)	regjisor (m)	[rɛɟisór]
filmproducent (de)	producent (m)	[produtsént]
assistent (de)	ndihmës (m)	[ndíhməs]
cameraman (de)	kameraman (m)	[kamɛramán]
stuntman (de)	dubla (f)	[dúbla]
stuntdubbel (de)	dubla (f)	[dúbla]
een film maken	xhiroj film	[dʒirój film]
auditie (de)	provë (f)	[próvə]
opnamen (mv.)	xhirim (m)	[dʒirím]
filmploeg (de)	ekip kinematografik (m)	[ɛkíp kinɛmatografík]
filmset (de)	set kinematografik (m)	[sɛt kinɛmatografík]
filmcamera (de)	kamerë (f)	[kamérə]
bioscoop (de)	kinema (f)	[kinɛmá]
scherm (het)	ekran (m)	[ɛkrán]
een film vertonen	shfaq film	[ʃfac film]
geluidsspoor (de)	muzikë e filmit (f)	[muzíkə ɛ filmit]
speciale effecten (mv.)	efekte speciale (pl)	[ɛféktɛ spɛtsiálɛ]

ondertiteling (de)	titra (pl)	[títra]
voortiteling, aftiteling (de)	lista e pjesëmarrësve (f)	[lísta ε pjεsəmárəsvε]
vertaling (de)	përkthim (m)	[pərkθím]

151. Schilderij

kunst (de)	art (m)	[art]
schone kunsten (mv.)	artet e bukura (pl)	[ártεt ε búkura]
kunstgalerie (de)	galeri arti (f)	[galεrí árti]
kunsttentoonstelling (de)	ekspozitë (f)	[εkspozítə]

schilderkunst (de)	pikturë (f)	[piktúrə]
grafiek (de)	art grafik (m)	[árt grafík]
abstracte kunst (de)	art abstrakt (m)	[árt abstrákt]
impressionisme (het)	impresionizëm (m)	[imprεsionízəm]

schilderij (het)	pikturë (f)	[piktúrə]
tekening (de)	vizatim (m)	[vizatím]
poster (de)	poster (m)	[postér]

illustratie (de)	ilustrim (m)	[ilustrím]
miniatuur (de)	miniaturë (f)	[miniatúrə]
kopie (de)	kopje (f)	[kópjε]
reproductie (de)	riprodhim (m)	[riproðím]

mozaïek (het)	mozaik (m)	[mozaík]
gebrandschilderd glas (het)	pikturë në dritare (f)	[piktúrə nə dritárε]
fresco (het)	afresk (m)	[afrésk]
gravure (de)	gravurë (f)	[gravúrə]

buste (de)	bust (m)	[búst]
beeldhouwwerk (het)	skulpturë (f)	[skulptúrə]
beeld (bronzen ~)	statujë (f)	[statújə]
gips (het)	allçi (f)	[aɫtʃí]
gipsen (bn)	me allçi	[mε aɫtʃí]

portret (het)	portret (m)	[portrét]
zelfportret (het)	autoportret (m)	[autoportrét]
landschap (het)	peizazh (m)	[pεizáʒ]
stilleven (het)	natyrë e qetë (f)	[natýrə ε cétə]
karikatuur (de)	karikaturë (f)	[karikatúrə]
schets (de)	skicë (f)	[skítsə]

verf (de)	bojë (f)	[bójə]
aquarel (de)	bojë uji (f)	[bójə úji]
olieverf (de)	bojë vaji (f)	[bójə váji]
potlood (het)	laps (m)	[láps]
Oost-Indische inkt (de)	bojë stilografi (f)	[bójə stilográfi]
houtskool (de)	karbon (m)	[karbón]

tekenen (met krijt)	vizatoj	[vizatój]
schilderen (ww)	pikturoj	[pikturój]
poseren (ww)	pozoj	[pozój]
naaktmodel (man)	model (m)	[modél]

naaktmodel (vrouw)	modele (f)	[modélɛ]
kunstenaar (de)	piktor (m)	[piktór]
kunstwerk (het)	vepër arti (f)	[vépər árti]
meesterwerk (het)	kryevepër (f)	[kryɛvépər]
studio, werkruimte (de)	studio (f)	[stúdio]

schildersdoek (het)	kanavacë (f)	[kanavátsə]
schildersezel (de)	këmbalec (m)	[kəmbaléts]
palet (het)	paletë (f)	[palétə]

lijst (een vergulde ~)	kornizë (f)	[kornízə] .
restauratie (de)	restaurim (m)	[rɛstaurím]
restaureren (ww)	restauroj	[rɛstaurój]

152. Literatuur & Poëzie

literatuur (de)	letërsi (f)	[lɛtərsí]
auteur (de)	autor (m)	[autór]
pseudoniem (het)	pseudonim (m)	[psɛudoním]

boek (het)	libër (m)	[líbər]
boekdeel (het)	vëllim (m)	[vəłím]
inhoudsopgave (de)	tabela e përmbajtjes (f)	[tabéla ɛ pərmbájtjɛs]
pagina (de)	faqe (f)	[fácɛ]
hoofdpersoon (de)	personazhi kryesor (m)	[pɛrsonáʒi kryɛsór]
handtekening (de)	autograf (m)	[autográf]

verhaal (het)	tregim i shkurtër (m)	[trɛgím i ʃkúrtər]
novelle (de)	novelë (f)	[novélə]
roman (de)	roman (m)	[román]
werk (literatuur)	vepër (m)	[vépər]
fabel (de)	fabula (f)	[fábula]
detectiveroman (de)	roman policesk (m)	[román politsésk]

gedicht (het)	vjershë (f)	[vjérʃə]
poëzie (de)	poezi (f)	[poɛzí]
epos (het)	poemë (f)	[poémə]
dichter (de)	poet (m)	[poét]

fictie (de)	trillim (m)	[triłím]
sciencefiction (de)	fanta-shkencë (f)	[fánta-ʃkéntsə]
avonturenroman (de)	aventurë (f)	[avɛntúrə]
opvoedkundige literatuur (de)	letërsi edukative (f)	[lɛtərsí ɛdukatívɛ]
kinderliteratuur (de)	letërsi për fëmijë (f)	[lɛtərsí pər fəmíjə]

153. Circus

circus (de/het)	cirk (m)	[tsírk]
chapiteau circus (de/het)	cirk udhëtues (m)	[tsírk uðətúɛs]
programma (het)	program (m)	[prográm]
voorstelling (de)	shfaqje (f)	[ʃfácjɛ]
nummer (circus ~)	akt (m)	[ákt]

arena (de)	arenë cirku (f)	[arénə tsírku]
pantomime (de)	pantomimë (f)	[pantomímə]
clown (de)	kloun (m)	[kloún]

acrobaat (de)	akrobat (m)	[akrobát]
acrobatiek (de)	akrobaci (f)	[akrobatsí]
gymnast (de)	gjimnast (m)	[ɟimnást]
gymnastiek (de)	gjimnastikë (f)	[ɟimnastíkə]
salto (de)	salto (f)	[sálto]

sterke man (de)	atlet (m)	[atlét]
temmer (de)	zbutës (m)	[zbútəs]
ruiter (de)	kalorës (m)	[kalórəs]
assistent (de)	ndihmës (m)	[ndíhməs]

stunt (de)	akrobaci (f)	[akrobatsí]
goocheltruc (de)	truk magjik (m)	[truk maɟík]
goochelaar (de)	magjistar (m)	[maɟistár]

jongleur (de)	zhongler (m)	[ʒoŋlér]
jongleren (ww)	luaj	[lúaj]
dierentrainer (de)	zbutës kafshësh (m)	[zbútəs káfʃəʃ]
dressuur (de)	zbutje kafshësh (f)	[zbútjɛ káfʃəʃ]
dresseren (ww)	stërvit	[stərvít]

154. Muziek. Popmuziek

muziek (de)	muzikë (f)	[muzíkə]
muzikant (de)	muzikant (m)	[muzikánt]
muziekinstrument (het)	instrument muzikor (m)	[instrumént muzikór]
spelen (bijv. gitaar ~)	i bie ...	[i bíɛ ...]

gitaar (de)	kitarë (f)	[kitárə]
viool (de)	violinë (f)	[violínə]
cello (de)	violonçel (m)	[violontʃél]
contrabas (de)	kontrabas (m)	[kontrabás]
harp (de)	lira (f)	[líra]

piano (de)	piano (f)	[piáno]
vleugel (de)	pianoforte (f)	[pianofórtɛ]
orgel (het)	organo (f)	[orgáno]

blaasinstrumenten (mv.)	instrumente frymore (pl)	[instruméntɛ frymórɛ]
hobo (de)	oboe (f)	[obóɛ]
saxofoon (de)	saksofon (m)	[saksofón]
klarinet (de)	klarinetë (f)	[klarinétə]
fluit (de)	flaut (m)	[flaút]
trompet (de)	trombë (f)	[trómbə]

accordeon (de/het)	fizarmonikë (f)	[fizarmoníkə]
trommel (de)	daulle (f)	[daúłɛ]

duet (het)	duet (m)	[duét]
trio (het)	trio (f)	[trío]

kwartet (het)	kuartet (m)	[kuartét]
koor (het)	kor (m)	[kor]
orkest (het)	orkestër (f)	[orkéstər]

popmuziek (de)	muzikë pop (f)	[muzíkə pop]
rockmuziek (de)	muzikë rok (m)	[muzíkə rok]
rockgroep (de)	grup rok (m)	[grup rók]
jazz (de)	xhaz (m)	[dʒaz]

| idool (het) | idhull (m) | [íðuɫ] |
| bewonderaar (de) | admirues (m) | [admirúɛs] |

concert (het)	koncert (m)	[kontsért]
symfonie (de)	simfoni (f)	[simfoní]
compositie (de)	kompozicion (m)	[kompozitsión]
componeren (muziek ~)	kompozoj	[kompozój]

zang (de)	këndim (m)	[kəndím]
lied (het)	këngë (f)	[kéŋə]
melodie (de)	melodi (f)	[mɛlodí]
ritme (het)	ritëm (m)	[rítəm]
blues (de)	bluz (m)	[blúz]

bladmuziek (de)	partiturë (f)	[partitúrə]
dirigeerstok (baton)	shkopi i dirigjimit (m)	[ʃkopi i diriɟímit]
strijkstok (de)	hark (m)	[hárk]
snaar (de)	tel (m)	[tɛl]
koffer (de)	kuti (f)	[kutí]

Rusten. Entertainment. Reizen

155. Trip. Reizen

toerisme (het)	turizëm (m)	[turízəm]
toerist (de)	turist (m)	[turíst]
reis (de)	udhëtim (m)	[uðətím]
avontuur (het)	aventurë (f)	[avɛntúrə]
tocht (de)	udhëtim (m)	[uðətím]
vakantie (de)	pushim (m)	[puʃím]
met vakantie zijn	jam me pushime	[jam mɛ puʃímɛ]
rust (de)	pushim (m)	[puʃím]
trein (de)	tren (m)	[trɛn]
met de trein	me tren	[mɛ trén]
vliegtuig (het)	avion (m)	[avión]
met het vliegtuig	me avion	[mɛ avión]
met de auto	me makinë	[mɛ makínə]
per schip (bw)	me anije	[mɛ aníjɛ]
bagage (de)	bagazh (m)	[bagáʒ]
valies (de)	valixhe (f)	[valídʒɛ]
bagagekarretje (het)	karrocë bagazhesh (f)	[karótsə bagáʒɛʃ]
paspoort (het)	pasaportë (f)	[pasapórtə]
visum (het)	vizë (f)	[vízə]
kaartje (het)	biletë (f)	[bilétə]
vliegticket (het)	biletë avioni (f)	[bilétə avióni]
reisgids (de)	guidë turistike (f)	[guídə turistíkɛ]
kaart (de)	hartë (f)	[hártə]
gebied (landelijk ~)	zonë (f)	[zónə]
plaats (de)	vend (m)	[vɛnd]
exotische bestemming (de)	ekzotikë (f)	[ɛkzotíkə]
exotisch (bn)	ekzotik	[ɛkzotík]
verwonderlijk (bn)	mahnitëse	[mahnítəsɛ]
groep (de)	grup (m)	[grup]
rondleiding (de)	ekskursion (m)	[ɛkskursión]
gids (de)	udhërrëfyes (m)	[uðərəfýɛs]

156. Hotel

motel (het)	motel (m)	[motél]
3-sterren	me tre yje	[mɛ trɛ ýjɛ]
5-sterren	me pesë yje	[mɛ pésə ýjɛ]

overnachten (ww)	qëndroj	[cəndrój]
kamer (de)	dhomë (f)	[ðómə]
eenpersoonskamer (de)	dhomë teke (f)	[ðómə tékɛ]
tweepersoonskamer (de)	dhomë dyshe (f)	[ðómə dýʃɛ]
een kamer reserveren	rezervoj një dhomë	[rɛzɛrvój ɲə ðómə]

halfpension (het)	gjysmë-pension (m)	[ɟýsmə-pɛnsión]
volpension (het)	pension i plotë (m)	[pɛnsión i plótə]

met badkamer	me banjo	[mɛ báɲo]
met douche	me dush	[mɛ dúʃ]
satelliet-tv (de)	televizor satelitor (m)	[tɛlɛvizór satɛlitór]
airconditioner (de)	kondicioner (m)	[konditsionér]
handdoek (de)	peshqir (m)	[pɛʃcír]
sleutel (de)	çelës (m)	[tʃéləs]

administrateur (de)	administrator (m)	[administratór]
kamermeisje (het)	pastruese (f)	[pastrúɛsɛ]
piccolo (de)	portier (m)	[portiér]
portier (de)	portier (m)	[portiér]

restaurant (het)	restorant (m)	[rɛstoránt]
bar (de)	pab (m), pijetore (f)	[pab], [pijɛtórɛ]
ontbijt (het)	mëngjes (m)	[mənɟés]
avondeten (het)	darkë (f)	[dárkə]
buffet (het)	bufe (f)	[bufé]

hal (de)	holl (m)	[hoɫ]
lift (de)	ashensor (m)	[aʃɛnsór]

NIET STOREN	MOS SHQETËSONI	[mos ʃcɛtəsóni]
VERBODEN TE ROKEN!	NDALOHET DUHANI	[ndalóhɛt duháni]

157. Boeken. Lezen

boek (het)	libër (m)	[líbər]
auteur (de)	autor (m)	[autór]
schrijver (de)	shkrimtar (m)	[ʃkrimtár]
schrijven (een boek)	shkruaj	[ʃkrúaj]

lezer (de)	lexues (m)	[lɛdzúɛs]
lezen (ww)	lexoj	[lɛdzój]
lezen (het)	lexim (m)	[lɛdzím]

stil (~ lezen)	pa zë	[pa zə]
hardop (~ lezen)	me zë	[mɛ zə]

uitgeven (boek ~)	botoj	[botój]
uitgeven (het)	botim (m)	[botím]
uitgever (de)	botues (m)	[botúɛs]
uitgeverij (de)	shtëpi botuese (f)	[ʃtəpí botúɛsɛ]

verschijnen (bijv. boek)	botohet	[botóhɛt]
verschijnen (het)	botim (m)	[botím]

oplage (de)	edicion (m)	[ɛditsión]
boekhandel (de)	librari (f)	[librarí]
bibliotheek (de)	bibliotekë (f)	[bibliotékə]

novelle (de)	novelë (f)	[novélə]
verhaal (het)	tregim i shkurtër (m)	[trɛgím i ʃkúrtər]
roman (de)	roman (m)	[román]
detectiveroman (de)	roman policesk (m)	[román politsésk]

memoires (mv.)	kujtime (pl)	[kujtímɛ]
legende (de)	legjendë (f)	[lɛɟéndə]
mythe (de)	mit (m)	[mit]

gedichten (mv.)	poezi (f)	[poɛzí]
autobiografie (de)	autobiografi (f)	[autobiografí]
bloemlezing (de)	vepra të zgjedhura (f)	[vépra tə zɟéðura]
sciencefiction (de)	fanta-shkencë (f)	[fánta-ʃkéntsə]
naam (de)	titull (m)	[títuɫ]
inleiding (de)	hyrje (f)	[hýrjɛ]
voorblad (het)	faqe e titullit (f)	[fácɛ ɛ títuɫit]

hoofdstuk (het)	kreu (m)	[kréu]
fragment (het)	ekstrakt (m)	[ɛkstrákt]
episode (de)	episod (m)	[ɛpisód]

intrige (de)	fabul (f)	[fábul]
inhoud (de)	përmbajtje (f)	[pərmbájtjɛ]
inhoudsopgave (de)	tabela e përmbajtjes (f)	[tabéla ɛ pərmbájtjɛs]
hoofdpersonage (het)	personazhi kryesor (m)	[pɛrsonáʒi kryɛsór]

boekdeel (het)	vëllim (m)	[vəɫím]
omslag (de/het)	kopertinë (f)	[kopɛrtínə]
boekband (de)	libërlidhje (f)	[libərlíðjɛ]
bladwijzer (de)	shënjim (m)	[ʃəním]

pagina (de)	faqe (f)	[fácɛ]
bladeren (ww)	kaloj faqet	[kalój fácɛt]
marges (mv.)	margjinat (pl)	[marɟínat]
annotatie (de)	shënim (m)	[ʃəním]
opmerking (de)	fusnotë (f)	[fusnótə]

tekst (de)	tekst (m)	[tɛkst]
lettertype (het)	lloji i shkrimit (m)	[ɫóji i ʃkrímit]
drukfout (de)	gabim ortografik (m)	[gabím ortografík]

vertaling (de)	përkthim (m)	[pərkθím]
vertalen (ww)	përkthej	[pərkθéj]
origineel (het)	origjinal (m)	[oriɟinál]

beroemd (bn)	i famshëm	[i fámʃəm]
onbekend (bn)	i panjohur	[i paɲóhur]
interessant (bn)	interesant	[intɛrɛsánt]
bestseller (de)	libër më i shitur (m)	[líbər mə i ʃítur]
woordenboek (het)	fjalor (m)	[fjalór]
leerboek (het)	tekst mësimor (m)	[tɛkst məsimór]
encyclopedie (de)	enciklopedi (f)	[ɛntsiklopɛdí]

158. Jacht. Vissen

jacht (de)	gjueti (f)	[ɟuɛtí]
jagen (ww)	dal për gjah	[dál pər ɟáh]
jager (de)	gjahtar (m)	[ɟahtár]

schieten (ww)	qëlloj	[cəłój]
geweer (het)	pushkë (f)	[púʃkə]
patroon (de)	fishek (m)	[fiʃék]
hagel (de)	plumb (m)	[plúmb]

val (de)	grackë (f)	[grátskə]
valstrik (de)	kurth (m)	[kurθ]
in de val trappen	bie në grackë	[bíɛ nə grátskə]
een val zetten	ngre grackë	[ŋré grátskə]

stroper (de)	gjahtar i jashtëligjshëm (m)	[ɟahtár i jaʃtəlíɟʃəm]
wild (het)	gjah (m)	[ɟáh]
jachthond (de)	zagar (m)	[zagár]
safari (de)	safari (m)	[safári]
opgezet dier (het)	kafshë e balsamosur (f)	[káfʃə ɛ balsamósur]

visser (de)	peshkatar (m)	[pɛʃkatár]
visvangst (de)	peshkim (m)	[pɛʃkím]
vissen (ww)	peshkoj	[pɛʃkój]

hengel (de)	kallam peshkimi (m)	[kałám pɛʃkími]
vislijn (de)	tojë peshkimi (f)	[tójə pɛʃkími]
haak (de)	grep (m)	[grép]
dobber (de)	tapë (f)	[tápə]
aas (het)	karrem (m)	[karém]

de hengel uitwerpen	hedh grepin	[hɛð grépin]
bijten (ov. de vissen)	bie në grep	[bíɛ nə grép]
vangst (de)	kapje peshku (f)	[kápjɛ péʃku]
wak (het)	vrimë në akull (f)	[vrímə nə ákuł]

net (het)	rrjetë peshkimi (f)	[rjétə pɛʃkími]
boot (de)	varkë (f)	[várkə]
vissen met netten	peshkoj me rrjeta	[pɛʃkój mɛ rjéta]
het net uitwerpen	hedh rrjetat	[hɛð rjétat]
het net binnenhalen	tërheq rrjetat	[tərhéc rjétat]
in het net vallen	bie në rrjetë	[bíɛ nə rjétə]

walvisvangst (de)	gjuetar balenash (m)	[ɟuɛtár balénaʃ]
walvisvaarder (de)	balenagjuajtëse (f)	[balɛnaɟúajtəsɛ]
harpoen (de)	fuzhnjë (f)	[fúʒɲə]

159. Spellen. Biljart

biljart (het)	bilardo (f)	[bilárdo]
biljartzaal (de)	sallë bilardosh (f)	[sáłə bilárdoʃ]
biljartbal (de)	bile (f)	[bílɛ]

een bal in het gat jagen	fus në vrimë	[fús nə vrímə]
keu (de)	stekë (f)	[stékə]
gat (het)	xhep (m), vrimë (f)	[dʒɛp], [vrímə]

160. Spellen. Speelkaarten

ruiten (mv.)	karo (f)	[káro]
schoppen (mv.)	maç (m)	[matʃ]
klaveren (mv.)	kupë (f)	[kúpə]
harten (mv.)	spathi (m)	[spáθi]

aas (de)	as (m)	[ás]
koning (de)	mbret (m)	[mbrét]
dame (de)	mbretëreshë (f)	[mbrɛtəréʃə]
boer (de)	fant (m)	[fant]

speelkaart (de)	letër (f)	[létər]
kaarten (mv.)	letrat (pl)	[létrat]
troef (de)	letër e fortë (f)	[létər ɛ fórtə]
pak (het) kaarten	set letrash (m)	[sɛt létraʃ]

punt (bijv. vijftig ~en)	pikë (f)	[píkə]
uitdelen (kaarten ~)	ndaj	[ndáj]
schudden (de kaarten ~)	përziej	[pərzíɛj]
beurt (de)	radha (f)	[ráða]
valsspeler (de)	mashtrues (m)	[maʃtrúɛs]

161. Casino. Roulette

casino (het)	kazino (f)	[kazíno]
roulette (de)	ruletë (f)	[rulétə]
inzet (de)	bast (m)	[bast]
een bod doen	vë bast	[və bast]

rood (de)	e kuqe (f)	[ɛ kúcɛ]
zwart (de)	e zezë (f)	[ɛ zézə]
inzetten op rood	vë bast në të kuqe	[və bast nə tə kúcɛ]
inzetten op zwart	vë bast në të zezë	[və bast nə tə zézə]

croupier (de)	krupier (m)	[krupiér]
de cilinder draaien	rrotulloj ruletën	[rotuɫój rulétən]
spelregels (mv.)	rregullat (pl)	[réguɫat]
fiche (pokerfiche, etc.)	fishe (f)	[fíʃɛ]

| winnen (ww) | fitoj | [fitój] |
| winst (de) | fitim (m) | [fitím] |

| verliezen (ww) | humb | [húmb] |
| verlies (het) | humbje (f) | [húmbjɛ] |

| speler (de) | lojtar (m) | [lojtár] |
| blackjack (kaartspel) | blackjack (m) | [blatskjátsk] |

dobbelspel (het)	lojë me zare (f)	[lójə mɛ zárɛ]
dobbelstenen (mv.)	zare (f)	[zárɛ]
speelautomaat (de)	makinë e lojërave të fatit (f)	[makínə ɛ lojərávɛ tə fátit]

162. Rusten. Spellen. Diversen

wandelen (on.ww.)	shëtitem	[ʃətítɛm]
wandeling (de)	shëtitje (f)	[ʃətítjɛ]
trip (per auto)	xhiro me makinë (f)	[dʒíro mɛ makínə]
avontuur (het)	aventurë (f)	[avɛntúrə]
picknick (de)	piknik (m)	[pikník]

spel (het)	lojë (f)	[lójə]
speler (de)	lojtar (m)	[lojtár]
partij (de)	një lojë (f)	[ɲə lójə]

collectioneur (de)	koleksionist (m)	[kolɛksioníst]
collectioneren (ww)	koleksionoj	[kolɛksionój]
collectie (de)	koleksion (m)	[kolɛksión]

kruiswoordraadsel (het)	fjalëkryq (m)	[fjaləkrýc]
hippodroom (de)	hipodrom (m)	[hipodróm]
discotheek (de)	disko (f)	[dísko]

| sauna (de) | sauna (f) | [saúna] |
| loterij (de) | lotari (f) | [lotarí] |

trektocht (kampeertocht)	kamping (m)	[kampíŋ]
kamp (het)	kamp (m)	[kamp]
tent (de)	çadër kampingu (f)	[tʃádər kampíŋu]
kompas (het)	kompas (m)	[kompás]
rugzaktoerist (de)	kampinist (m)	[kampiníst]

bekijken (een film ~)	shikoj	[ʃikój]
kijker (televisie~)	teleshikues (m)	[tɛlɛʃikúɛs]
televisie-uitzending (de)	program televiziv (m)	[prográm tɛlɛvizív]

163. Fotografie

| fotocamera (de) | aparat fotografik (m) | [aparát fotografík] |
| foto (de) | foto (f) | [fóto] |

fotograaf (de)	fotograf (m)	[fotográf]
fotostudio (de)	studio fotografike (f)	[stúdio fotografíkɛ]
fotoalbum (het)	album fotografik (m)	[albúm fotografík]

lens (de), objectief (het)	objektiv (m)	[objɛktív]
telelens (de)	teleobjektiv (m)	[tɛlɛobjɛktív]
filter (de/het)	filtër (m)	[fíltər]
lens (de)	lente (f)	[léntɛ]
optiek (de)	optikë (f)	[optíkə]
diafragma (het)	diafragma (f)	[diafrágma]

belichtingstijd (de)	koha e ekspozimit (f)	[kóha ɛ ɛkspozímit]
zoeker (de)	tregues i kuadrit (m)	[trɛgúɛs i kuádrit]

digitale camera (de)	kamerë digjitale (f)	[kamérə diɟitálɛ]
statief (het)	tripod (m)	[tripód]
flits (de)	blic (m)	[blits]

fotograferen (ww)	fotografoj	[fotografój]
foto's maken	bëj foto	[bəj fóto]
zich laten fotograferen	bëj fotografi	[bəj fotografí]

focus (de)	fokus (m)	[fokús]
scherpstellen (ww)	fokusoj	[fokusój]
scherp (bn)	i qartë	[i cártə]
scherpte (de)	qartësi (f)	[cartəsí]

contrast (het)	kontrast (m)	[kontrást]
contrastrijk (bn)	me kontrast	[mɛ kontrást]

kiekje (het)	foto (f)	[fóto]
negatief (het)	negativ (m)	[nɛgatív]
filmpje (het)	film negativash (m)	[fílm nɛgatívaʃ]
beeld (frame)	imazh (m)	[imáʒ]
afdrukken (foto's ~)	printoj	[printój]

164. Strand. Zwemmen

strand (het)	plazh (m)	[plaʒ]
zand (het)	rërë (f)	[rérə]
leeg (~ strand)	plazh i shkretë	[plaʒ i ʃkrétə]

bruine kleur (de)	nxirje nga dielli (f)	[ndzírjɛ ŋa díɛɫi]
zonnebaden (ww)	nxihem	[ndzíhɛm]
gebruind (bn)	i nxirë	[i ndzírə]
zonnecrème (de)	krem dielli (f)	[krɛm díɛɫi]

bikini (de)	bikini (m)	[bikíni]
badpak (het)	rrobë banje (f)	[róbə báɲɛ]
zwembroek (de)	mbathje banjo (f)	[mbáθjɛ báɲo]

zwembad (het)	pishinë (f)	[piʃínə]
zwemmen (ww)	notoj	[notój]
douche (de)	dush (m)	[duʃ]
zich omkleden (ww)	ndërroj	[ndərój]
handdoek (de)	peshqir (m)	[pɛʃcír]

boot (de)	varkë (f)	[várkə]
motorboot (de)	skaf (m)	[skaf]

waterski's (mv.)	ski ujor (m)	[ski ujór]
waterfiets (de)	varkë me pedale (f)	[várkə mɛ pɛdálɛ]
surfen (het)	surf (m)	[surf]
surfer (de)	surfist (m)	[surfíst]
scuba, aqualong (de)	komplet për skuba (f)	[komplét pər skúba]

zwemvliezen (mv.)	këmbale noti (pl)	[kəmbálɛ nóti]
duikmasker (het)	maskë (f)	[máskə]
duiker (de)	zhytës (m)	[ʒýtəs]
duiken (ww)	zhytem	[ʒýtɛm]
onder water (bw)	nën ujë	[nən újə]

parasol (de)	çadër plazhi (f)	[tʃádər pláʒi]
ligstoel (de)	shezlong (m)	[ʃɛzlóŋ]
zonnebril (de)	syze dielli (f)	[sýzɛ diéłi]
luchtmatras (de/het)	dyshek me ajër (m)	[dyʃék mɛ ájər]

| spelen (ww) | loz | [loz] |
| gaan zwemmen (ww) | notoj | [notój] |

bal (de)	top plazhi (m)	[top pláʒi]
opblazen (oppompen)	fryj	[fryj]
lucht-, opblaasbare (bn)	që fryhet	[cə frýhɛt]

golf (hoge ~)	dallgë (f)	[dáłgə]
boei (de)	tapë (f)	[tápə]
verdrinken (ww)	mbytem	[mbýtɛm]

redden (ww)	shpëtoj	[ʃpətój]
reddingsvest (de)	jelek shpëtimi (m)	[jɛlék ʃpətími]
waarnemen (ww)	vëzhgoj	[vəʒgój]
redder (de)	rojë bregdetare (m)	[rójə brɛgdɛtárɛ]

TECHNISCHE APPARATUUR. VERVOER

Technische apparatuur

165. Computer

computer (de)	**kompjuter** (m)	[kompjutér]
laptop (de)	**laptop** (m)	[laptóp]
aanzetten (ww)	**ndez**	[ndɛz]
uitzetten (ww)	**fik**	[fik]
toetsenbord (het)	**tastiera** (f)	[tastiéra]
toets (enter~)	**çelës** (m)	[tʃéləs]
muis (de)	**maus** (m)	[máus]
muismat (de)	**shtroje e mausit** (f)	[ʃtrójɛ ɛ máusit]
knopje (het)	**buton** (m)	[butón]
cursor (de)	**kursor** (m)	[kursór]
monitor (de)	**monitor** (m)	[monitór]
scherm (het)	**ekran** (m)	[ɛkrán]
harde schijf (de)	**hard disk** (m)	[hárd dísk]
volume (het) van de harde schijf	**kapaciteti i hard diskut** (m)	[kapatsitéti i hárd dískut]
geheugen (het)	**memorie** (f)	[mɛmóriɛ]
RAM-geheugen (het)	**memorie operative** (f)	[mɛmóriɛ opɛratívɛ]
bestand (het)	**skedë** (f)	[skédə]
folder (de)	**dosje** (f)	[dósjɛ]
openen (ww)	**hap**	[hap]
sluiten (ww)	**mbyll**	[mbyɫ]
opslaan (ww)	**ruaj**	[rúaj]
verwijderen (wissen)	**fshij**	[fʃij]
kopiëren (ww)	**kopjoj**	[kopjój]
sorteren (ww)	**sistemoj**	[sistɛmój]
overplaatsen (ww)	**transferoj**	[transfɛrój]
programma (het)	**program** (m)	[prográm]
software (de)	**softuer** (f)	[softuér]
programmeur (de)	**programues** (m)	[programúɛs]
programmeren (ww)	**programoj**	[programój]
hacker (computerkraker)	**haker** (m)	[hakér]
wachtwoord (het)	**fjalëkalim** (m)	[fjaləkalím]
virus (het)	**virus** (m)	[virús]
ontdekken (virus ~)	**zbuloj**	[zbulój]

byte (de)	bajt (m)	[bájt]
megabyte (de)	megabajt (m)	[mɛgabájt]

data (de)	të dhënat (pl)	[tə ðɛ́nat]
databank (de)	databazë (f)	[databázə]

kabel (USB-~, enz.)	kabllo (f)	[kábɫo]
afsluiten (ww)	shkëpus	[ʃkəpús]
aansluiten op (ww)	lidh	[lið]

166. Internet. E-mail

internet (het)	internet (m)	[intɛrnét]
browser (de)	shfletues (m)	[ʃflɛtúɛs]
zoekmachine (de)	makineri kërkimi (f)	[makinɛrí kərkími]
internetprovider (de)	ofrues (m)	[ofrúɛs]

webmaster (de)	uebmaster (m)	[uɛbmástɛr]
website (de)	ueb-faqe (f)	[uéb-fácɛ]
webpagina (de)	ueb-faqe (f)	[uéb-fácɛ]

adres (het)	adresë (f)	[adrésə]
adresboek (het)	libërth adresash (m)	[líbərθ adrésaʃ]

postvak (het)	kuti postare (f)	[kutí postárɛ]
post (de)	postë (f)	[póstə]
vol (~ postvak)	i mbushur	[i mbúʃur]

bericht (het)	mesazh (m)	[mɛsáʒ]
binnenkomende berichten (mv.)	mesazhe të ardhura (pl)	[mɛsáʒɛ tə árðura]
uitgaande berichten (mv.)	mesazhe të dërguara (pl)	[mɛsáʒɛ tə dərgúara]

verzender (de)	dërguesi (m)	[dərgúɛsi]
verzenden (ww)	dërgoj	[dərgój]
verzending (de)	dërgesë (f)	[dərgésə]

ontvanger (de)	pranues (m)	[pranúɛs]
ontvangen (ww)	pranoj	[pranój]

correspondentie (de)	korrespondencë (f)	[korɛspondéntsə]
corresponderen (met ...)	komunikim	[komunikím]

bestand (het)	skedë (f)	[skédə]
downloaden (ww)	shkarkoj	[ʃkarkój]
creëren (ww)	krijoj	[krijój]
verwijderen (een bestand ~)	fshij	[fʃij]
verwijderd (bn)	e fshirë	[ɛ fʃírə]

verbinding (de)	lidhje (f)	[líðjɛ]
snelheid (de)	shpejtësi (f)	[ʃpɛjtəsí]
modem (de)	modem (m)	[modém]
toegang (de)	hyrje (f)	[hýɾjɛ]
poort (de)	port (m)	[port]

aansluiting (de)	lidhje (f)	[líðjɛ]
zich aansluiten (ww)	lidhem me ...	[líðɛm mɛ ...]

selecteren (ww)	përzgjedh	[pərzɟéð]
zoeken (ww)	kërkoj ...	[kərkój ...]

167. Elektriciteit

elektriciteit (de)	elektricitet (m)	[ɛlɛktritsitét]
elektrisch (bn)	elektrik	[ɛlɛktrík]
elektriciteitscentrale (de)	hidrocentral (m)	[hidrotsɛntrál]
energie (de)	energji (f)	[ɛnɛɟí]
elektrisch vermogen (het)	energji elektrike (f)	[ɛnɛɟí ɛlɛktríkɛ]

lamp (de)	poç (m)	[potʃ]
zaklamp (de)	llambë dore (f)	[ɬámbə dórɛ]
straatlantaarn (de)	llambë rruge (f)	[ɬámbə rúgɛ]

licht (elektriciteit)	dritë (f)	[drítə]
aandoen (ww)	ndez	[ndɛz]
uitdoen (ww)	fik	[fik]
het licht uitdoen	fik dritën	[fik drítən]
doorbranden (gloeilamp)	digjet	[díɟɛt]
kortsluiting (de)	qark i shkurtër (m)	[cark i ʃkúrtər]
onderbreking (de)	tel i prishur (m)	[tɛl i príʃur]
contact (het)	kontakt (m)	[kontákt]

schakelaar (de)	çelës drite (m)	[tʃéləs drítɛ]
stopcontact (het)	prizë (f)	[prízə]
stekker (de)	spinë (f)	[spínə]
verlengsnoer (de)	zgjatues (m)	[zɟatúɛs]
zekering (de)	siguresë (f)	[sigurésə]
kabel (de)	kabllo (f)	[kábɬo]
bedrading (de)	rrjet elektrik (m)	[rrjét ɛlɛktrík]

ampère (de)	amper (m)	[ampér]
stroomsterkte (de)	amperazh (f)	[ampɛráʒ]
volt (de)	volt (m)	[volt]
spanning (de)	voltazh (m)	[voltáʒ]

elektrisch toestel (het)	aparat elektrik (m)	[aparát ɛlɛktrík]
indicator (de)	indikator (m)	[indikatór]

elektricien (de)	elektricist (m)	[ɛlɛktritsíst]
solderen (ww)	saldoj	[saldój]
soldeerbout (de)	pajisje saldimi (f)	[pajísjɛ saldími]
stroom (de)	korrent elektrik (m)	[korént ɛlɛktrík]

168. Gereedschappen

werktuig (stuk gereedschap)	vegël (f)	[végəl]
gereedschap (het)	vegla (pl)	[végla]

uitrusting (de)	pajisje (f)	[pajísjɛ]
hamer (de)	çekiç (m)	[tʃɛkítʃ]
schroevendraaier (de)	kaçavidë (f)	[katʃavídə]
bijl (de)	sëpatë (f)	[səpátə]

zaag (de)	sharrë (f)	[ʃárə]
zagen (ww)	sharroj	[ʃarój]
schaaf (de)	zdrukthues (m)	[zdrukθúɛs]
schaven (ww)	zdrukthoj	[zdrukθój]
soldeerbout (de)	pajisje saldimi (f)	[pajísjɛ saldími]
solderen (ww)	saldoj	[saldój]

vijl (de)	limë (f)	[límə]
nijptang (de)	darë (f)	[dárə]
combinatietang (de)	pinca (f)	[píntsa]
beitel (de)	daltë (f)	[dáltə]

boorkop (de)	turjelë (f)	[turjélə]
boormachine (de)	shpuese elektrike (f)	[ʃpúɛsɛ ɛlɛktríkɛ]
boren (ww)	shpoj	[ʃpoj]

mes (het)	thikë (f)	[θíkə]
zakmes (het)	thikë xhepi (f)	[θíkə dʒépi]
lemmet (het)	teh (m)	[tɛh]

scherp (bijv. ~ mes)	i mprehtë	[i mpréhtə]
bot (bn)	i topitur	[i topítur]
bot raken (ww)	bëhet e topitur	[béhɛt ɛ topítur]
slijpen (een mes ~)	mpreh	[mpréh]

bout (de)	vidë (f)	[vídə]
moer (de)	dado (f)	[dádo]
schroefdraad (de)	filetë e vidhës (f)	[filétə ɛ víðəs]
houtschroef (de)	vidhë druri (f)	[víðə drúri]

spijker (de)	gozhdë (f)	[góʒdə]
kop (de)	kokë gozhde (f)	[kókə góʒdɛ]

liniaal (de/het)	vizore (f)	[vizórɛ]
rolmeter (de)	metër (m)	[métər]
waterpas (de/het)	nivelizues (m)	[nivɛlizúɛs]
loep (de)	lente zmadhuese (f)	[léntɛ zmaðúɛsɛ]

meetinstrument (het)	mjet matës (m)	[mjét mátəs]
opmeten (ww)	mas	[mas]
schaal (meetschaal)	gradë (f)	[grádə]
gegevens (mv.)	matjet (pl)	[mátjɛt]

compressor (de)	kompresor (m)	[komprɛsór]
microscoop (de)	mikroskop (m)	[mikroskóp]

pomp (de)	pompë (f)	[pómpə]
robot (de)	robot (m)	[robót]
laser (de)	laser (m)	[lasér]
moersleutel (de)	çelës (m)	[tʃéləs]
plakband (de)	shirit ngjitës (m)	[ʃirít ɲʃítəs]

lijm (de)	ngjitës (m)	[njítəs]
schuurpapier (het)	letër smeril (f)	[létər smɛríl]
veer (de)	sustë (f)	[sústə]
magneet (de)	magnet (m)	[magnét]
handschoenen (mv.)	dorëza (pl)	[dórəza]

touw (bijv. henneptouw)	litar (m)	[litár]
snoer (het)	kordon (m)	[kordón]
draad (de)	tel (m)	[tɛl]
kabel (de)	kabllo (f)	[kábɫo]

moker (de)	çekan i rëndë (m)	[tʃɛkán i rəndə]
breekijzer (het)	levë (f)	[lévə]
ladder (de)	shkallë (f)	[ʃkáɫə]
trapje (inklapbaar ~)	shkallëz (f)	[ʃkáɫəz]

aanschroeven (ww)	vidhos	[viðós]
losschroeven (ww)	zhvidhos	[ʒviðós]
dichtpersen (ww)	shtrëngoj	[ʃtrəŋój]
vastlijmen (ww)	ngjes	[njés]
snijden (ww)	pres	[prɛs]

defect (het)	avari (f)	[avarí]
reparatie (de)	riparim (m)	[riparím]
repareren (ww)	riparoj	[riparój]
regelen (een machine ~)	rregulloj	[rɛguɫój]

checken (ww)	kontrolloj	[kontroɫój]
controle (de)	kontroll (m)	[kontróɫ]
gegevens (mv.)	matjet (pl)	[mátjɛt]

| degelijk (bijv. ~ machine) | e sigurt | [ɛ sígurt] |
| ingewikkeld (bn) | komplekse | [kompléksɛ] |

roesten (ww)	ndryshket	[ndrýʃkɛt]
roestig (bn)	e ndryshkur	[ɛ ndrýʃkur]
roest (de/het)	ndryshk (m)	[ndrýʃk]

Vervoer

169. Vliegtuig

vliegtuig (het)	avion (m)	[avión]
vliegticket (het)	biletë avioni (f)	[bilétə avióni]
luchtvaartmaatschappij (de)	kompani ajrore (f)	[kompaní ajrórɛ]
luchthaven (de)	aeroport (m)	[aɛropórt]
supersonisch (bn)	supersonik	[supɛrsoník]
gezagvoerder (de)	kapiten (m)	[kapitén]
bemanning (de)	ekip (m)	[ɛkíp]
piloot (de)	pilot (m)	[pilót]
stewardess (de)	stjuardesë (f)	[stjuardésə]
stuurman (de)	navigues (m)	[navigúɛs]
vleugels (mv.)	krahë (pl)	[kráhə]
staart (de)	bisht (m)	[biʃt]
cabine (de)	kabinë (f)	[kabínə]
motor (de)	motor (m)	[motór]
landingsgestel (het)	karrel (m)	[karél]
turbine (de)	turbinë (f)	[turbínə]
propeller (de)	helikë (f)	[hɛlíkə]
zwarte doos (de)	kuti e zezë (f)	[kutí ɛ zézə]
stuur (het)	timon (m)	[timón]
brandstof (de)	karburant (m)	[karburánt]
veiligheidskaart (de)	udhëzime sigurie (pl)	[uðəzímɛ siguríɛ]
zuurstofmasker (het)	maskë oksigjeni (f)	[máskə oksiɟéni]
uniform (het)	uniformë (f)	[unifórmə]
reddingsvest (de)	jelek shpëtimi (m)	[jɛlék ʃpətími]
parachute (de)	parashutë (f)	[paraʃútə]
opstijgen (het)	ngritje (f)	[ŋrítjɛ]
opstijgen (ww)	fluturon	[fluturón]
startbaan (de)	pista e fluturimit (f)	[písta ɛ fluturímit]
zicht (het)	shikueshmëri (f)	[ʃikuɛʃmərí]
vlucht (de)	fluturim (m)	[fluturím]
hoogte (de)	lartësi (f)	[lartəsí]
luchtzak (de)	xhep ajri (m)	[dʒɛp ájri]
plaats (de)	karrige (f)	[karígɛ]
koptelefoon (de)	kufje (f)	[kúfjɛ]
tafeltje (het)	tabaka (f)	[tabaká]
venster (het)	dritare avioni (f)	[dritárɛ avióni]
gangpad (het)	korridor (m)	[koridór]

170. Trein

trein (de)	tren (m)	[trɛn]
elektrische trein (de)	tren elektrik (m)	[trɛn ɛlɛktrík]
sneltrein (de)	tren ekspres (m)	[trɛn ɛksprés]
diesellocomotief (de)	lokomotivë me naftë (f)	[lokomótivə mɛ náftə]
stoomlocomotief (de)	lokomotivë me avull (f)	[lokomótivə mɛ ávuɫ]

rijtuig (het)	vagon (m)	[vagón]
restauratierijtuig (het)	vagon restorant (m)	[vagón rɛstoránt]

rails (mv.)	shina (pl)	[ʃína]
spoorweg (de)	hekurudhë (f)	[hɛkurúðə]
dwarsligger (de)	traversë (f)	[travérsə]

perron (het)	platformë (f)	[platfórmə]
spoor (het)	binar (m)	[binár]
semafoor (de)	semafor (m)	[sɛmafór]
halte (bijv. kleine treinhalte)	stacion (m)	[statsión]

machinist (de)	makinist (m)	[makiníst]
kruier (de)	portier (m)	[portiér]
conducteur (de)	konduktor (m)	[konduktór]
passagier (de)	pasagjer (m)	[pasaɟér]
controleur (de)	konduktor (m)	[konduktór]

gang (in een trein)	korridor (m)	[koridór]
noodrem (de)	frena urgjence (f)	[fréna urɟéntsɛ]
coupé (de)	ndarje (f)	[ndárjɛ]
bed (slaapplaats)	kat (m)	[kat]
bovenste bed (het)	kati i sipërm (m)	[káti i sípərm]
onderste bed (het)	kati i poshtëm (m)	[káti i póʃtəm]
beddengoed (het)	shtroje shtrati (pl)	[ʃtrójɛ ʃtráti]

kaartje (het)	biletë (f)	[bilétə]
dienstregeling (de)	orar (m)	[orár]
informatiebord (het)	tabelë e informatave (f)	[tabélə ɛ informátavɛ]

vertrekken (De trein vertrekt ...)	niset	[nísɛt]
vertrek (ov. een trein)	nisje (f)	[nísjɛ]
aankomen (ov. de treinen)	arrij	[aríj]
aankomst (de)	arritje (f)	[arítjɛ]

aankomen per trein	arrij me tren	[aríj mɛ trɛn]
in de trein stappen	hip në tren	[hip nə trén]
uit de trein stappen	zbres nga treni	[zbrɛs ŋa tréni]

treinwrak (het)	aksident hekurudhor (m)	[aksidént hɛkuruðór]
ontspoord zijn	del nga shinat	[dɛl ŋa ʃínat]

stoomlocomotief (de)	lokomotivë me avull (f)	[lokomótivə mɛ ávuɫ]
stoker (de)	mbikëqyrës i zjarrit (m)	[mbikəcýrəs i zjárit]
stookplaats (de)	furrë (f)	[fúrə]
steenkool (de)	qymyr (m)	[cymýr]

171. Schip

schip (het)	anije (f)	[aníjɛ]
vaartuig (het)	mjet lundrues (m)	[mjét lundrúɛs]
stoomboot (de)	anije me avull (f)	[aníjɛ mɛ ávuł]
motorschip (het)	anije lumi (f)	[aníjɛ lúmi]
lijnschip (het)	krocierë (f)	[krotsiérə]
kruiser (de)	anije luftarake (f)	[aníjɛ luftarákɛ]
jacht (het)	jaht (m)	[jáht]
sleepboot (de)	anije rimorkiuese (f)	[aníjɛ rimorkiúɛsɛ]
duwbak (de)	anije transportuese (f)	[aníjɛ transportúɛsɛ]
ferryboot (de)	traget (m)	[tragét]
zeilboot (de)	anije me vela (f)	[aníjɛ mɛ véla]
brigantijn (de)	brigantinë (f)	[brigantínə]
ijsbreker (de)	akullthyese (f)	[akułθýɛsɛ]
duikboot (de)	nëndetëse (f)	[nəndétəsɛ]
boot (de)	barkë (f)	[bárkə]
sloep (de)	gomone (f)	[gomónɛ]
reddingssloep (de)	varkë shpëtimi (f)	[várkə ʃpətími]
motorboot (de)	skaf (m)	[skaf]
kapitein (de)	kapiten (m)	[kapitén]
zeeman (de)	marinar (m)	[marinár]
matroos (de)	marinar (m)	[marinár]
bemanning (de)	ekip (m)	[ɛkíp]
bootsman (de)	kryemarinar (m)	[kryɛmarinár]
scheepsjongen (de)	djali i anijes (m)	[djáli i aníjɛs]
kok (de)	kuzhinier (m)	[kuʒiniér]
scheepsarts (de)	doktori i anijes (m)	[doktóri i aníjɛs]
dek (het)	kuverta (f)	[kuvérta]
mast (de)	direk (m)	[dirék]
zeil (het)	vela (f)	[véla]
ruim (het)	bagazh (m)	[bagáʒ]
voorsteven (de)	harku sipëror (m)	[hárku sipərór]
achtersteven (de)	pjesa e pasme (f)	[pjésa ɛ pásmɛ]
roeispaan (de)	rrem (m)	[rɛm]
schroef (de)	helikë (f)	[hɛlíkə]
kajuit (de)	kabinë (f)	[kabínə]
officierskamer (de)	zyrë e oficerëve (m)	[zýrə ɛ ofitsérəvɛ]
machinekamer (de)	salla e motorit (m)	[sáła ɛ motórit]
brug (de)	urë komanduese (f)	[úrə komandúɛsɛ]
radiokamer (de)	kabina radiotelegrafike (f)	[kabína radiotɛlɛgrafíkɛ]
radiogolf (de)	valë (f)	[válə]
logboek (het)	libri i shënimeve (m)	[líbri i ʃənímɛvɛ]
verrekijker (de)	dylbi (f)	[dylbí]
klok (de)	këmbanë (f)	[kəmbánə]

vlag (de)	flamur (m)	[flamúr]
kabel (de)	pallamar (m)	[pałamár]
knoop (de)	nyjë (f)	[nýjə]

| leuning (de) | parmakë (pl) | [parmákə] |
| trap (de) | shkallë (f) | [ʃkáłə] |

anker (het)	spirancë (f)	[spirántsə]
het anker lichten	ngre spirancën	[ŋré spirántsən]
het anker neerlaten	hedh spirancën	[hɛð spirántsən]
ankerketting (de)	zinxhir i spirancës (m)	[zindʒír i spirántsəs]

haven (bijv. containerhaven)	port (m)	[port]
kaai (de)	skelë (f)	[skélə]
aanleggen (ww)	ankoroj	[ankorój]
wegvaren (ww)	niset	[nísɛt]

reis (de)	udhëtim (m)	[uðətím]
cruise (de)	udhëtim me krocierë (f)	[uðətím mɛ krotsiérə]
koers (de)	kursi i udhëtimit (m)	[kúrsi i uðətímit]
route (de)	itinerar (m)	[itinɛrár]

vaarwater (het)	ujëra të lundrueshme (f)	[újəra tə lundrúeʃmɛ]
zandbank (de)	cekëtinë (f)	[tsɛkətínə]
stranden (ww)	bllokohet në rërë	[błokóhɛt nə rərə]

storm (de)	stuhi (f)	[stuhí]
signaal (het)	sinjal (m)	[siɲál]
zinken (ov. een boot)	fundoset	[fundósɛt]
Man overboord!	Njeri në det!	[ɲɛrí nə dɛt!]
SOS (noodsignaal)	SOS (m)	[sos]
reddingsboei (de)	bovë shpëtuese (f)	[bóvə ʃpətúɛsɛ]

172. Vliegveld

luchthaven (de)	aeroport (m)	[aɛropórt]
vliegtuig (het)	avion (m)	[avión]
luchtvaartmaatschappij (de)	kompani ajrore (f)	[kompaní ajrórɛ]
luchtverkeersleider (de)	kontroll i trafikut ajror (m)	[kontrół i trafíkut ajrór]

vertrek (het)	nisje (f)	[nísjɛ]
aankomst (de)	arritje (f)	[arítjɛ]
aankomen (per vliegtuig)	arrij me avion	[aríj mɛ avión]

| vertrektijd (de) | nisja (f) | [nísja] |
| aankomstuur (het) | arritja (f) | [arítja] |

| vertraagd zijn (ww) | vonesë | [vonésə] |
| vluchtvertraging (de) | vonesë avioni (f) | [vonésə avióni] |

informatiebord (het)	ekrani i informacioneve (m)	[ɛkráni i informatsiónɛvɛ]
informatie (de)	informacion (m)	[informatsión]
aankondigen (ww)	njoftoj	[ɲoftój]
vlucht (bijv. KLM ~)	fluturim (m)	[fluturím]

| douane (de) | doganë (f) | [dogánə] |
| douanier (de) | doganier (m) | [doganiér] |

douaneaangifte (de)	deklarim doganor (m)	[dɛklarím doganór]
invullen (douaneaangifte ~)	plotësoj	[plotəsój]
een douaneaangifte invullen	plotësoj deklaratën	[plotəsój dɛklarátən]
paspoortcontrole (de)	kontroll pasaportash (m)	[kontróɫ pasapórtaʃ]

bagage (de)	bagazh (m)	[bagáʒ]
handbagage (de)	bagazh dore (m)	[bagáʒ dórɛ]
bagagekarretje (het)	karrocë bagazhesh (f)	[karótsə bagáʒɛʃ]

landing (de)	aterrim (m)	[atɛrím]
landingsbaan (de)	pistë aterrimi (f)	[pístə atɛrími]
landen (ww)	aterroj	[atɛrój]
vliegtuigtrap (de)	shkallë avioni (f)	[ʃkáɫə avióni]

inchecken (het)	regjistrim (m)	[rɛɟistrím]
incheckbalie (de)	sportel regjistrimi (m)	[sportél rɛɟistrími]
inchecken (ww)	regjistrohem	[rɛɟistróhɛm]
instapkaart (de)	biletë e hyrjes (f)	[bilétə ɛ hýrjɛs]
gate (de)	porta e nisjes (f)	[pórta ɛ nísjɛs]

transit (de)	transit (m)	[transít]
wachten (ww)	pres	[prɛs]
wachtzaal (de)	salla e nisjes (f)	[sáɫa ɛ nísjɛs]
begeleiden (uitwuiven)	përcjell	[pərtsjéɫ]
afscheid nemen (ww)	përshëndetem	[pərʃəndétɛm]

173. Fiets. Motorfiets

fiets (de)	biçikletë (f)	[bitʃiklétə]
bromfiets (de)	skuter (m)	[skutér]
motorfiets (de)	motoçikletë (f)	[mototʃiklétə]

met de fiets rijden	shkoj me biçikletë	[ʃkoj mɛ bitʃiklétə]
stuur (het)	timon (m)	[timón]
pedaal (de/het)	pedale (f)	[pɛdálɛ]
remmen (mv.)	frenat (pl)	[frénat]
fietszadel (de/het)	shalë (f)	[ʃálə]

pomp (de)	pompë (f)	[pómpə]
bagagedrager (de)	mbajtëse (f)	[mbájtəsɛ]
fietslicht (het)	drita e përparme (f)	[dríta ɛ pərpármɛ]
helm (de)	helmetë (f)	[hɛlmétə]

wiel (het)	rrotë (f)	[rótə]
spatbord (het)	parafango (f)	[parafáŋo]
velg (de)	rreth i jashtëm i rrotës (m)	[rɛθ i jáʃtəm i rótəs]
spaak (de)	telat e diskut (m)	[télat ɛ dískut]

Auto's

174. Soorten auto's

auto (de)	makinë (f)	[makínə]
sportauto (de)	makinë sportive (f)	[makínə sportívɛ]
limousine (de)	limuzinë (f)	[limuzínə]
terreinwagen (de)	fuoristradë (f)	[fuoristrádə]
cabriolet (de)	kabriolet (m)	[kabriolét]
minibus (de)	furgon (m)	[furgón]
ambulance (de)	ambulancë (f)	[ambulántsə]
sneeuwruimer (de)	borëpastruese (f)	[borəpastrúɛsɛ]
vrachtwagen (de)	kamion (m)	[kamión]
tankwagen (de)	autocisternë (f)	[autotsistérnə]
bestelwagen (de)	furgon mallrash (m)	[furgón máɬraʃ]
trekker (de)	kamionçinë (f)	[kamiontʃínə]
aanhangwagen (de)	rimorkio (f)	[rimórkio]
comfortabel (bn)	i rehatshëm	[i rɛhátʃəm]
tweedehands (bn)	i përdorur	[i pərdórur]

175. Auto's. Carrosserie

motorkap (de)	kofano (f)	[kófano]
spatbord (het)	parafango (f)	[parafáŋo]
dak (het)	çati (f)	[tʃatí]
voorruit (de)	xham i përparmë (m)	[dʒam i pərpármə]
achterruit (de)	pasqyrë për prapa (f)	[pascýrə pər prápa]
ruitensproeier (de)	larëse xhami (f)	[lárəsɛ dʒámi]
wisserbladen (mv.)	fshirëse xhami (f)	[fʃírəsɛ dʒámi]
zijruit (de)	xham anësor (m)	[dʒam anəsór]
raamlift (de)	levë xhami (f)	[lévə dʒámi]
antenne (de)	antenë (f)	[anténə]
zonnedak (het)	çati diellore (f)	[tʃatí diɛɬórɛ]
bumper (de)	parakolp (m)	[parakólp]
koffer (de)	bagazh (m)	[bagáʒ]
imperiaal (de/het)	bagazh mbi çati (m)	[bagáʒ mbi tʃatí]
portier (het)	derë (f)	[dérə]
handvat (het)	doreza e derës (m)	[doréza ɛ dérəs]
slot (het)	kyç (m)	[kytʃ]
nummerplaat (de)	targë makine (f)	[tárgə makínɛ]
knalpot (de)	silenciator (m)	[silɛntsiatór]

| benzinetank (de) | serbator (m) | [sɛrbatór] |
| uitlaatpijp (de) | tub shkarkimi (m) | [tub ʃkarkími] |

gas (het)	gaz (m)	[gaz]
pedaal (de/het)	këmbëz (f)	[kémbəz]
gaspedaal (de/het)	pedal i gazit (m)	[pɛdál i gázit]

rem (de)	freni (m)	[fréni]
rempedaal (de/het)	pedal i frenave (m)	[pɛdál i frénavɛ]
remmen (ww)	frenoj	[frɛnój]
handrem (de)	freni i dorës (m)	[fréni i dórəs]

koppeling (de)	friksion (m)	[friksión]
koppelingspedaal (de/het)	pedal i friksionit (m)	[pɛdál i friksiónit]
koppelingsschijf (de)	disk i friksionit (m)	[dísk i friksiónit]
schokdemper (de)	amortizator (m)	[amortizatór]

wiel (het)	rrotë (f)	[rótə]
reservewiel (het)	gomë rezervë (f)	[gómə rɛzérvə]
band (de)	gomë (f)	[gómə]
wieldop (de)	mbulesë gome (f)	[mbulésə gómɛ]

aandrijfwielen (mv.)	rrota makine (f)	[róta makínɛ]
met voorwielaandrijving	me rrotat e përparme	[mɛ rotat ɛ pərpármɛ]
met achterwielaandrijving	me rrotat e pasme	[mɛ rótat ɛ pásmɛ]
met vierwielaandrijving	me të gjitha rrotat	[mɛ tə ɟíθa rótat]

versnellingsbak (de)	kutia e marsheve (f)	[kutía ɛ márʃɛvɛ]
automatisch (bn)	automatik	[automatík]
mechanisch (bn)	mekanik	[mɛkaník]
versnellingspook (de)	levë e marshit (f)	[lévə ɛ márʃit]

| voorlicht (het) | dritë e përparme (f) | [drítə ɛ pərpármɛ] |
| voorlichten (mv.) | dritat e përparme (pl) | [drítat ɛ pərpármɛ] |

dimlicht (het)	dritat e shkurtra (pl)	[drítat ɛ ʃkúrtra]
grootlicht (het)	dritat e gjata (pl)	[drítat ɛ ɟáta]
stoplicht (het)	dritat e frenave (pl)	[drítat ɛ frénavɛ]

standlichten (mv.)	dritat për parkim (pl)	[drítat pər parkím]
noodverlichting (de)	sinjal për urgjencë (m)	[siɲál pər urɟéntsə]
mistlichten (mv.)	drita mjegulle (pl)	[dríta mjégułɛ]
pinker (de)	sinjali i kthesës (m)	[siɲáli i kθésəs]
achteruitrijdlicht (het)	dritat e prapme (pl)	[drítat ɛ prápmɛ]

176. Auto's. Passagiersruimte

interieur (het)	interier (m)	[intɛriér]
leren (van leer gemaak)	prej lëkure	[prɛj ləkúrɛ]
fluwelen (abn)	kadife	[kadífɛ]
bekleding (de)	veshje (f)	[véʃjɛ]

| toestel (het) | instrument (m) | [instrumént] |
| instrumentenbord (het) | panel instrumentesh (m) | [panél instruméntɛʃ] |

| snelheidsmeter (de) | matës i shpejtësisë (m) | [mátəs i ʃpɛjtəsísə] |
| pijltje (het) | shigjetë (f) | [ʃɟétə] |

kilometerteller (de)	kilometrazh (m)	[kilomɛtráʒ]
sensor (de)	indikator (m)	[indikatór]
niveau (het)	nivel (m)	[nivél]
controlelampje (het)	dritë paralajmëruese (f)	[drítə paralajmərúɛsɛ]

stuur (het)	timon (m)	[timón]
toeter (de)	bori (f)	[borí]
knopje (het)	buton (m)	[butón]
schakelaar (de)	çelës drite (m)	[tʃéləs drítɛ]

stoel (bestuurders~)	karrige (f)	[karígɛ]
rugleuning (de)	shpinore (f)	[ʃpinórɛ]
hoofdsteun (de)	mbështetësja e kokës (m)	[mbəʃtétəsja ɛ kókəs]
veiligheidsgordel (de)	rrip i sigurimit (m)	[rip i sigurímit]
de gordel aandoen	lidh rripin e sigurimit	[lið rípin ɛ sigurímit]
regeling (de)	rregulloj (m)	[rɛguɫój]

| airbag (de) | jastëk ajri (m) | [jastək ájri] |
| airconditioner (de) | kondicioner (m) | [konditsionér] |

radio (de)	radio (f)	[rádio]
CD-speler (de)	disk CD (m)	[dísk tsɛdé]
aanzetten (bijv. radio ~)	ndez	[ndɛz]
antenne (de)	antenë (f)	[anténə]
handschoenenkastje (het)	kroskot (m)	[kroskót]
asbak (de)	taketuke (f)	[takɛtúkɛ]

177. Auto's. Motor

motor (de)	motor (m)	[motór]
diesel- (abn)	me naftë	[mɛ náftə]
benzine- (~motor)	me benzinë	[mɛ bɛnzínə]

motorinhoud (de)	vëllim i motorit (m)	[vəɫím i motórit]
vermogen (het)	fuqi (f)	[fucí]
paardenkracht (de)	kuaj-fuqi (f)	[kúaj-fucí]
zuiger (de)	piston (m)	[pistón]
cilinder (de)	cilindër (m)	[tsilíndər]
klep (de)	valvulë (f)	[valvúlə]

injectie (de)	injektor (m)	[iɲɛktór]
generator (de)	gjenerator (m)	[ɟɛnɛratór]
carburator (de)	karburator (m)	[karburatór]
motorolie (de)	vaj i motorit (m)	[vaj i motórit]

radiator (de)	radiator (m)	[radiatór]
koelvloeistof (de)	antifriz (m)	[antifríz]
ventilator (de)	ventilator (m)	[vɛntilatór]

| accu (de) | bateri (f) | [batɛrí] |
| starter (de) | motorino (f) | [motoríno] |

| contact (ontsteking) | kuadër ndezës (m) | [kuádər ndézəs] |
| bougie (de) | kandelë (f) | [kandélə] |

pool (de)	morseta e baterisë (f)	[morséta ɛ batɛrísə]
positieve pool (de)	kahu pozitiv (m)	[káhu pózitiv]
negatieve pool (de)	kahu negativ (m)	[káhu négativ]
zekering (de)	siguresë (f)	[sigurésə]

luchtfilter (de)	filtri i ajrit (m)	[fíltri i ájrit]
oliefilter (de)	filtri i vajit (m)	[fíltri i vájit]
benzinefilter (de)	filtri i karburantit (m)	[fíltri i karburántit]

178. Auto's. Botsing. Reparatie

auto-ongeval (het)	aksident (m)	[aksidént]
verkeersongeluk (het)	aksident rrugor (m)	[aksidént rúgor]
aanrijden (tegen een boom, enz.)	përplasem në mur	[pərplásɛm nə mur]
verongelukken (ww)	aksident i rëndë	[aksidént i rəndə]
beschadiging (de)	dëm (m)	[dəm]
heelhuids (bn)	pa dëmtime	[pa dəmtímɛ]

pech (de)	avari (f)	[avarí]
kapot gaan (zijn gebroken)	prishet	[príʃɛt]
sleeptouw (het)	kabllo rimorkimi (f)	[kábɫo rimorkími]

lek (het)	shpim (m)	[ʃpim]
lekke krijgen (band)	shpohet	[ʃpóhɛt]
oppompen (ww)	fryj	[fryj]
druk (de)	presion (m)	[prɛsión]
checken (ww)	kontrolloj	[kontroɫój]

reparatie (de)	riparim (m)	[riparím]
garage (de)	auto servis (m)	[áuto sɛrvís]
wisselstuk (het)	pjesë këmbimi (f)	[pjésə kəmbími]
onderdeel (het)	pjesë (f)	[pjésə]

bout (de)	bulona (f)	[bulóna]
schroef (de)	vida (f)	[vída]
moer (de)	dado (f)	[dádo]
sluitring (de)	rondelë (f)	[rondélə]
kogellager (de/het)	kushineta (f)	[kuʃinéta]

pijp (de)	tub (m)	[tub]
pakking (de)	rondelë (f)	[rondélə]
kabel (de)	kabllo (f)	[kábɫo]
dommekracht (de)	krik (m)	[krik]
moersleutel (de)	çelës (m)	[tʃéləs]
hamer (de)	çekiç (m)	[tʃɛkítʃ]
pomp (de)	pompë (f)	[pómpə]
schroevendraaier (de)	kaçavidë (f)	[katʃavídə]
brandblusser (de)	bombolë kundër zjarrit (f)	[bombólə kúndər zjárit]
gevarendriehoek (de)	trekëndësh paralajmërues (m)	[trékəndəʃ paralajmərúɛs]

afslaan	fiket	[fíkɛt]
(ophouden te werken)		
uitvallen (het)	fikje (f)	[fíkjɛ]
zijn gebroken	prishet	[príʃet]

oververhitten (ww)	nxehet	[ndzéhɛt]
verstopt raken (ww)	bllokohet	[bɫokóhɛt]
bevriezen (autodeur, enz.)	ngrihet	[ŋríhɛt]
barsten (leidingen, enz.)	plas tubi	[plas túbi]

druk (de)	presion (m)	[prɛsión]
niveau (bijv. olieniveau)	nivel (m)	[nivél]
slap (de drijfriem is ~)	i lirshëm	[i lírʃəm]

deuk (de)	shtypje (f)	[ʃtýpjɛ]
geklop (vreemde geluiden)	zhurmë motori (f)	[ʒúrmə motóri]
barst (de)	çarje (f)	[tʃárjɛ]
kras (de)	gërvishtje (f)	[gərvíʃtjɛ]

179. Auto's. Weg

weg (de)	rrugë (f)	[rúgə]
snelweg (de)	autostradë (f)	[autostrádə]
autoweg (de)	autostradë (f)	[autostrádə]
richting (de)	drejtim (m)	[drɛjtím]
afstand (de)	largësi (f)	[largəsí]

brug (de)	urë (f)	[úrə]
parking (de)	parking (m)	[parkín]
plein (het)	shesh (m)	[ʃɛʃ]
verkeersknooppunt (het)	kryqëzim rrugësh (m)	[krycəzím rúgəʃ]
tunnel (de)	tunel (m)	[tunél]

benzinestation (het)	pikë karburanti (f)	[píkə karburánti]
parking (de)	parking (m)	[parkín]
benzinepomp (de)	pompë karburanti (f)	[pómpə karburánti]
garage (de)	auto servis (m)	[áuto sɛrvís]
tanken (ww)	furnizohem me gaz	[furnizóhɛm mɛ gáz]
brandstof (de)	karburant (m)	[karburánt]
jerrycan (de)	bidon (m)	[bidón]

asfalt (het)	asfalt (m)	[asfált]
markering (de)	vijëzime të rrugës (pl)	[vijəzímɛ tə rúgəs]
trottoirband (de)	bordurë (f)	[bordúrə]
geleiderail (de)	parmakë të sigurisë (pl)	[parmákə tə gurísə]
greppel (de)	kanal (m)	[kanál]
vluchtstrook (de)	shpatull rrugore (f)	[ʃpátuɫ rugórɛ]
lichtmast (de)	shtyllë dritash (f)	[ʃtýɫə drítaʃ]

besturen (een auto ~)	ngas	[ŋas]
afslaan (naar rechts ~)	kthej	[kθɛj]
U-bocht maken (ww)	marr kthesë U	[mar kθésə u]
achteruit (de)	marsh prapa (m)	[marʃ prápa]
toeteren (ww)	i bie borisë	[i bíɛ borísə]

toeter (de)	tyt (m)	[tyt]
vastzitten (in modder)	ngec në baltë	[ŋɛts nə báltə]
spinnen (wielen gaan ~)	xhiroj gomat	[dʒirój gómat]
uitzetten (ww)	fik	[fik]

snelheid (de)	shpejtësi (f)	[ʃpɛjtəsí]
een snelheidsovertreding maken	kaloj minimumin e shpejtësisë	[kalój minimúmin ɛ ʃpɛjtəsísə]
bekeuren (ww)	vë gjobë	[və ɟóbə]
verkeerslicht (het)	semafor (m)	[sɛmafór]
rijbewijs (het)	patentë shoferi (f)	[paténtə ʃoféri]

overgang (de)	kalim hekurudhor (m)	[kalím hɛkuruðór]
kruispunt (het)	kryqëzim (m)	[krycəzím]
zebrapad (oversteekplaats)	kalim për këmbësorë (m)	[kalím pər kəmbəsórə]
bocht (de)	kthesë (f)	[kθésə]
voetgangerszone (de)	zonë këmbësorësh (f)	[zónə kəmbəsórəʃ]

180. Verkeersborden

verkeersregels (mv.)	rregullat e trafikut rrugor (pl)	[réguɫat ɛ trafíkut rugór]
verkeersbord (het)	shenjë trafiku (f)	[ʃéɲə trafíku]
inhalen (het)	tejkalim	[tɛjkalím]
bocht (de)	kthesë	[kθésə]
U-bocht, kering (de)	kthesë U	[kθésə u]
Rotonde (de)	rrethrrotullim	[rɛθrotuɫím]

Verboden richting	Ndalohet hyrja	[ndalóhɛt hýrja]
Verboden toegang	Ndalohen automjetet	[ndalóhɛn automjétɛt]
Inhalen verboden	Ndalohet tejkalimi	[ndalóhɛt tɛjkalími]
Parkeerverbod	Ndalohet parkimi	[ndalóhɛt parkími]
Verbod stil te staan	Ndalohet qëndrimi	[ndalóhɛt cəndrími]

Gevaarlijke bocht	kthesë e rrezikshme	[kθésə ɛ rɛzíkʃmɛ]
Gevaarlijke daling	pjerrësi e fortë	[pjɛrəsí ɛ fórtə]
Eenrichtingsweg	rrugë me një drejtim	[rúgə mɛ ɲə drɛjtím]
Voetgangers	kalim për këmbësorë (m)	[kalím pər kəmbəsórə]
Slipgevaar	rrugë e rrëshqitshme	[rúgə ɛ rəʃcítʃmɛ]
Voorrang verlenen	HAP UDHËN	[hap úðən]

MENSEN. GEBEURTENISSEN IN HET LEVEN

Gebeurtenissen in het leven

181. Vakanties. Evenement

feest (het)	festë (f)	[féstə]
nationale feestdag (de)	festë kombëtare (f)	[féstə kombətárɛ]
feestdag (de)	festë publike (f)	[féstə publíkɛ]
herdenken (ww)	festoj	[fɛstój]
gebeurtenis (de)	ceremoni (f)	[tsɛrɛmoní]
evenement (het)	eveniment (m)	[ɛvɛnimént]
banket (het)	banket (m)	[bankét]
receptie (de)	pritje (f)	[prítjɛ]
feestmaal (het)	aheng (m)	[ahéŋ]
verjaardag (de)	përvjetor (m)	[pərvjɛtór]
jubileum (het)	jubile (m)	[jubilé]
vieren (ww)	festoj	[fɛstój]
Nieuwjaar (het)	Viti i Ri (m)	[víti i rí]
Gelukkig Nieuwjaar!	Gëzuar Vitin e Ri!	[gəzúar vítin ɛ rí!]
Sinterklaas (de)	Santa Klaus (m)	[sánta kláus]
Kerstfeest (het)	Krishtlindje (f)	[kriʃtlíndjɛ]
Vrolijk kerstfeest!	Gëzuar Krishtlindjen!	[gəzúar kriʃtlíndjɛn!]
kerstboom (de)	péma e Krishtlindjes (f)	[péma ɛ kriʃtlíndjɛs]
vuurwerk (het)	fishekzjarrë (m)	[fiʃɛkzjárə]
bruiloft (de)	dasmë (f)	[dásmə]
bruidegom (de)	dhëndër (m)	[ðéndər]
bruid (de)	nuse (f)	[núsɛ]
uitnodigen (ww)	ftoj	[ftoj]
uitnodigingskaart (de)	ftesë (f)	[ftésə]
gast (de)	mysafir (m)	[mysafír]
op bezoek gaan	vizitoj	[vizitój]
gasten verwelkomen	takoj të ftuarit	[takój tə ftúarit]
geschenk, cadeau (het)	dhuratë (f)	[ðurátə]
geven (iets cadeau ~)	dhuroj	[ðurój]
geschenken ontvangen	marr dhurata	[mar ðuráta]
boeket (het)	buqetë (f)	[bucétə]
felicitaties (mv.)	urime (f)	[urímɛ]
feliciteren (ww)	përgëzoj	[pərgəzój]
wenskaart (de)	kartolinë (f)	[kartolínə]

een kaartje versturen	dërgoj kartolinë	[dərgój kartolínə]
een kaartje ontvangen	marr kartolinë	[mar kartolínə]

toast (de)	dolli (f)	[doɫí]
aanbieden (een drankje ~)	qeras	[cɛrás]
champagne (de)	shampanjë (f)	[ʃampáɲə]

plezier hebben (ww)	kënaqem	[kənácɛm]
plezier (het)	gëzim (m)	[gəzím]
vreugde (de)	gëzim (m)	[gəzím]

dans (de)	vallëzim (m)	[vaɫəzím]
dansen (ww)	vallëzoj	[vaɫəzój]

wals (de)	vals (m)	[vals]
tango (de)	tango (f)	[táŋo]

182. Begrafenissen. Begrafenis

kerkhof (het)	varreza (f)	[varéza]
graf (het)	varr (m)	[var]
kruis (het)	kryq (m)	[kryc]
grafsteen (de)	gur varri (m)	[gur vári]
omheining (de)	gardh (m)	[garð]
kapel (de)	kishëz (m)	[kíʃəz]

dood (de)	vdekje (f)	[vdékjɛ]
sterven (ww)	vdes	[vdɛs]
overledene (de)	i vdekuri (m)	[i vdékuri]
rouw (de)	zi (f)	[zi]

begraven (ww)	varros	[varós]
begrafenisonderneming (de)	agjenci funeralesh (f)	[aɟɛntsí funɛráleʃ]
begrafenis (de)	funeral (m)	[funɛrál]

krans (de)	kurorë (f)	[kurórə]
doodskist (de)	arkivol (m)	[arkivól]
lijkwagen (de)	makinë funebre (f)	[makínə funébrɛ]
lijkkleed (de)	qefin (m)	[cɛfín]

begrafenisstoet (de)	kortezh (m)	[kortéʒ]
urn (de)	urnë (f)	[úrnə]
crematorium (het)	kremator (m)	[krɛmatór]

overlijdensbericht (het)	përkujtim (m)	[pərkujtím]
huilen (wenen)	qaj	[caj]
snikken (huilen)	qaj me dënesë	[caj mɛ dənésə]

183. Oorlog. Soldaten

peloton (het)	togë (f)	[tógə]
compagnie (de)	kompani (f)	[kompaní]

regiment (het)	regjiment (m)	[rɛɟimént]
leger (armee)	ushtri (f)	[uʃtrí]
divisie (de)	divizion (m)	[divizión]
sectie (de)	skuadër (f)	[skuádər]
troep (de)	armatë (f)	[armátə]
soldaat (militair)	ushtar (m)	[uʃtár]
officier (de)	oficer (m)	[ofitsér]
soldaat (rang)	ushtar (m)	[uʃtár]
sergeant (de)	rreshter (m)	[rɛʃtér]
luitenant (de)	toger (m)	[togér]
kapitein (de)	kapiten (m)	[kapitén]
majoor (de)	major (m)	[majór]
kolonel (de)	kolonel (m)	[kolonél]
generaal (de)	gjeneral (m)	[ɟenɛrál]
matroos (de)	marinar (m)	[marinár]
kapitein (de)	kapiten (m)	[kapitén]
bootsman (de)	kryemarinar (m)	[kryɛmarinár]
artillerist (de)	artiljer (m)	[artiljér]
valschermjager (de)	parashutist (m)	[paraʃutíst]
piloot (de)	pilot (m)	[pilót]
stuurman (de)	navigues (m)	[navigúɛs]
mecanicien (de)	mekanik (m)	[mɛkaník]
sappeur (de)	xhenier (m)	[dʒɛniér]
parachutist (de)	parashutist (m)	[paraʃutíst]
verkenner (de)	agjent zbulimi (m)	[aɟént zbulími]
scherpschutter (de)	snajper (m)	[snajpér]
patrouille (de)	patrullë (f)	[patrúlə]
patrouilleren (ww)	patrulloj	[patruɫój]
wacht (de)	rojë (f)	[rójə]
krijger (de)	luftëtar (m)	[luftətár]
patriot (de)	patriot (m)	[patriót]
held (de)	hero (m)	[hɛró]
heldin (de)	heroinë (f)	[hɛroínə]
verrader (de)	tradhtar (m)	[traðtár]
verraden (ww)	tradhtoj	[traðtój]
deserteur (de)	dezertues (m)	[dɛzɛrtúɛs]
deserteren (ww)	dezertoj	[dɛzɛrtój]
huurling (de)	mercenar (m)	[mɛrtsɛnár]
rekruut (de)	rekrut (m)	[rɛkrút]
vrijwilliger (de)	vullnetar (m)	[vuɫnɛtár]
gedode (de)	vdekur (m)	[vdékur]
gewonde (de)	i plagosur (m)	[i plagósur]
krijgsgevangene (de)	rob lufte (m)	[rob lúftɛ]

184. Oorlog. Militaire acties. Deel 1

oorlog (de)	luftë (f)	[lúftə]
oorlog voeren (ww)	në luftë	[nə lúftə]
burgeroorlog (de)	luftë civile (f)	[lúftə tsivílɛ]
achterbaks (bw)	pabesisht	[pabɛsíʃt]
oorlogsverklaring (de)	shpallje lufte (f)	[ʃpátʲɛ lúftɛ]
verklaren (de oorlog ~)	shpall	[ʃpaɬ]
agressie (de)	agresion (m)	[agrɛsión]
aanvallen (binnenvallen)	sulmoj	[sulmój]
binnenvallen (ww)	pushtoj	[puʃtój]
invaller (de)	pushtues (m)	[puʃtúɛs]
veroveraar (de)	pushtues (m)	[puʃtúɛs]
verdediging (de)	mbrojtje (f)	[mbrójtʲɛ]
verdedigen (je land ~)	mbroj	[mbrój]
zich verdedigen (ww)	mbrohem	[mbróhɛm]
vijand (de)	armik (m)	[armík]
tegenstander (de)	kundërshtar (m)	[kundərʃtár]
vijandelijk (bn)	armike	[armíkɛ]
strategie (de)	strategji (f)	[stratɛɟí]
tactiek (de)	taktikë (f)	[taktíkə]
order (de)	urdhër (m)	[úrðər]
bevel (het)	komandë (f)	[komándə]
bevelen (ww)	urdhëroj	[urðərój]
opdracht (de)	mision (m)	[misión]
geheim (bn)	sekret	[sɛkrét]
strijd, slag (de)	betejë (f)	[bɛtéjə]
strijd (de)	luftim (m)	[luftím]
aanval (de)	sulm (m)	[sulm]
bestorming (de)	sulm (m)	[sulm]
bestormen (ww)	sulmoj	[sulmój]
bezetting (de)	nën rrethim (m)	[nən rɛθím]
aanval (de)	sulm (m)	[sulm]
in het offensief te gaan	kaloj në sulm	[kalój nə súlm]
terugtrekking (de)	tërheqje (f)	[tərhécjɛ]
zich terugtrekken (ww)	tërhiqem	[tərhícɛm]
omsingeling (de)	rrethim (m)	[rɛθím]
omsingelen (ww)	rrethoj	[rɛθój]
bombardement (het)	bombardim (m)	[bombardím]
een bom gooien	hedh bombë	[hɛð bómbə]
bombarderen (ww)	bombardoj	[bombardój]
ontploffing (de)	shpërthim (m)	[ʃpərθím]
schot (het)	e shtënë (f)	[ɛ ʃténə]

| een schot lossen | qëlloj | [cətój] |
| schieten (het) | të shtëna (pl) | [tə ʃténa] |

mikken op (ww)	vë në shënjestër	[və nə ʃəɲéstər]
aanleggen (een wapen ~)	drejtoj armën	[drɛjtój ármən]
treffen (doelwit ~)	qëlloj	[cətój]

zinken (tot zinken brengen)	fundos	[fundós]
kogelgat (het)	vrimë (f)	[vrímə]
zinken (gezonken zijn)	fundoset	[fundósɛt]

front (het)	front (m)	[front]
evacuatie (de)	evakuim (m)	[ɛvakuím]
evacueren (ww)	evakuoj	[ɛvakuój]

loopgraaf (de)	llogore (f)	[ɫogórɛ]
prikkeldraad (de)	tel me gjemba (m)	[tɛl mɛ ɟémba]
verdedigingsobstakel (het)	pengesë (f)	[pɛɲésə]
wachttoren (de)	kullë vrojtuese (f)	[kúɫə vrojtúɛsɛ]

hospitaal (het)	spital ushtarak (m)	[spitál uʃtarák]
verwonden (ww)	plagos	[plagós]
wond (de)	plagë (f)	[plágə]
gewonde (de)	i plagosur (m)	[i plagósur]
gewond raken (ww)	jam i plagosur	[jam i plagósur]
ernstig (~e wond)	rëndë	[rə́ndə]

185. Oorlog. Militaire acties. Deel 2

krijgsgevangenschap (de)	burgosje (f)	[burgósjɛ]
krijgsgevangen nemen	zë rob	[zə rob]
krijgsgevangene zijn	mbahem rob	[mbáhɛm rób]
krijgsgevangen genomen worden	zihem rob	[zíhɛm rob]

concentratiekamp (het)	kamp përqendrimi (m)	[kamp pərcɛndrími]
krijgsgevangene (de)	rob lufte (m)	[rob lúftɛ]
vluchten (ww)	arratisem	[aratísɛm]

verraden (ww)	tradhtoj	[traðtój]
verrader (de)	tradhtar (m)	[traðtár]
verraad (het)	tradhti (f)	[traðtí]

| fusilleren (executeren) | ekzekutoj | [ɛkzɛkutój] |
| executie (de) | ekzekutim (m) | [ɛkzɛkutím] |

uitrusting (de)	armatim (m)	[armatím]
schouderstuk (het)	spaletë (f)	[spalétə]
gasmasker (het)	maskë antigaz (f)	[máskə antigáz]

portofoon (de)	radiomarrëse (f)	[radiomárəsɛ]
geheime code (de)	kod sekret (m)	[kód sɛkrét]
samenzwering (de)	komplot (m)	[komplót]
wachtwoord (het)	fjalëkalim (m)	[fjaləkalím]

mijn (landmijn)	minë tokësore (f)	[mínə tokəsórɛ]
ondermijnen (legden mijnen)	minoj	[minój]
mijnenveld (het)	fushë e minuar (f)	[fúʃə ɛ minúar]

luchtalarm (het)	alarm sulmi ajror (m)	[alárm súlmi ajrór]
alarm (het)	alarm (m)	[alárm]
signaal (het)	sinjal (m)	[siɲál]
vuurpijl (de)	sinjalizues (m)	[siɲalizúɛs]

staf (generale ~)	selia qendrore (f)	[sɛlía cɛndrórɛ]
verkenning (de)	zbulim (m)	[zbulím]
toestand (de)	gjendje (f)	[ɟéndjɛ]
rapport (het)	raport (m)	[rapórt]
hinderlaag (de)	pritë (f)	[prítə]
versterking (de)	përforcim (m)	[pərfortsím]
doel (bewegend ~)	shënjestër (f)	[ʃəɲéstər]
proefterrein (het)	poligon (m)	[poligón]
manoeuvres (mv.)	manovra ushtarake (f)	[manóvra uʃtarákɛ]

paniek (de)	panik (m)	[paník]
verwoesting (de)	shkatërrim (m)	[ʃkatərím]
verwoestingen (mv.)	gërmadha (pl)	[gərmáða]
verwoesten (ww)	shkatërroj	[ʃkatərój]

overleven (ww)	mbijetoj	[mbijɛtój]
ontwapenen (ww)	çarmatos	[tʃarmatós]
behandelen (een pistool ~)	manovroj	[manovrój]

Geeft acht!	Gatitu!	[gatitú!]
Op de plaats rust!	Qetësohu!	[cɛtəsóhu!]

heldendaad (de)	akt heroik (m)	[ákt hɛroík]
eed (de)	betim (m)	[bɛtím]
zweren (een eed doen)	betohem	[bɛtóhɛm]

decoratie (de)	dekoratë (f)	[dɛkorátə]
onderscheiden (een ereteken geven)	dekoroj	[dɛkorój]
medaille (de)	medalje (f)	[mɛdáljɛ]
orde (de)	urdhër medalje (m)	[úrðər mɛdáljɛ]

overwinning (de)	fitore (f)	[fitórɛ]
verlies (het)	humbje (f)	[húmbjɛ]
wapenstilstand (de)	armëpushim (m)	[arməpuʃím]

wimpel (vaandel)	flamur beteje (m)	[flamúr bɛtéjɛ]
roem (de)	famë (f)	[fámə]
parade (de)	paradë (f)	[parádə]
marcheren (ww)	marshoj	[marʃój]

186. Wapens

wapens (mv.)	armë (f)	[ármə]
vuurwapens (mv.)	armë zjarri (f)	[ármə zjári]

koude wapens (mv.)	armë të ftohta (pl)	[árma ta ftóhta]
chemische wapens (mv.)	armë kimike (f)	[árma kimíkɛ]
kern-, nucleair (bn)	nukleare	[nuklɛárɛ]
kernwapens (mv.)	armë nukleare (f)	[árma nuklɛárɛ]

bom (de)	bombë (f)	[bómba]
atoombom (de)	bombë atomike (f)	[bómba atomíkɛ]

pistool (het)	pistoletë (f)	[pistoléta]
geweer (het)	pushkë (f)	[púʃka]
machinepistool (het)	mitraloz (m)	[mitralóz]
machinegeweer (het)	mitraloz (m)	[mitralóz]

loop (schietbuis)	grykë (f)	[grýka]
loop (bijv. geweer met kortere ~)	tytë pushke (f)	[týta púʃkɛ]
kaliber (het)	kalibër (m)	[kalíbar]

trekker (de)	këmbëz (f)	[kémbaz]
korrel (de)	shënjestër (f)	[ʃaɲéstar]
magazijn (het)	karikator (m)	[karikatór]
geweerkolf (de)	qytë (f)	[cýta]

granaat (handgranaat)	bombë dore (f)	[bómba dórɛ]
explosieven (mv.)	eksploziv (m)	[ɛksplozív]

kogel (de)	plumb (m)	[plúmb]
patroon (de)	fishek (m)	[fiʃék]
lading (de)	karikim (m)	[karikím]
ammunitie (de)	municion (m)	[munitsión]

bommenwerper (de)	avion bombardues (m)	[avión bombardúɛs]
straaljager (de)	avion luftarak (m)	[avión luftarák]
helikopter (de)	helikopter (m)	[hɛlikoptér]

afweergeschut (het)	armë anti-ajrore (f)	[árma ánti-ajrórɛ]
tank (de)	tank (m)	[tank]
kanon (tank met een ~ van 76 mm)	top tanku (m)	[top tánku]

artillerie (de)	artileri (f)	[artilɛrí]
kanon (het)	top (m)	[top]
aanleggen (een wapen ~)	vë në shënjestër	[va na ʃaɲéstar]

projectiel (het)	mortajë (f)	[mortája]
mortiergranaat (de)	bombë mortaje (f)	[bómba mortájɛ]
mortier (de)	mortajë (f)	[mortája]
granaatscherf (de)	copëz mortaje (f)	[tsópaz mortájɛ]

duikboot (de)	nëndetëse (f)	[nandétasɛ]
torpedo (de)	silurë (f)	[silúra]
raket (de)	raketë (f)	[rakéta]

laden (geweer, kanon)	mbush	[mbúʃ]
schieten (ww)	qëlloj	[catój]
richten op (mikken)	drejtoj	[drɛjtój]

bajonet (de)	bajonetë (f)	[bajonétə]
degen (de)	shpatë (f)	[ʃpátə]
sabel (de)	shpatë (f)	[ʃpátə]
speer (de)	shtizë (f)	[ʃtízə]
boog (de)	hark (m)	[hárk]
pijl (de)	shigjetë (f)	[ʃʝétə]
musket (de)	musketë (f)	[muskétə]
kruisboog (de)	pushkë-shigjetë (f)	[púʃkə-ʃʝétə]

187. Oude mensen

primitief (bn)	prehistorik	[prɛhistorík]
voorhistorisch (bn)	prehistorike	[prɛhistoríkɛ]
eeuwenoude (~ beschaving)	i lashtë	[i láʃtə]

Steentijd (de)	Epoka e Gurit (f)	[ɛpóka ɛ gúrit]
Bronstijd (de)	Epoka e Bronzit (f)	[ɛpóka ɛ brónzit]
IJstijd (de)	Epoka e akullit (f)	[ɛpóka ɛ ákuɫit]

stam (de)	klan (m)	[klan]
menseneter (de)	kanibal (m)	[kanibál]
jager (de)	gjahtar (m)	[ɟahtár]
jagen (ww)	dal për gjah	[dál pər ɟáh]
mammoet (de)	mamut (m)	[mamút]

grot (de)	shpellë (f)	[ʃpéɫə]
vuur (het)	zjarr (m)	[zjar]
kampvuur (het)	zjarr kampingu (m)	[zjar kampíŋu]
rotstekening (de)	vizatim në shpella (m)	[vizatím nə ʃpéɫa]

werkinstrument (het)	vegël (f)	[végəl]
speer (de)	shtizë (f)	[ʃtízə]
stenen bijl (de)	sëpatë guri (f)	[səpátə gúri]
oorlog voeren (ww)	në luftë	[nə lúftə]
temmen (bijv. wolf ~)	zbus	[zbus]

idool (het)	idhull (m)	[íðuɫ]
aanbidden (ww)	adhuroj	[aðurój]
bijgeloof (het)	besëtytni (f)	[bɛsətytní]
ritueel (het)	rit (m)	[rit]

evolutie (de)	evolucion (m)	[ɛvolutsión]
ontwikkeling (de)	zhvillim (m)	[ʒviɫím]
verdwijning (de)	zhdukje (f)	[ʒdúkjɛ]
zich aanpassen (ww)	përshtatem	[pərʃtátɛm]

archeologie (de)	arkeologji (f)	[arkɛoloɟí]
archeoloog (de)	arkeolog (m)	[arkɛológ]
archeologisch (bn)	arkeologjike	[arkɛoloɟíkɛ]

opgravingsplaats (de)	vendi i gërmimeve (m)	[véndi i gərmímɛvɛ]
opgravingen (mv.)	gërmime (pl)	[gərmímɛ]
vondst (de)	zbulim (m)	[zbulím]
fragment (het)	fragment (m)	[fragmént]

188. Middeleeuwen

volk (het)	popull (f)	[pópuɬ]
volkeren (mv.)	popuj (pl)	[pópuj]
stam (de)	klan (m)	[klan]
stammen (mv.)	klane (pl)	[klánɛ]

barbaren (mv.)	barbarë (pl)	[barbárə]
Galliërs (mv.)	Galët (pl)	[gálət]
Goten (mv.)	Gotët (pl)	[gótət]
Slaven (mv.)	Sllavët (pl)	[sɬávət]
Vikings (mv.)	Vikingët (pl)	[vikíŋət]

Romeinen (mv.)	Romakët (pl)	[romákət]
Romeins (bn)	romak	[romák]

Byzantijnen (mv.)	Bizantinët (pl)	[bizantínət]
Byzantium (het)	Bizanti (m)	[bizánti]
Byzantijns (bn)	bizantine	[bizantínɛ]

keizer (bijv. Romeinse ~)	perandor (m)	[pɛrandór]
opperhoofd (het)	prijës (m)	[príjəs]
machtig (bn)	i fuqishëm	[i fucíʃəm]
koning (de)	mbret (m)	[mbrét]
heerser (de)	sundimtar (m)	[sundimtár]

ridder (de)	kalorës (m)	[kalórəs]
feodaal (de)	lord feudal (m)	[lórd fɛudál]
feodaal (bn)	feudal	[fɛudál]
vazal (de)	vasal (m)	[vasál]

hertog (de)	dukë (f)	[dúkə]
graaf (de)	kont (m)	[kont]
baron (de)	baron (m)	[barón]
bisschop (de)	peshkop (m)	[pɛʃkóp]

harnas (het)	parzmore (f)	[parzmórɛ]
schild (het)	mburojë (f)	[mburójə]
zwaard (het)	shpatë (f)	[ʃpátə]
vizier (het)	ballnik (m)	[baɬník]
maliënkolder (de)	thurak (m)	[θurák]

kruistocht (de)	Kryqëzata (f)	[krycəzáta]
kruisvaarder (de)	kryqtar (m)	[kryctár]

gebied (bijv. bezette ~en)	territor (m)	[tɛritór]
aanvallen (binnenvallen)	sulmoj	[sulmój]
veroveren (ww)	mposht	[mpóʃt]
innemen (binnenvallen)	pushtoj	[puʃtój]

bezetting (de)	nën rrethim (m)	[nən rɛθím]
belegerd (bn)	i rrethuar	[i rɛθúar]
belegeren (ww)	rrethoj	[rɛθój]
inquisitie (de)	inkuizicion (m)	[inkuizitsión]
inquisiteur (de)	inkuizitor (m)	[inkuizitór]

foltering (de)	torturë (f)	[tortúrə]
wreed (bn)	mizor	[mizór]
ketter (de)	heretik (m)	[hɛrɛtík]
ketterij (de)	herezi (f)	[hɛrɛzí]

zeevaart (de)	lundrim (m)	[lundrím]
piraat (de)	pirat (m)	[pirát]
piraterij (de)	pirateri (f)	[piratɛrí]
enteren (het)	sulm me anije (m)	[sulm mɛ aníjɛ]
buit (de)	plaçkë (f)	[plátʃkə]
schatten (mv.)	thesare (pl)	[θɛsárɛ]

ontdekking (de)	zbulim (m)	[zbulím]
ontdekken (bijv. nieuw land)	zbuloj	[zbulój]
expeditie (de)	ekspeditë (f)	[ɛkspɛdítə]

musketier (de)	musketar (m)	[muskɛtár]
kardinaal (de)	kardinal (m)	[kardinál]
heraldiek (de)	heraldikë (f)	[hɛraldíkə]
heraldisch (bn)	heraldik	[hɛraldík]

189. Leider. Baas. Autoriteiten

koning (de)	mbret (m)	[mbrét]
koningin (de)	mbretëreshë (f)	[mbrɛtəréʃə]
koninklijk (bn)	mbretërore	[mbrɛtərórɛ]
koninkrijk (het)	mbretëri (f)	[mbrɛtərí]

prins (de)	princ (m)	[prints]
prinses (de)	princeshë (f)	[printséʃə]

president (de)	president (m)	[prɛsidént]
vicepresident (de)	zëvendës president (m)	[zəvéndəs prɛsidént]
senator (de)	senator (m)	[sɛnatór]

monarch (de)	monark (m)	[monárk]
heerser (de)	sundimtar (m)	[sundimtár]
dictator (de)	diktator (m)	[diktatór]
tiran (de)	tiran (m)	[tirán]
magnaat (de)	manjat (m)	[maɲát]

directeur (de)	drejtor (m)	[drɛjtór]
chef (de)	udhëheqës (m)	[uðəhécəs]
beheerder (de)	drejtor (m)	[drɛjtór]
baas (de)	bos (m)	[bos]
eigenaar (de)	pronar (m)	[pronár]

leider (de)	lider (m)	[lidér]
hoofd (bijv. ~ van de delegatie)	kryetar (m)	[kryɛtár]
autoriteiten (mv.)	autoritetet (pl)	[autoritétɛt]
superieuren (mv.)	eprorët (pl)	[ɛprórət]
gouverneur (de)	guvernator (m)	[guvɛrnatór]
consul (de)	konsull (m)	[kónsuɫ]

diplomaat (de)	diplomat (m)	[diplomát]
burgemeester (de)	kryetar komune (m)	[kryɛtár komúnɛ]
sheriff (de)	sherif (m)	[ʃɛríf]

keizer (bijv. Romeinse ~)	perandor (m)	[pɛrandór]
tsaar (de)	car (m)	[tsár]
farao (de)	faraon (m)	[faraón]
kan (de)	khan (m)	[khán]

190. Weg. Weg. Routebeschrijving

| weg (de) | rrugë (f) | [rúgə] |
| route (de kortste ~) | drejtim (m) | [drɛjtím] |

autoweg (de)	autostradë (f)	[autostrádə]
snelweg (de)	autostradë (f)	[autostrádə]
rijksweg (de)	rrugë nacionale (f)	[rúgə natsionálɛ]

| hoofdweg (de) | rrugë kryesore (f) | [rúgə kryɛsórɛ] |
| landweg (de) | rrugë fushe (f) | [rúgə fúʃɛ] |

| pad (het) | shteg (m) | [ʃtɛg] |
| paadje (het) | shteg (m) | [ʃtɛg] |

Waar?	Ku?	[ku?]
Waarheen?	Për ku?	[pər ku?]
Waarvandaan?	Nga ku?	[ŋa ku?]

| richting (de) | drejtim (m) | [drɛjtím] |
| aanwijzen (de weg ~) | tregoj | [trɛgój] |

naar links (bw)	në të majtë	[nə tə májtə]
naar rechts (bw)	në të djathtë	[nə tə djáθtə]
rechtdoor (bw)	drejt	[dréjt]
terug (bijv. ~ keren)	pas	[pas]

bocht (de)	kthesë (f)	[kθésə]
afslaan (naar rechts ~)	kthej	[kθɛj]
U-bocht maken (ww)	marr kthesë U	[mar kθésə u]

| zichtbaar worden (ww) | të dukshme | [tə dúkʃmɛ] |
| verschijnen (in zicht komen) | shfaq | [ʃfac] |

stop (korte onderbreking)	ndalesë (f)	[ndalésə]
zich verpozen (uitrusten)	pushoj	[puʃój]
rust (de)	pushim (m)	[puʃím]

verdwalen (de weg kwijt zijn)	humb rrugën	[húmb rúgən]
leiden naar ... (de weg)	të çon	[tə tʃon]
bereiken (ergens aankomen)	dal	[dal]
deel (~ van de weg)	copëz (m)	[tsópəz]

| asfalt (het) | asfalt (m) | [asfált] |
| trottoirband (de) | bordurë (f) | [bordúrə] |

greppel (de)	kanal (m)	[kanál]
putdeksel (het)	pusetë (f)	[pusétə]
vluchtstrook (de)	shpatull rrugore (f)	[ʃpátuɫ rugórɛ]
kuil (de)	gropë (f)	[grópə]

| gaan (te voet) | ec në këmbë | [ɛts nə kə́mbə] |
| inhalen (voorbijgaan) | tejkaloj | [tɛjkalój] |

| stap (de) | hap (m) | [hap] |
| te voet (bw) | në këmbë | [nə kə́mbə] |

blokkeren (de weg ~)	bllokoj	[bɫokój]
slagboom (de)	postbllok (m)	[postbɫók]
doodlopende straat (de)	rrugë pa krye (f)	[rúgə pa krýɛ]

191. De wet overtreden. Criminelen. Deel 1

bandiet (de)	bandit (m)	[bandít]
misdaad (de)	krim (m)	[krim]
misdadiger (de)	kriminel (m)	[kriminél]

dief (de)	hajdut (m)	[hajdút]
stelen (ww)	vjedh	[vjɛð]
stelen, diefstal (de)	vjedhje (f)	[vjéðjɛ]

kidnappen (ww)	rrëmbej	[rəmbéj]
kidnapping (de)	rrëmbim (m)	[rəmbím]
kidnapper (de)	rrëmbyes (m)	[rəmbýɛs]

| losgeld (het) | shpërblesë (f) | [ʃpərblésə] |
| eisen losgeld (ww) | kërkoj shpërblesë | [kərkój ʃpərblésə] |

overvallen (ww)	grabis	[grabís]
overval (de)	grabitje (f)	[grabítjɛ]
overvaller (de)	grabitës (m)	[grabítəs]

afpersen (ww)	zhvat	[ʒvat]
afperser (de)	zhvatës (m)	[ʒvátəs]
afpersing (de)	zhvatje (f)	[ʒvátjɛ]

vermoorden (ww)	vras	[vras]
moord (de)	vrasje (f)	[vrásjɛ]
moordenaar (de)	vrasës (m)	[vrásəs]

schot (het)	e shtënë (f)	[ɛ ʃtə́nə]
een schot lossen	qëlloj	[cəɫój]
neerschieten (ww)	qëlloj për vdekje	[cəɫój pər vdékjɛ]
schieten (ww)	qëlloj	[cəɫój]
schieten (het)	të shtëna (pl)	[tə ʃtə́na]

ongeluk (gevecht, enz.)	incident (m)	[intsidént]
gevecht (het)	përleshje (f)	[pərléʃjɛ]
Help!	Ndihmë!	[ndíhmə!]
slachtoffer (het)	viktimë (f)	[viktímə]

beschadigen (ww)	dëmtoj	[dəmtój]
schade (de)	dëm (m)	[dəm]
lijk (het)	kufomë (f)	[kufómə]
zwaar (~ misdrijf)	i rëndë	[i réndə]

aanvallen (ww)	sulmoj	[sulmój]
slaan (iemand ~)	rrah	[rah]
in elkaar slaan (toetakelen)	sakatoj	[sakatój]
ontnemen (beroven)	rrëmbej	[rəmbéj]
steken (met een mes)	ther për vdekje	[θεr pər vdékjε]
verminken (ww)	gjymtoj	[ɟymtój]
verwonden (ww)	plagos	[plagós]

chantage (de)	shantazh (m)	[ʃantáʒ]
chanteren (ww)	bëj shantazh	[bəj ʃantáʒ]
chanteur (de)	shantazhist (m)	[ʃantaʒíst]

afpersing (de)	rrjet mashtrimi (m)	[rjét maʃtrími]
afperser (de)	mashtrues (m)	[maʃtrúεs]
gangster (de)	gangster (m)	[gaŋstér]
maffia (de)	mafia (f)	[máfia]

kruimeldief (de)	vjedhës xhepash (m)	[vjéðəs dʒépaʃ]
inbreker (de)	hajdut (m)	[hajdút]
smokkelen (het)	trafikim (m)	[trafikím]
smokkelaar (de)	trafikues (m)	[trafikúεs]

namaak (de)	falsifikim (m)	[falsifikím]
namaken (ww)	falsifikoj	[falsifikój]
namaak-, vals (bn)	fals	[fáls]

192. De wet overtreden. Criminelen. Deel 2

verkrachting (de)	përdhunim (m)	[pərðuním]
verkrachten (ww)	përdhunoj	[pərðunój]
verkrachter (de)	përdhunues (m)	[pərðunúεs]
maniak (de)	maniak (m)	[maniák]

prostituee (de)	prostitutë (f)	[prostitútə]
prostitutie (de)	prostitucion (m)	[prostitutsión]
pooier (de)	tutor (m)	[tutór]

| drugsverslaafde (de) | narkoman (m) | [narkomán] |
| drugshandelaar (de) | trafikant droge (m) | [trafikánt drógε] |

opblazen (ww)	shpërthej	[ʃpərθéj]
explosie (de)	shpërthim (m)	[ʃpərθím]
in brand steken (ww)	vë flakën	[və flákən]
brandstichter (de)	zjarrvënës (m)	[zjarvénəs]

terrorisme (het)	terrorizëm (m)	[tεrorízəm]
terrorist (de)	terrorist (m)	[tεroríst]
gijzelaar (de)	peng (m)	[pεŋ]
bedriegen (ww)	mashtroj	[maʃtrój]

bedrog (het)	mashtrim (m)	[maʃtrím]
oplichter (de)	mashtrues (m)	[maʃtrúɛs]

omkopen (ww)	jap ryshfet	[jap ryʃfét]
omkoperij (de)	ryshfet (m)	[ryʃfét]
smeergeld (het)	ryshfet (m)	[ryʃfét]

vergif (het)	helm (m)	[hɛlm]
vergiftigen (ww)	helmoj	[hɛlmój]
vergif innemen (ww)	helmohem	[hɛlmóhɛm]

zelfmoord (de)	vetëvrasje (f)	[vɛtəvrásjɛ]
zelfmoordenaar (de)	vetëvrasës (m)	[vɛtəvrásəs]

bedreigen (bijv. met een pistool)	kërcënoj	[kərtsənój]
bedreiging (de)	kërcënim (m)	[kərtsəním]
een aanslag plegen	tentoj	[tɛntój]
aanslag (de)	atentat (m)	[atɛntát]

stelen (een auto)	vjedh	[vjɛð]
kapen (een vliegtuig)	rrëmbej	[rəmbéj]

wraak (de)	hakmarrje (f)	[hakmárjɛ]
wreken (ww)	hakmerrem	[hakmérɛm]

martelen (gevangenen)	torturoj	[torturój]
foltering (de)	torturë (f)	[tortúrə]
folteren (ww)	torturoj	[torturój]

piraat (de)	pirat (m)	[pirát]
straatschender (de)	huligan (m)	[huligán]
gewapend (bn)	i armatosur	[i armatósur]
geweld (het)	dhunë (f)	[ðúnə]
onwettig (strafbaar)	ilegal	[ilɛgál]

spionage (de)	spiunazh (m)	[spiunáʒ]
spioneren (ww)	spiunoj	[spiunój]

193. Politie. Wet. Deel 1

justitie (de)	drejtësi (f)	[drɛjtəsí]
gerechtshof (het)	gjykatë (f)	[ɟykátə]

rechter (de)	gjykatës (m)	[ɟykátəs]
jury (de)	anëtar jurie (m)	[anətár juríɛ]
juryrechtspraak (de)	gjyq me juri (m)	[ɟýc mɛ jurí]
berechten (ww)	gjykoj	[ɟykój]

advocaat (de)	avokat (m)	[avokát]
beklaagde (de)	pandehur (m)	[pandéhur]
beklaagdenbank (de)	bankë e të pandehurit (f)	[bánkə ɛ tə pandéhurit]
beschuldiging (de)	akuzë (f)	[akúzə]
beschuldigde (de)	i akuzuar (m)	[i akuzúar]

| vonnis (het) | vendim (m) | [vɛndím] |
| veroordelen (in een rechtszaak) | dënoj | [dənój] |

schuldige (de)	fajtor (m)	[fajtór]
straffen (ww)	ndëshkoj	[ndəʃkój]
bestraffing (de)	ndëshkim (m)	[ndəʃkím]

boete (de)	gjobë (f)	[ɟóbə]
levenslange opsluiting (de)	burgim i përjetshëm (m)	[burgím i pərjétʃəm]
doodstraf (de)	dënim me vdekje (m)	[dəním mɛ vdékjɛ]
elektrische stoel (de)	karrige elektrike (f)	[karígɛ ɛlɛktríkɛ]
schavot (het)	varje (f)	[várjɛ]

| executeren (ww) | ekzekutoj | [ɛkzɛkutój] |
| executie (de) | ekzekutim (m) | [ɛkzɛkutím] |

gevangenis (de)	burg (m)	[búrg]
cel (de)	qeli (f)	[cɛlí]
konvooi (het)	eskortë (f)	[ɛskórtə]
gevangenisbewaker (de)	gardian burgu (m)	[gardián búrgu]
gedetineerde (de)	i burgosur (m)	[i burgósur]

| handboeien (mv.) | pranga (f) | [práŋa] |
| handboeien omdoen | vë prangat | [və práŋat] |

ontsnapping (de)	arratisje nga burgu (f)	[aratísjɛ ŋa búrgu]
ontsnappen (ww)	arratisem	[aratísɛm]
verdwijnen (ww)	zhduk	[ʒduk]
vrijlaten (uit de gevangenis)	dal nga burgu	[dál ŋa búrgu]
amnestie (de)	amnisti (f)	[amnistí]

politie (de)	polici (f)	[politsí]
politieagent (de)	polic (m)	[políts]
politiebureau (het)	komisariat (m)	[komisariát]
knuppel (de)	shkop gome (m)	[ʃkop gómɛ]
megafoon (de)	altoparlant (m)	[altoparlánt]

patrouilleerwagen (de)	makinë patrullimi (f)	[makínə patruɫími]
sirene (de)	alarm (m)	[alárm]
de sirene aansteken	ndez sirenën	[ndɛz sirénən]
geloei (het) van de sirene	zhurmë alarmi (f)	[ʒúrmə alármi]

plaats delict (de)	skenë krimi (f)	[skénə krími]
getuige (de)	dëshmitar (m)	[dəʃmitár]
vrijheid (de)	liri (f)	[lirí]
handlanger (de)	bashkëpunëtor (m)	[baʃkəpunətór]
ontvluchten (ww)	zhdukem	[ʒdúkɛm]
spoor (het)	gjurmë (f)	[ɟúrmə]

194. Politie. Wet. Deel 2

| opsporing (de) | kërkim (m) | [kərkím] |
| opsporen (ww) | kërkoj ... | [kərkój ...] |

verdenking (de)	dyshim (m)	[dyʃím]
verdacht (bn)	i dyshuar	[i dyʃúar]
aanhouden (stoppen)	ndaloj	[ndalój]
tegenhouden (ww)	mbaj të ndaluar	[mbáj tə ndalúar]

strafzaak (de)	padi (f)	[padí]
onderzoek (het)	hetim (m)	[hɛtím]
detective (de)	detektiv (m)	[dɛtɛktív]
onderzoeksrechter (de)	hetues (m)	[hɛtúɛs]
versie (de)	hipotezë (f)	[hipotézə]

motief (het)	motiv (m)	[motív]
verhoor (het)	marrje në pyetje (f)	[márjɛ nə pýɛtjɛ]
ondervragen (door de politie)	marr në pyetje	[mar nə pýɛtjɛ]
ondervragen (omstanders ~)	pyes	[pýɛs]
controle (de)	verifikim (m)	[vɛrifikím]

razzia (de)	kontroll në grup (m)	[kontróɫ nə grúp]
huiszoeking (de)	bastisje (f)	[bastísjɛ]
achtervolging (de)	ndjekje (f)	[ndjékjɛ]
achtervolgen (ww)	ndjek	[ndjék]
opsporen (ww)	ndjek	[ndjék]

arrest (het)	arrestim (m)	[arɛstím]
arresteren (ww)	arrestoj	[arɛstój]
vangen, aanhouden (een dief, enz.)	kap	[kap]
aanhouding (de)	kapje (f)	[kápjɛ]

document (het)	dokument (m)	[dokumént]
bewijs (het)	provë (f)	[próvə]
bewijzen (ww)	dëshmoj	[dəʃmój]
voetspoor (het)	gjurmë (f)	[ɟúrmə]
vingerafdrukken (mv.)	shenja gishtash (pl)	[ʃéɲa gíʃtaʃ]
bewijs (het)	provë (f)	[próvə]

alibi (het)	alibi (f)	[alibí]
onschuldig (bn)	i pafajshëm	[i pafájʃəm]
onrecht (het)	padrejtësi (f)	[padrɛjtəsí]
onrechtvaardig (bn)	i padrejtë	[i padréjtə]

crimineel (bn)	kriminale	[kriminálɛ]
confisqueren (in beslag nemen)	konfiskoj	[konfiskój]
drug (de)	drogë (f)	[drógə]
wapen (het)	armë (f)	[ármə]
ontwapenen (ww)	çarmatos	[tʃarmatós]
bevelen (ww)	urdhëroj	[urðərój]
verdwijnen (ww)	zhduk	[ʒduk]

wet (de)	ligj (m)	[liɟ]
wettelijk (bn)	ligjor	[liɟór]
onwettelijk (bn)	i paligjshëm	[i paliɟʃəm]

| verantwoordelijkheid (de) | përgjegjësi (f) | [pərɟɛɟəsí] |
| verantwoordelijk (bn) | përgjegjës | [pərɟéɟəs] |

NATUUR

De Aarde. Deel 1

195. De kosmische ruimte

kosmos (de)	hapësirë (f)	[hapəsírə]
kosmisch (bn)	hapësinor	[hapəsinór]
kosmische ruimte (de)	kozmos (m)	[kozmós]
wereld (de)	botë (f)	[bótə]
heelal (het)	univers	[univérs]
sterrenstelsel (het)	galaksi (f)	[galaksí]
ster (de)	yll (m)	[yɫ]
sterrenbeeld (het)	yllësi (f)	[yɫəsí]
planeet (de)	planet (m)	[planét]
satelliet (de)	satelit (m)	[satɛlít]
meteoriet (de)	meteor (m)	[mɛtɛór]
komeet (de)	kometë (f)	[kométə]
asteroïde (de)	asteroid (m)	[astɛroíd]
baan (de)	orbitë (f)	[orbítə]
draaien (om de zon, enz.)	rrotullohet	[rotuɫóhɛt]
atmosfeer (de)	atmosferë (f)	[atmosférə]
Zon (de)	Dielli (m)	[diéɫi]
zonnestelsel (het)	sistemi diellor (m)	[sistémi diɛɫór]
zonsverduistering (de)	eklips diellor (m)	[ɛklíps diɛɫór]
Aarde (de)	Toka (f)	[tóka]
Maan (de)	Hëna (f)	[hə́na]
Mars (de)	Marsi (m)	[mársi]
Venus (de)	Venera (f)	[vɛnéra]
Jupiter (de)	Jupiteri (m)	[jupitéri]
Saturnus (de)	Saturni (m)	[satúrni]
Mercurius (de)	Merkuri (m)	[mɛrkúri]
Uranus (de)	Urani (m)	[uráni]
Neptunus (de)	Neptuni (m)	[nɛptúni]
Pluto (de)	Pluto (f)	[plúto]
Melkweg (de)	Rruga e Qumështit (f)	[rúga ɛ cúmǝʃtit]
Grote Beer (de)	Arusha e Madhe (f)	[arúʃa ɛ máðɛ]
Poolster (de)	ylli i Veriut (m)	[ýɫi i vériut]
marsmannetje (het)	Marsian (m)	[marsián]
buitenaards wezen (het)	jashtëtokësor (m)	[jaʃtətokǝsór]

bovenaards (het)	alien (m)	[alién]
vliegende schotel (de)	disk fluturues (m)	[dísk fluturúɛs]

ruimtevaartuig (het)	anije kozmike (f)	[aníjɛ kozmíkɛ]
ruimtestation (het)	stacion kozmik (m)	[statsión kozmík]
start (de)	ngritje (f)	[ŋrítjɛ]

motor (de)	motor (m)	[motór]
straalpijp (de)	dizë (f)	[dízə]
brandstof (de)	karburant (m)	[karburánt]

cabine (de)	kabinë pilotimi (f)	[kabínə pilotími]
antenne (de)	antenë (f)	[anténə]
patrijspoort (de)	dritare anësore (f)	[dritárɛ anəsórɛ]
zonnebatterij (de)	panel solar (m)	[panél solár]
ruimtepak (het)	veshje astronauti (f)	[véʃjɛ astronáuti]

gewichtloosheid (de)	mungesë graviteti (f)	[muŋésə gravitéti]
zuurstof (de)	oksigjen (m)	[oksiɟén]

koppeling (de)	ndërlidhje në hapësirë (f)	[ndərlíðjɛ nə hapəsírə]
koppeling maken	stacionohem	[statsionóhɛm]

observatorium (het)	observator (m)	[obsɛrvatór]
telescoop (de)	teleskop (m)	[tɛlɛskóp]
waarnemen (ww)	vëzhgoj	[vəʒgój]
exploreren (ww)	eksploroj	[ɛksplorój]

196. De Aarde

Aarde (de)	Toka (f)	[tóka]
aardbol (de)	globi (f)	[glóbi]
planeet (de)	planet (m)	[planét]

atmosfeer (de)	atmosferë (f)	[atmosférə]
aardrijkskunde (de)	gjeografi (f)	[ɟɛografí]
natuur (de)	natyrë (f)	[natýrə]

wereldbol (de)	glob (m)	[glob]
kaart (de)	hartë (f)	[hártə]
atlas (de)	atlas (m)	[atlás]

Europa (het)	Evropa (f)	[ɛvrópa]
Azië (het)	Azia (f)	[azía]

Afrika (het)	Afrika (f)	[afríka]
Australië (het)	Australia (f)	[australía]

Amerika (het)	Amerika (f)	[amɛríka]
Noord-Amerika (het)	Amerika Veriore (f)	[amɛríka vɛriórɛ]
Zuid-Amerika (het)	Amerika Jugore (f)	[amɛríka jugórɛ]

Antarctica (het)	Antarktika (f)	[antarktíka]
Arctis (de)	Arktiku (m)	[arktíku]

197. Windrichtingen

noorden (het)	veri (m)	[vɛrí]
naar het noorden	drejt veriut	[dréjt vériut]
in het noorden	në veri	[nə vɛrí]
noordelijk (bn)	verior	[vɛriór]
zuiden (het)	jug (m)	[jug]
naar het zuiden	drejt jugut	[dréjt júgut]
in het zuiden	në jug	[nə jug]
zuidelijk (bn)	jugor	[jugór]
westen (het)	perëndim (m)	[pɛrəndím]
naar het westen	drejt perëndimit	[dréjt pɛrəndímit]
in het westen	në perëndim	[nə pɛrəndím]
westelijk (bn)	perëndimor	[pɛrəndimór]
oosten (het)	lindje (f)	[líndjɛ]
naar het oosten	drejt lindjes	[dréjt líndjɛs]
in het oosten	në lindje	[nə líndjɛ]
oostelijk (bn)	lindor	[lindór]

198. Zee. Oceaan

zee (de)	det (m)	[dét]
oceaan (de)	oqean (m)	[ocɛán]
golf (baai)	gji (m)	[ɟi]
straat (de)	ngushticë (f)	[ŋuʃtítsə]
grond (vaste grond)	tokë (f)	[tókə]
continent (het)	kontinent (m)	[kontinént]
eiland (het)	ishull (m)	[íʃuɬ]
schiereiland (het)	gadishull (m)	[gadíʃuɬ]
archipel (de)	arkipelag (m)	[arkipɛlág]
baai, bocht (de)	gji (m)	[ɟi]
haven (de)	port (m)	[port]
lagune (de)	lagunë (f)	[lagúnə]
kaap (de)	kep (m)	[kɛp]
atol (de)	atol (m)	[atól]
rif (het)	shkëmb nënujor (m)	[ʃkəmb nənujór]
koraal (het)	koral (m)	[korál]
koraalrif (het)	korale nënujorë (f)	[korálɛ nənujórə]
diep (bn)	i thellë	[i θéɬə]
diepte (de)	thellësi (f)	[θɛɬəsí]
diepzee (de)	humnerë (f)	[humnérə]
trog (bijv. Marianentrog)	hendek (m)	[hɛndék]
stroming (de)	rrymë (f)	[rýmə]
omspoelen (ww)	rrethohet	[rɛθóhɛt]

oever (de)	**breg** (m)	[brɛg]
kust (de)	**bregdet** (m)	[brɛgdét]

vloed (de)	**batica** (f)	[batítsa]
eb (de)	**zbaticë** (f)	[zbatítsə]
ondiepte (ondiep water)	**cekëtinë** (f)	[tsɛkətínə]
bodem (de)	**fund i detit** (m)	[fúnd i détit]

golf (hoge ~)	**dallgë** (f)	[dáɫgə]
golfkam (de)	**kreshtë** (f)	[kréʃtə]
schuim (het)	**shkumë** (f)	[ʃkúmə]

storm (de)	**stuhi** (f)	[stuhí]
orkaan (de)	**uragan** (m)	[uragán]
tsunami (de)	**cunam** (m)	[tsunám]
windstilte (de)	**qetësi** (f)	[cɛtəsí]
kalm (bijv. ~e zee)	**i qetë**	[i cétə]

pool (de)	**pol** (m)	[pol]
polair (bn)	**polar**	[polár]

breedtegraad (de)	**gjerësi** (f)	[ɟɛrəsí]
lengtegraad (de)	**gjatësi** (f)	[ɟatəsí]
parallel (de)	**paralele** (f)	[paralélɛ]
evenaar (de)	**ekuator** (m)	[ɛkuatór]

hemel (de)	**qiell** (m)	[cíɛɫ]
horizon (de)	**horizont** (m)	[horizónt]
lucht (de)	**ajër** (m)	[ájər]

vuurtoren (de)	**fanar** (m)	[fanár]
duiken (ww)	**zhytem**	[ʒýtɛm]
zinken (ov. een boot)	**fundosje**	[fundósjɛ]
schatten (mv.)	**thesare** (pl)	[θɛsárɛ]

199. Namen van zeeën en oceanen

Atlantische Oceaan (de)	**Oqeani Atlantik** (m)	[ocɛáni atlantík]
Indische Oceaan (de)	**Oqeani Indian** (m)	[ocɛáni indián]
Stille Oceaan (de)	**Oqeani Paqësor** (m)	[ocɛáni pacəsór]
Noordelijke IJszee (de)	**Oqeani Arktik** (m)	[ocɛáni arktík]

Zwarte Zee (de)	**Deti i Zi** (m)	[déti i zí]
Rode Zee (de)	**Deti i Kuq** (m)	[déti i kúc]
Gele Zee (de)	**Deti i Verdhë** (m)	[déti i vérðə]
Witte Zee (de)	**Deti i Bardhë** (m)	[déti i bárðə]

Kaspische Zee (de)	**Deti Kaspik** (m)	[déti kaspík]
Dode Zee (de)	**Deti i Vdekur** (m)	[déti i vdékur]
Middellandse Zee (de)	**Deti Mesdhe** (m)	[déti mɛsðé]

Egeïsche Zee (de)	**Deti Egje** (m)	[déti ɛɟé]
Adriatische Zee (de)	**Deti Adriatik** (m)	[déti adriatík]
Arabische Zee (de)	**Deti Arab** (m)	[déti aráb]

Japanse Zee (de)	**Deti i Japonisë** (m)	[déti i japonísə]
Beringzee (de)	**Deti Bering** (m)	[déti bériŋ]
Zuid-Chinese Zee (de)	**Deti i Kinës Jugore** (m)	[déti i kínəs jugórε]
Koraalzee (de)	**Deti Koral** (m)	[déti korál]
Tasmanzee (de)	**Deti Tasman** (m)	[déti tasmán]
Caribische Zee (de)	**Deti i Karaibeve** (m)	[déti i karaíbεvε]
Barentszzee (de)	**Deti Barents** (m)	[déti barénts]
Karische Zee (de)	**Deti Kara** (m)	[déti kára]
Noordzee (de)	**Deti i Veriut** (m)	[déti i vériut]
Baltische Zee (de)	**Deti Baltik** (m)	[déti baltík]
Noorse Zee (de)	**Deti Norvegjez** (m)	[déti norvεɟéz]

200. Bergen

berg (de)	**mal** (m)	[mal]
bergketen (de)	**vargmal** (m)	[vargmál]
gebergte (het)	**kresht malor** (m)	[kréʃt malór]
bergtop (de)	**majë** (f)	[májə]
bergpiek (de)	**maja më e lartë** (f)	[mája mə ε lártə]
voet (ov. de berg)	**rrëza e malit** (f)	[rəza ε málit]
helling (de)	**shpat** (m)	[ʃpat]
vulkaan (de)	**vullkan** (m)	[vuɫkán]
actieve vulkaan (de)	**vullkan aktiv** (m)	[vuɫkán aktív]
uitgedoofde vulkaan (de)	**vullkan i fjetur** (m)	[vuɫkán i fjétur]
uitbarsting (de)	**shpërthim** (m)	[ʃpərθím]
krater (de)	**krater** (m)	[kratér]
magma (het)	**magmë** (f)	[mágmə]
lava (de)	**llavë** (f)	[ɫávə]
gloeiend (~e lava)	**i shkrirë**	[i ʃkrírə]
kloof (canyon)	**kanion** (m)	[kanión]
bergkloof (de)	**grykë** (f)	[grýkə]
spleet (de)	**çarje** (f)	[tʃárjε]
afgrond (de)	**humnerë** (f)	[humnérə]
bergpas (de)	**kalim** (m)	[kalím]
plateau (het)	**pllajë** (f)	[pɫájə]
klip (de)	**shkëmb** (m)	[ʃkəmb]
heuvel (de)	**kodër** (f)	[kódər]
gletsjer (de)	**akullnajë** (f)	[akuɫnájə]
waterval (de)	**ujëvarë** (f)	[ujəvárə]
geiser (de)	**gejzer** (m)	[gεjzér]
meer (het)	**liqen** (m)	[licén]
vlakte (de)	**fushë** (f)	[fúʃə]
landschap (het)	**peizazh** (m)	[pεizáʒ]
echo (de)	**jehonë** (f)	[jεhónə]

alpinist (de)	alpinist (m)	[alpiníst]
bergbeklimmer (de)	alpinist shkëmbßinjsh (m)	[alpiníst ʃkəmbiɲʃ]
trotseren (berg ~)	pushtoj majën	[puʃtój májən]
beklimming (de)	ngjitje (f)	[ɲʝítjɛ]

201. Bergen namen

Alpen (de)	Alpet (pl)	[alpét]
Mont Blanc (de)	Montblanc (m)	[montblánk]
Pyreneeën (de)	Pirenejet (pl)	[pirɛnéjɛt]

Karpaten (de)	Karpatet (m)	[karpátɛt]
Oeralgebergte (het)	Malet Urale (pl)	[málɛt urálɛ]
Kaukasus (de)	Malet Kaukaze (pl)	[málɛt kaukázɛ]
Elbroes (de)	Mali Elbrus (m)	[máli ɛlbrús]

Altaj (de)	Malet Altai (pl)	[málɛt altái]
Tiensjan (de)	Tian Shani (m)	[tían ʃáni]
Pamir (de)	Malet e Pamirit (m)	[málɛt ɛ pamírit]
Himalaya (de)	Himalajet (pl)	[himalájɛt]
Everest (de)	Mali Everest (m)	[máli ɛvɛrést]

| Andes (de) | andet (pl) | [ándɛt] |
| Kilimanjaro (de) | Mali Kilimanxharo (m) | [máli kilimandʒáro] |

202. Rivieren

rivier (de)	lum (m)	[lum]
bron (~ van een rivier)	burim (m)	[burím]
rivierbedding (de)	shtrat lumi (m)	[ʃtrat lúmi]
rivierbekken (het)	basen (m)	[basén]
uitmonden in ...	rrjedh ...	[rjéð ...]

| zijrivier (de) | derdhje (f) | [dérðjɛ] |
| oever (de) | breg (m) | [brɛg] |

stroming (de)	rrymë (f)	[rýmə]
stroomafwaarts (bw)	rrjedhje e poshtme	[rjéðjɛ ɛ póʃtmɛ]
stroomopwaarts (bw)	rrjedhje e sipërme	[rjéðjɛ ɛ sípərmɛ]

overstroming (de)	vërshim (m)	[vərʃím]
overstroming (de)	përmbytje (f)	[pərmbýtjɛ]
buiten zijn oevers treden	vërshon	[vərʃón]
overstromen (ww)	përmbytet	[pərmbýtɛt]

| zandbank (de) | cekëtinë (f) | [tsɛkətínə] |
| stroomversnelling (de) | rrjedhë (f) | [rjéðə] |

dam (de)	digë (f)	[dígə]
kanaal (het)	kanal (m)	[kanál]
spaarbekken (het)	rezervuar (m)	[rɛzɛrvuár]
sluis (de)	pendë ujore (f)	[péndə ujórɛ]

waterlichaam (het)	plan hidrik (m)	[plan hidrík]
moeras (het)	kënetë (f)	[kənétə]
broek (het)	moçal (m)	[motʃ ál]
draaikolk (de)	vorbull (f)	[vórbuɫ]

stroom (de)	përrua (f)	[pərúa]
drink- (abn)	i pijshëm	[i píjʃəm]
zoet (~ water)	i freskët	[i fréskət]

| ijs (het) | akull (m) | [ákuɫ] |
| bevriezen (rivier, enz.) | ngrihet | [ŋríhɛt] |

203. Namen van rivieren

| Seine (de) | Sena (f) | [séna] |
| Loire (de) | Loire (f) | [luar] |

Theems (de)	Temza (f)	[témza]
Rijn (de)	Rajnë (m)	[rájnə]
Donau (de)	Danubi (m)	[danúbi]

Wolga (de)	Volga (f)	[vólga]
Don (de)	Doni (m)	[dóni]
Lena (de)	Lena (f)	[léna]

Gele Rivier (de)	Lumi i Verdhë (m)	[lúmi i vérðə]
Blauwe Rivier (de)	Jangce (f)	[jaŋtsé]
Mekong (de)	Mekong (m)	[mɛkóŋ]
Ganges (de)	Gang (m)	[gaŋ]

Nijl (de)	Lumi Nil (m)	[lúmi nil]
Kongo (de)	Lumi Kongo (m)	[lúmi kóŋo]
Okavango (de)	Lumi Okavango (m)	[lúmi okaváŋo]
Zambezi (de)	Lumi Zambezi (m)	[lúmi zambézi]
Limpopo (de)	Lumi Limpopo (m)	[lúmi limpópo]
Mississippi (de)	Lumi Misisipi (m)	[lúmi misisípi]

204. Bos

| bos (het) | pyll (m) | [pyɫ] |
| bos- (abn) | pyjor | [pyjór] |

oerwoud (dicht bos)	pyll i ngjeshur (m)	[pyɫ i ɲéʃur]
bosje (klein bos)	zabel (m)	[zabél]
open plek (de)	lëndinë (f)	[ləndínə]

| struikgewas (het) | pyllëz (m) | [pýɫəz] |
| struiken (mv.) | shkurre (f) | [ʃkúrɛ] |

paadje (het)	shteg (m)	[ʃtɛg]
ravijn (het)	hon (m)	[hon]
boom (de)	pemë (f)	[pémə]

| blad (het) | gjeth (m) | [ɟɛθ] |
| gebladerte (het) | gjethe (pl) | [ɟéθɛ] |

vallende bladeren (mv.)	rënie e gjetheve (f)	[rəníɛ ɛ ɟéθɛvɛ]
vallen (ov. de bladeren)	bien	[bíɛn]
boomtop (de)	maje (f)	[májɛ]

tak (de)	degë (f)	[dégə]
ent (de)	degë (f)	[dégə]
knop (de)	syth (m)	[syθ]
naald (de)	shtiza pishe (f)	[ʃtíza píʃɛ]
dennenappel (de)	lule pishe (f)	[lúlɛ píʃɛ]

boom holte (de)	zgavër (f)	[zgávər]
nest (het)	fole (f)	[folé]
hol (het)	strofull (f)	[strófuł]

stam (de)	trung (m)	[truŋ]
wortel (bijv. boom~s)	rrënjë (f)	[réɲə]
schors (de)	lëvore (f)	[ləvórɛ]
mos (het)	myshk (m)	[myʃk]

ontwortelen (een boom)	shkul	[ʃkul]
kappen (een boom ~)	pres	[prɛs]
ontbossen (ww)	shpyllëzoj	[ʃpyłəzój]
stronk (de)	cung (m)	[tsúŋ]

kampvuur (het)	zjarr kampingu (m)	[zjar kampíŋu]
bosbrand (de)	zjarr në pyll (m)	[zjar nə pył]
blussen (ww)	shuaj	[ʃúaj]

boswachter (de)	roje pyjore (f)	[rójɛ pyjórɛ]
bescherming (de)	mbrojtje (f)	[mbrójtjɛ]
beschermen	mbroj	[mbrój]
(bijv. de natuur ~)		
stroper (de)	gjahtar i jashtëligjshëm (m)	[ɟahtár i jaʃtəlíɟʃəm]
val (de)	grackë (f)	[grátskə]

| plukken (vruchten, enz.) | mbledh | [mbléð] |
| verdwalen (de weg kwijt zijn) | humb rrugën | [húmb rúgən] |

205. Natuurlijke hulpbronnen

natuurlijke rijkdommen (mv.)	burime natyrore (pl)	[burímɛ natyrórɛ]
delfstoffen (mv.)	minerale (pl)	[minɛrálɛ]
lagen (mv.)	depozita (pl)	[dɛpozíta]
veld (bijv. olie~)	fushë (f)	[fúʃə]

winnen (uit erts ~)	nxjerr	[ndzjér]
winning (de)	nxjerrje mineralesh (f)	[ndzjérjɛ minɛrálɛʃ]
erts (het)	xehe (f)	[dzéhɛ]
mijn (bijv. kolenmijn)	minierë (f)	[miniérə]
mijnschacht (de)	nivel (m)	[nivél]
mijnwerker (de)	minator (m)	[minatór]

| gas (het) | gaz (m) | [gaz] |
| gasleiding (de) | gazsjellës (m) | [gazsjéłəs] |

olie (aardolie)	naftë (f)	[náftə]
olieleiding (de)	naftësjellës (f)	[naftəsjéłəs]
oliebron (de)	pus nafte (m)	[pus náftɛ]
boortoren (de)	burim nafte (m)	[burím náftɛ]
tanker (de)	anije-cisternë (f)	[aníjɛ-tsistérnə]

zand (het)	rërë (f)	[rérə]
kalksteen (de)	gur gëlqeror (m)	[gur gəlcɛrór]
grind (het)	zhavorr (m)	[ʒavór]
veen (het)	torfë (f)	[tórfə]
klei (de)	argjilë (f)	[aɲílə]
steenkool (de)	qymyr (m)	[cymýr]

ijzer (het)	hekur (m)	[hékur]
goud (het)	ar (m)	[ár]
zilver (het)	argjend (m)	[aɲénd]
nikkel (het)	nikel (m)	[nikél]
koper (het)	bakër (m)	[bákər]

zink (het)	zink (m)	[zink]
mangaan (het)	mangan (m)	[maŋán]
kwik (het)	merkur (m)	[mɛrkúr]
lood (het)	plumb (m)	[plúmb]

mineraal (het)	mineral (m)	[minɛrál]
kristal (het)	kristal (m)	[kristál]
marmer (het)	mermer (m)	[mɛrmér]
uraan (het)	uranium (m)	[uraniúm]

De Aarde. Deel 2

206. Weer

weer (het)	moti (m)	[móti]
weersvoorspelling (de)	parashikimi i motit (m)	[paraʃikími i mótit]
temperatuur (de)	temperaturë (f)	[tɛmpɛratúrə]
thermometer (de)	termometër (m)	[tɛrmométər]
barometer (de)	barometër (m)	[barométər]
vochtig (bn)	i lagësht	[i lágəʃt]
vochtigheid (de)	lagështi (f)	[lagəʃtí]
hitte (de)	vapë (f)	[vápə]
heet (bn)	shumë nxehtë	[ʃúmə ndzéhtə]
het is heet	është nxehtë	[éʃtə ndzéhtə]
het is warm	është ngrohtë	[éʃtə ŋróhtə]
warm (bn)	ngrohtë	[ŋróhtə]
het is koud	bën ftohtë	[bən ftóhtə]
koud (bn)	i ftohtë	[i ftóhtə]
zon (de)	diell (m)	[díɛɫ]
schijnen (de zon)	ndriçon	[ndritʃón]
zonnig (~e dag)	me diell	[mɛ díɛɫ]
opgaan (ov. de zon)	agon	[agón]
ondergaan (ww)	perëndon	[pɛrəndón]
wolk (de)	re (f)	[rɛ]
bewolkt (bn)	vranët	[vránət]
regenwolk (de)	re shiu (f)	[rɛ ʃíu]
somber (bn)	vranët	[vránət]
regen (de)	shi (m)	[ʃi]
het regent	bie shi	[bíɛ ʃi]
regenachtig (bn)	me shi	[mɛ ʃi]
motregenen (ww)	shi i imët	[ʃi i ímət]
plensbui (de)	shi litar (m)	[ʃi litár]
stortbui (de)	stuhi shiu (f)	[stuhí ʃíu]
hard (bn)	i fortë	[i fórtə]
plas (de)	brakë (f)	[brákə]
nat worden (ww)	lagem	[lágɛm]
mist (de)	mjegull (f)	[mjéguɫ]
mistig (bn)	e mjegullt	[ɛ mjéguɫt]
sneeuw (de)	borë (f)	[bórə]
het sneeuwt	bie borë	[bíɛ bórə]

207. Zwaar weer. Natuurrampen

noodweer (storm)	stuhi (f)	[stuhí]
bliksem (de)	vetëtimë (f)	[vɛtətímə]
flitsen (ww)	vetëton	[vɛtətón]
donder (de)	bubullimë (f)	[bubuɬímə]
donderen (ww)	bubullon	[bubuɬón]
het dondert	bubullon	[bubuɬón]
hagel (de)	breshër (m)	[bréʃər]
het hagelt	po bie breshër	[po biɛ bréʃər]
overstromen (ww)	përmbytet	[pərmbýtɛt]
overstroming (de)	përmbytje (f)	[pərmbýtjɛ]
aardbeving (de)	tërmet (m)	[tərmét]
aardschok (de)	lëkundje (f)	[ləkúndjɛ]
epicentrum (het)	epiqendër (f)	[ɛpicéndər]
uitbarsting (de)	shpërthim (m)	[ʃpərθím]
lava (de)	llavë (f)	[ɬávə]
wervelwind (de)	vorbull (f)	[vórbuɬ]
windhoos (de)	tornado (f)	[tornádo]
tyfoon (de)	tajfun (m)	[tajfún]
orkaan (de)	uragan (m)	[uragán]
storm (de)	stuhi (f)	[stuhí]
tsunami (de)	cunam (m)	[tsunám]
cycloon (de)	ciklon (m)	[tsiklón]
onweer (het)	mot i keq (m)	[mot i kɛc]
brand (de)	zjarr (m)	[zjar]
ramp (de)	fatkeqësi (f)	[fatkɛcəsí]
meteoriet (de)	meteor (m)	[mɛtɛór]
lawine (de)	ortek (m)	[orték]
sneeuwverschuiving (de)	rrëshqitje bore (f)	[rəʃcítjɛ bórɛ]
sneeuwjacht (de)	stuhi bore (f)	[stuhí bórɛ]
sneeuwstorm (de)	stuhi bore (f)	[stuhí bórɛ]

208. Geluiden. Geluiden

stilte (de)	qetësi (f)	[cɛtəsí]
geluid (het)	tingull (m)	[tíɲuɬ]
lawaai (het)	zhurmë (f)	[ʒúrmə]
lawaai maken (ww)	bëj zhurmë	[bəj ʒúrmə]
lawaaierig (bn)	i zhurmshëm	[i ʒúrmʃəm]
luid (~ spreken)	me zë të lartë	[mɛ zə tə lártə]
luid (bijv. ~e stem)	i lartë	[i lártə]
aanhoudend (voortdurend)	e përhershme	[ɛ pərhérʃmɛ]

schreeuw (de)	britmë (f)	[brítmə]
schreeuwen (ww)	bërtas	[bərtás]
gefluister (het)	pëshpërimë (f)	[pəʃpərímə]
fluisteren (ww)	pëshpëris	[pəʃpərís]
geblaf (het)	lehje (f)	[léhjɛ]
blaffen (ww)	leh	[lɛh]
gekreun (het)	rënkim (m)	[rənkím]
kreunen (ww)	rënkoj	[rənkój]
hoest (de)	kollë (f)	[kótə]
hoesten (ww)	kollitem	[kotítɛm]
gefluit (het)	fishkëllimë (f)	[fiʃkətímə]
fluiten (op het fluitje blazen)	fishkëlloj	[fiʃkətój]
geklop (het)	trokitje (f)	[trokítjɛ]
kloppen (aan een deur)	trokas	[trokás]
kraken (hout, ijs)	çahet	[tʃáhɛt]
gekraak (het)	krisje (f)	[krísjɛ]
sirene (de)	alarm (m)	[alárm]
fluit (stoom ~)	fishkëllimë (f)	[fiʃkətímə]
fluiten (schip, trein)	fishkëllen	[fiʃkətén]
toeter (de)	bori (f)	[borí]
toeteren (ww)	i bie borisë	[i bíɛ borísə]

209. Winter

winter (de)	dimër (m)	[dímər]
winter- (abn)	dimëror	[dimərór]
in de winter (bw)	në dimër	[nə dímər]
sneeuw (de)	borë (f)	[bórə]
het sneeuwt	bie borë	[bíɛ bórə]
sneeuwval (de)	reshje bore (f)	[réʃʃɛ bórɛ]
sneeuwhoop (de)	mal dëbore (m)	[mal dəbórɛ]
sneeuwvlok (de)	flok bore (m)	[flók bórɛ]
sneeuwbal (de)	top bore (m)	[top bórɛ]
sneeuwman (de)	dordolec (m)	[dordoléts]
ijspegel (de)	akull (m)	[ákuɫ]
december (de)	Dhjetor (m)	[ðjɛtór]
januari (de)	Janar (m)	[janár]
februari (de)	Shkurt (m)	[ʃkurt]
vorst (de)	ngricë (f)	[ŋrítsə]
vries- (abn)	me ngrica	[mɛ ŋrítsa]
onder nul (bw)	nën zero	[nən zéro]
eerste vorst (de)	ngrica e parë (f)	[ŋrítsa ɛ párə]
rijp (de)	brymë (f)	[brýmə]
koude (de)	ftohtë (f)	[ftóhtə]

het is koud	bën ftohtë	[bən ftóhtə]
bontjas (de)	gëzof (m)	[gəzóf]
wanten (mv.)	doreza (f)	[doréza]

ziek worden (ww)	sëmurem	[səmúrɛm]
verkoudheid (de)	ftohje (f)	[ftóhjɛ]
verkouden raken (ww)	ftohem	[ftóhɛm]

ijs (het)	akull (m)	[ákuɫ]
ijzel (de)	akull transparent (m)	[ákuɫ transparént]
bevriezen (rivier, enz.)	ngrihet	[ŋríhɛt]
ijsschol (de)	bllok akulli (m)	[bɫók ákuɫi]

ski's (mv.)	ski (pl)	[ski]
skiër (de)	skiator (m)	[skiatór]
skiën (ww)	bëj ski	[bəj skí]
schaatsen (ww)	bëj patinazh	[bəj patináʒ]

Fauna

210. Zoogdieren. Roofdieren

roofdier (het)	grabitqar (m)	[grabitcár]
tijger (de)	tigër (m)	[tígər]
leeuw (de)	luan (m)	[luán]
wolf (de)	ujk (m)	[ujk]
vos (de)	dhelpër (f)	[ðélpər]
jaguar (de)	jaguar (m)	[jaguár]
luipaard (de)	leopard (m)	[lɛopárd]
jachtluipaard (de)	gepard (m)	[gɛpárd]
panter (de)	panterë e zezë (f)	[pantérə ɛ zézə]
poema (de)	puma (f)	[púma]
sneeuwluipaard (de)	leopard i borës (m)	[lɛopárd i bórəs]
lynx (de)	rrëqebull (m)	[rəcébuɫ]
coyote (de)	kojotë (f)	[kojótə]
jakhals (de)	çakall (m)	[tʃakáɫ]
hyena (de)	hienë (f)	[hiénə]

211. Wilde dieren

dier (het)	kafshë (f)	[káfʃə]
beest (het)	bishë (f)	[bíʃə]
eekhoorn (de)	ketër (m)	[kétər]
egel (de)	iriq (m)	[iríc]
haas (de)	lepur i egër (m)	[lépur i égər]
konijn (het)	lepur (m)	[lépur]
das (de)	vjedull (f)	[vjéduɫ]
wasbeer (de)	rakun (m)	[rakún]
hamster (de)	hamster (m)	[hamstér]
marmot (de)	marmot (m)	[marmót]
mol (de)	urith (m)	[uríθ]
muis (de)	mi (m)	[mi]
rat (de)	mi (m)	[mi]
vleermuis (de)	lakuriq (m)	[lakuríc]
hermelijn (de)	herminë (f)	[hɛrmínə]
sabeldier (het)	kunadhe (f)	[kunáðɛ]
marter (de)	shqarth (m)	[ʃcarθ]
wezel (de)	nuselalë (f)	[nusɛlálə]
nerts (de)	vizon (m)	[vizón]

| bever (de) | kastor (m) | [kastór] |
| otter (de) | vidër (f) | [vídər] |

paard (het)	kali (m)	[káli]
eland (de)	dre brilopatë (m)	[drɛ brilopátə]
hert (het)	dre (f)	[drɛ]
kameel (de)	deve (f)	[dévɛ]

bizon (de)	bizon (m)	[bizón]
wisent (de)	bizon evropian (m)	[bizón ɛvropián]
buffel (de)	buall (m)	[búaɬ]

zebra (de)	zebër (f)	[zébər]
antilope (de)	antilopë (f)	[antilópə]
ree (de)	dre (f)	[drɛ]
damhert (het)	dre ugar (m)	[drɛ ugár]
gems (de)	kamosh (m)	[kamóʃ]
everzwijn (het)	derr i egër (m)	[dér i égər]

walvis (de)	balenë (f)	[balénə]
rob (de)	fokë (f)	[fókə]
walrus (de)	lopë deti (f)	[lópə déti]
zeebeer (de)	fokë (f)	[fókə]
dolfijn (de)	delfin (m)	[dɛlfín]

beer (de)	ari (m)	[arí]
ijsbeer (de)	ari polar (m)	[arí polár]
panda (de)	panda (f)	[pánda]

aap (de)	majmun (m)	[majmún]
chimpansee (de)	shimpanze (f)	[ʃimpánzɛ]
orang-oetan (de)	orangutan (m)	[oraŋután]
gorilla (de)	gorillë (f)	[goríɬə]
makaak (de)	majmun makao (m)	[majmún makáo]
gibbon (de)	gibon (m)	[gibón]

olifant (de)	elefant (m)	[ɛlɛfánt]
neushoorn (de)	rinoqeront (m)	[rinocɛrónt]
giraffe (de)	gjirafë (f)	[ɟiráfə]
nijlpaard (het)	hipopotam (m)	[hipopotám]

| kangoeroe (de) | kangur (m) | [kaŋúr] |
| koala (de) | koala (f) | [koála] |

mangoest (de)	mangustë (f)	[maŋústə]
chinchilla (de)	çinçila (f)	[tʃintʃíla]
stinkdier (het)	qelbës (m)	[célbəs]
stekelvarken (het)	ferrëgjatë (m)	[fɛrəɟátə]

212. Huisdieren

poes (de)	mace (f)	[mátsɛ]
kater (de)	maçok (m)	[matʃók]
hond (de)	qen (m)	[cɛn]

paard (het)	**kali** (m)	[káli]
hengst (de)	**hamshor** (m)	[hamʃór]
merrie (de)	**pelë** (f)	[pélə]
koe (de)	**lopë** (f)	[lópə]
bul, stier (de)	**dem** (m)	[dém]
os (de)	**ka** (m)	[ka]
schaap (het)	**dele** (f)	[délɛ]
ram (de)	**dash** (m)	[daʃ]
geit (de)	**dhi** (f)	[ði]
bok (de)	**cjap** (m)	[tsjáp]
ezel (de)	**gomar** (m)	[gomár]
muilezel (de)	**mushkë** (f)	[múʃkə]
varken (het)	**derr** (m)	[dɛr]
biggetje (het)	**derrkuc** (m)	[dɛrkúts]
konijn (het)	**lepur** (m)	[lépur]
kip (de)	**pulë** (f)	[púlə]
haan (de)	**gjel** (m)	[ɟél]
eend (de)	**rosë** (f)	[rósə]
woerd (de)	**rosak** (m)	[rosák]
gans (de)	**patë** (f)	[pátə]
kalkoen haan (de)	**gjel deti i egër** (m)	[ɟél déti i égər]
kalkoen (de)	**gjel deti** (m)	[ɟél déti]
huisdieren (mv.)	**kafshë shtëpiake** (f)	[káfʃə ʃtəpiákɛ]
tam (bijv. hamster)	**i zbutur**	[i zbútur]
temmen (tam maken)	**zbus**	[zbus]
fokken (bijv. paarden ~)	**rrit**	[rit]
boerderij (de)	**fermë** (f)	[férmə]
gevogelte (het)	**pulari** (f)	[pularí]
rundvee (het)	**bagëti** (f)	[bagətí]
kudde (de)	**kope** (f)	[kopé]
paardenstal (de)	**stallë** (f)	[stáłə]
zwijnenstal (de)	**stallë e derrave** (f)	[stáłə ɛ déravɛ]
koeienstal (de)	**stallë e lopëve** (f)	[stáłə ɛ lópəvɛ]
konijnenhok (het)	**kolibe lepujsh** (f)	[kolíbɛ lépujʃ]
kippenhok (het)	**kotec** (m)	[kotéts]

213. Honden. Hondenrassen

hond (de)	**qen** (m)	[cɛn]
herdershond (de)	**qen dhensh** (m)	[cɛn ðɛnʃ]
Duitse herdershond (de)	**pastor gjerman** (m)	[pastór ɟɛrmán]
poedel (de)	**pudël** (f)	[púdəl]
teckel (de)	**dakshund** (m)	[dákshund]
buldog (de)	**bulldog** (m)	[buɫdóg]

boxer (de)	bokser (m)	[boksér]
mastiff (de)	mastif (m)	[mastíf]
rottweiler (de)	rotvailer (m)	[rotvailér]
doberman (de)	doberman (m)	[dobɛrmán]

basset (de)	baset (m)	[basét]
bobtail (de)	bishtshkurtër (m)	[biʃtʃkúrtər]
dalmatiër (de)	dalmat (m)	[dalmát]
cockerspaniël (de)	koker spaniel (m)	[kokér spaniél]

Newfoundlander (de)	terranova (f)	[tɛranóva]
sint-bernard (de)	Seint-Bernard (m)	[séint-bɛrnárd]

husky (de)	haski (m)	[háski]
chowchow (de)	çau çau (m)	[tʃáu tʃáu]
spits (de)	dhelpërush (m)	[ðɛlpərúʃ]
mopshond (de)	karlino (m)	[karlíno]

214. Dierengeluiden

geblaf (het)	lehje (f)	[léhjɛ]
blaffen (ww)	leh	[lɛh]
miauwen (ww)	mjaullin	[mjauɫín]
spinnen (katten)	gërhimë	[gərhímə]

loeien (ov. een koe)	bën mu	[bən mú]
brullen (stier)	pëllet	[pəɫét]
grommen (ov. de honden)	hungërin	[huŋərín]

gehuil (het)	hungërimë (f)	[huŋərímə]
huilen (wolf, enz.)	hungëroj	[huŋərój]
janken (ov. een hond)	angullin	[aŋuɫín]

mekkeren (schapen)	blegërin	[blɛgərín]
knorren (varkens)	hungërin	[huŋərín]
gillen (bijv. varken)	klith	[kliθ]

kwaken (kikvorsen)	bën kuak	[bən kuák]
zoemen (hommel, enz.)	zukat	[zukát]
tjirpen (sprinkhanen)	gumëzhin	[guməʒín]

215. Jonge dieren

jong (het)	këlysh (m)	[kəlýʃ]
poesje (het)	kotele (f)	[kotélɛ]
muisje (het)	miush (m)	[miúʃ]
puppy (de)	këlysh qeni (m)	[kəlýʃ céni]

jonge haas (de)	lepurush (m)	[lɛpurúʃ]
konijntje (het)	lepurush i butë (m)	[lɛpurúʃ i bútə]
wolfje (het)	këlysh ujku (m)	[kəlýʃ újku]
vosje (het)	këlysh dhelpre (m)	[kəlýʃ ðélprɛ]

beertje (het)	këlysh ariu (m)	[kəlýʃ aríu]
leeuwenjong (het)	këlysh luani (m)	[kəlýʃ luáni]
tijgertje (het)	këlysh tigri (m)	[kəlýʃ tígri]
olifantenjong (het)	këlysh elefanti (m)	[kəlýʃ ɛlɛfánti]

biggetje (het)	derrkuc (m)	[dɛrkúts]
kalf (het)	viç (m)	[vitʃ]
geitje (het)	kec (m)	[kéts]
lam (het)	qengj (m)	[cɛɲj]
reekalf (het)	kaproll (m)	[kaprół]
jonge kameel (de)	këlysh deveje (m)	[kəlýʃ dɛvéjɛ]

| slangenjong (het) | gjarpër i vogël (m) | [ɟárpər i vógəl] |
| kikkertje (het) | këlysh bretkose (m) | [kəlýʃ brɛtkósɛ] |

vogeltje (het)	zog i vogël (m)	[zog i vógəl]
kuiken (het)	zog pule (m)	[zog púlɛ]
eendje (het)	zog rose (m)	[zog rósɛ]

216. Vogels

vogel (de)	zog (m)	[zog]
duif (de)	pëllumb (m)	[pəłúmb]
mus (de)	harabel (m)	[harabél]
koolmees (de)	xhixhimës (m)	[dʒidʒimés]
ekster (de)	laraskë (f)	[laráskə]

raaf (de)	korb (m)	[korb]
kraai (de)	sorrë (f)	[sórə]
kauw (de)	galë (f)	[gálə]
roek (de)	sorrë (f)	[sórə]

eend (de)	rosë (f)	[rósə]
gans (de)	patë (f)	[pátə]
fazant (de)	fazan (m)	[fazán]

arend (de)	shqiponjë (f)	[ʃcipóɲə]
havik (de)	gjeraqinë (f)	[ɟɛracínə]
valk (de)	fajkua (f)	[fajkúa]
gier (de)	hutë (f)	[hútə]
condor (de)	kondor (m)	[kondór]

zwaan (de)	mjellmë (f)	[mjéłmə]
kraanvogel (de)	lejlek (m)	[lɛjlék]
ooievaar (de)	lejlek (m)	[lɛjlék]

papegaai (de)	papagall (m)	[papagáł]
kolibrie (de)	kolibri (m)	[kolíbri]
pauw (de)	pallua (m)	[pałúa]

struisvogel (de)	struc (m)	[struts]
reiger (de)	çafkë (f)	[tʃáfkə]
flamingo (de)	flamingo (m)	[flamíɲo]
pelikaan (de)	pelikan (m)	[pɛlikán]

nachtegaal (de)	bilbil (m)	[bilbíl]
zwaluw (de)	dallëndyshe (f)	[datəndýʃɛ]

lijster (de)	mëllenjë (f)	[mətéɲə]
zanglijster (de)	grifsha (f)	[grífʃa]
merel (de)	mëllenjë (f)	[mətéɲə]

gierzwaluw (de)	dallëndyshe (f)	[datəndýʃɛ]
leeuwerik (de)	thëllëzë (f)	[θətézə]
kwartel (de)	trumcak (m)	[trumtsák]

specht (de)	qukapik (m)	[cukapík]
koekoek (de)	kukuvajkë (f)	[kukuvájkə]
uil (de)	buf (m)	[buf]
oehoe (de)	buf mbretëror (m)	[buf mbrɛtərór]
auerhoen (het)	fazan i pyllit (m)	[fazán i pýtit]
korhoen (het)	fazan i zi (m)	[fazán i zí]
patrijs (de)	thëllëzë (f)	[θətézə]

spreeuw (de)	gargull (m)	[gárgut]
kanarie (de)	kanarinë (f)	[kanarínə]
hazelhoen (het)	fazan mali (m)	[fazán máli]
vink (de)	trishtil (m)	[triʃtíl]
goudvink (de)	trishtil dimri (m)	[triʃtíl dímri]

meeuw (de)	pulëbardhë (f)	[puləbárðə]
albatros (de)	albatros (m)	[albatrós]
pinguïn (de)	penguin (m)	[pɛŋuín]

217. Vogels. Zingen en geluiden

fluiten, zingen (ww)	këndoj	[kəndój]
schreeuwen (dieren, vogels)	thërras	[θərás]
kraaien (ov. een haan)	kakaris	[kakarís]
kukeleku	kikiriku	[kikiríku]

klokken (hen)	kakaris	[kakarís]
krassen (kraai)	krokas	[krokás]
kwaken (eend)	bën kuak kuak	[bən kuák kuák]
piepen (kuiken)	pisket	[piskét]
tjilpen (bijv. een mus)	cicëroj	[tsitsərój]

218. Vis. Zeedieren

brasem (de)	krapuliq (m)	[krapulíc]
karper (de)	krap (m)	[krap]
baars (de)	perç (m)	[pɛrtʃ]
meerval (de)	mustak (m)	[musták]
snoek (de)	mlysh (m)	[mlýʃ]

zalm (de)	salmon (m)	[salmón]
steur (de)	bli (m)	[blí]

haring (de)	harengë (f)	[haréŋə]
atlantische zalm (de)	salmon Atlantiku (m)	[salmón atlantíku]
makreel (de)	skumbri (m)	[skúmbri]
platvis (de)	shojzë (f)	[ʃójzə]

snoekbaars (de)	troftë (f)	[tróftə]
kabeljauw (de)	merluc (m)	[mɛrlúts]
tonijn (de)	tunë (f)	[túnə]
forel (de)	troftë (f)	[tróftə]

paling (de)	ngjalë (f)	[nɟálə]
sidderrog (de)	peshk elektrik (m)	[pɛʃk ɛlɛktrík]
murene (de)	ngjalë morel (f)	[nɟálə morél]
piranha (de)	piranja (f)	[piráɲa]

haai (de)	peshkaqen (m)	[pɛʃkacén]
dolfijn (de)	delfin (m)	[dɛlfín]
walvis (de)	balenë (f)	[balénə]

krab (de)	gaforre (f)	[gafórɛ]
kwal (de)	kandil deti (m)	[kandíl déti]
octopus (de)	oktapod (m)	[oktapód]

zeester (de)	yll deti (m)	[yɫ déti]
zee-egel (de)	iriq deti (m)	[iríc déti]
zeepaardje (het)	kalë deti (m)	[kálə déti]

oester (de)	midhje (f)	[míðjɛ]
garnaal (de)	karkalec (m)	[karkaléts]
kreeft (de)	karavidhe (f)	[karavíðɛ]
langoest (de)	karavidhe (f)	[karavíðɛ]

219. Amfibieën. Reptielen

| slang (de) | gjarpër (m) | [ɟárpər] |
| giftig (slang) | helmues | [hɛlmúɛs] |

adder (de)	nepërka (f)	[nɛpérka]
cobra (de)	kobra (f)	[kóbra]
python (de)	piton (m)	[pitón]
boa (de)	boa (f)	[bóa]

ringslang (de)	kular (m)	[kulár]
ratelslang (de)	gjarpër me zile (m)	[ɟárpər mɛ zílɛ]
anaconda (de)	anakonda (f)	[anakónda]

hagedis (de)	hardhucë (f)	[harðútsə]
leguaan (de)	iguana (f)	[iguána]
varaan (de)	varan (m)	[varán]
salamander (de)	salamandër (f)	[salamándər]
kameleon (de)	kameleon (m)	[kamɛlɛón]
schorpioen (de)	akrep (m)	[akrép]
schildpad (de)	breshkë (f)	[bréʃkə]
kikker (de)	bretkosë (f)	[brɛtkósə]

| pad (de) | zhabë (f) | [ʒábə] |
| krokodil (de) | krokodil (m) | [krokodíl] |

220. Insecten

insect (het)	insekt (m)	[insékt]
vlinder (de)	flutur (f)	[flútur]
mier (de)	milingonë (f)	[miliŋónə]
vlieg (de)	mizë (f)	[mízə]
mug (de)	mushkonjë (f)	[muʃkóɲə]
kever (de)	brumbull (m)	[brúmbuɫ]

wesp (de)	grerëz (f)	[grérəz]
bij (de)	bletë (f)	[blétə]
hommel (de)	greth (m)	[grɛθ]
horzel (de)	zekth (m)	[zɛkθ]

| spin (de) | merimangë (f) | [mɛrimáɲə] |
| spinnenweb (het) | rrjetë merimange (f) | [rjétə mɛrimáɲɛ] |

libel (de)	pilivesë (f)	[pilivésə]
sprinkhaan (de)	karkalec (m)	[karkaléts]
nachtvlinder (de)	molë (f)	[mólə]

kakkerlak (de)	kacabu (f)	[katsabú]
teek (de)	rriqër (m)	[ríçər]
vlo (de)	plesht (m)	[plɛʃt]
kriebelmug (de)	mushicë (f)	[muʃítsə]

treksprinkhaan (de)	gjinkallë (f)	[ɟinkáɫə]
slak (de)	kërmill (m)	[kərmíɫ]
krekel (de)	bulkth (m)	[búlkθ]
glimworm (de)	xixëllonjë (f)	[dzidzəɫóɲə]
lieveheersbeestje (het)	mollëkuqe (f)	[moɫəkútsɛ]
meikever (de)	vizhë (f)	[víʒə]

bloedzuiger (de)	shushunjë (f)	[ʃuʃúɲə]
rups (de)	vemje (f)	[vémjɛ]
aardworm (de)	krimb toke (m)	[krímb tókɛ]
larve (de)	larvë (f)	[lárvə]

221. Dieren. Lichaamsdelen

snavel (de)	sqep (m)	[scɛp]
vleugels (mv.)	flatra (pl)	[flátra]
poot (ov. een vogel)	këmbë (f)	[kémbə]
verenkleed (het)	pupla (pl)	[púpla]
veer (de)	pupël (f)	[púpəl]
kuifje (het)	kreshtë (f)	[kréʃtə]

| kieuwen (mv.) | velëz (f) | [véləz] |
| kuit, dril (de) | vezë peshku (f) | [vézə péʃku] |

larve (de)	larvë (f)	[lárvə]
vin (de)	krah (m)	[krah]
schubben (mv.)	luspë (f)	[lúspə]

slagtand (de)	dhëmb prerës (m)	[ðəmb préres]
poot (bijv. ~ van een kat)	shputë (f)	[ʃpútə]
muil (de)	turi (m)	[turí]
bek (mond van dieren)	gojë (f)	[gójə]
staart (de)	bisht (m)	[biʃt]
snorharen (mv.)	mustaqe (f)	[mustácɛ]

| hoef (de) | thundër (f) | [θúndər] |
| hoorn (de) | bri (m) | [brí] |

schild (schildpad, enz.)	karapaks (m)	[karapáks]
schelp (de)	guaskë (f)	[guáskə]
eierschaal (de)	lëvozhgë veze (f)	[ləvóʒgə vézɛ]

| vacht (de) | qime (f) | [címɛ] |
| huid (de) | lëkurë kafshe (f) | [ləkúrə káfʃɛ] |

222. Acties van de dieren

| vliegen (ww) | fluturoj | [fluturój] |
| cirkelen (vogel) | fluturoj përreth | [fluturój pəréθ] |

| wegvliegen (ww) | fluturoj tutje | [fluturój tútjɛ] |
| klapwieken (ww) | rrah | [rah] |

| pikken (vogels) | qukas | [cukás] |
| broeden (de eend zit te ~) | ngroh vezët | [ŋróh vézət] |

| uitbroeden (ww) | çelin vezët | [tʃélin vézət] |
| een nest bouwen | ngre fole | [ŋré folé] |

kruipen (ww)	gjarpëroj	[ɟarpərój]
steken (bij)	pickoj	[pitskój]
bijten (de hond, enz.)	kafshoj	[kafʃój]

snuffelen (ov. de dieren)	nuhas	[nuhás]
blaffen (ww)	leh	[lɛh]
sissen (slang)	fërshëllej	[fərʃətéj]

| doen schrikken (ww) | tremb | [trɛmb] |
| aanvallen (ww) | sulmoj | [sulmój] |

knagen (ww)	brej	[brɛj]
schrammen (ww)	gërvisht	[gərvíʃt]
zich verbergen (ww)	fsheh	[fʃéh]

spelen (ww)	luaj	[lúaj]
jagen (ww)	dal për gjah	[dál pər ɟáh]
winterslapen	fle gjumë letargjik	[flɛ ɟúmə lɛtaɲík]
uitsterven (dinosauriërs, enz.)	zhdukem	[ʒdúkɛm]

223. Dieren. Leefomgevingen

leefgebied (het)	banesë (f)	[banésə]
migratie (de)	migrim (m)	[migrím]
berg (de)	mal (m)	[mal]
rif (het)	shkëmb nënujor (m)	[ʃkəmb nənujór]
klip (de)	shkëmb (m)	[ʃkəmb]
bos (het)	pyll (m)	[pyɬ]
jungle (de)	xhungël (f)	[dʒúŋəl]
savanne (de)	savana (f)	[savána]
toendra (de)	tundra (f)	[túndra]
steppe (de)	stepa (f)	[stépa]
woestijn (de)	shkretëtirë (f)	[ʃkrɛtətírə]
oase (de)	oazë (f)	[oázə]
zee (de)	det (m)	[dét]
meer (het)	liqen (m)	[licén]
oceaan (de)	oqean (m)	[ocɛán]
moeras (het)	kënetë (f)	[kənétə]
zoetwater- (abn)	ujëra të ëmbla	[újəra tə əmbla]
vijver (de)	pellg (m)	[pɛɬg]
rivier (de)	lum (m)	[lum]
berenhol (het)	strofull (f)	[strófuɬ]
nest (het)	fole (f)	[folé]
boom holte (de)	zgavër (f)	[zgávər]
hol (het)	strofull (f)	[strófuɬ]
mierenhoop (de)	mal milingonash (m)	[mal miliŋónaʃ]

224. Dierverzorging

dierentuin (de)	kopsht zoologjik (m)	[kópʃt zooloɟík]
natuurreservaat (het)	rezervat natyror (m)	[rɛzɛrvát natyrór]
fokkerij (de)	mbarështues (m)	[mbarəʃtúɛs]
openluchtkooi (de)	kafaz i hapur (m)	[kafáz i hápur]
kooi (de)	kafaz (m)	[kafáz]
hondenhok (het)	kolibe qeni (f)	[kolíbɛ céni]
duiventil (de)	kafaz pëllumbash (m)	[kafáz pəɬúmbaʃ]
aquarium (het)	akuarium (m)	[akuariúm]
dolfinarium (het)	akuarium për delfinë (m)	[akuariúm pər dɛlfínə]
fokken (bijv. honden ~)	mbarështoj	[mbarəʃtój]
nakomelingen (mv.)	këlysh (m)	[kəlýʃ]
temmen (tam maken)	zbus	[zbus]
dresseren (ww)	stërvit	[stərvít]
voeding (de)	ushqim (m)	[uʃcím]
voederen (ww)	ushqej	[uʃcéj]

dierenwinkel (de)	**dyqan kafshësh** (m)	[dycán káfʃəʃ]
muilkorf (de)	**maskë turiri** (f)	[máskə turíri]
halsband (de)	**kollare** (f)	[koɫárɛ]
naam (ov. een dier)	**emri** (m)	[émri]
stamboom (honden met ~)	**raca** (f)	[rátsa]

225. Dieren. Diversen

meute (wolven)	**tufë** (f)	[túfə]
zwerm (vogels)	**tufë** (f)	[túfə]
school (vissen)	**grup** (m)	[grup]
kudde (wilde paarden)	**tufë** (f)	[túfə]

mannetje (het)	**mashkull** (m)	[máʃkuɫ]
vrouwtje (het)	**femër** (f)	[fémər]

hongerig (bn)	**i uritur**	[i urítur]
wild (bn)	**i egër**	[i égər]
gevaarlijk (bn)	**i rrezikshëm**	[i rɛzíkʃəm]

226. Paarden

paard (het)	**kali** (m)	[káli]
ras (het)	**raca** (f)	[rátsa]

veulen (het)	**mëzi** (m)	[mézi]
merrie (de)	**pelë** (f)	[pélə]

mustang (de)	**kalë mustang** (m)	[kálə mustáŋ]
pony (de)	**poni** (m)	[póni]
koudbloed (de)	**kalë pune** (f)	[kálə púnɛ]

manen (mv.)	**kreshtë** (f)	[kréʃtə]
staart (de)	**bisht** (m)	[biʃt]

hoef (de)	**thundër** (f)	[θúndər]
hoefijzer (het)	**patkua** (f)	[patkúa]
beslaan (ww)	**mbath**	[mbáθ]
paardensmid (de)	**farkëtar** (m)	[farkətár]

zadel (het)	**shalë** (f)	[ʃálə]
stijgbeugel (de)	**yzengji** (f)	[yzɛnɟí]
breidel (de)	**gojëz** (f)	[gójəz]
leidsels (mv.)	**frenat** (pl)	[frénat]
zweep (de)	**kamxhik** (m)	[kamdʒík]

ruiter (de)	**kalorës** (m)	[kalórəs]
zadelen (ww)	**shaloj**	[ʃalój]
een paard bestijgen	**hip në kalë**	[hip nə kálə]

galop (de)	**galop** (m)	[galóp]
galopperen (ww)	**ec me galop**	[ɛts mɛ galóp]

draf (de)	trok (m)	[trok]
in draf (bw)	me trok	[mɛ trók]
draven (ww)	ec me trok	[ɛts mɛ trók]

| renpaard (het) | kalë garash (m) | [kálə gáraʃ] |
| paardenrace (de) | garë kuajsh (f) | [gárə kúajʃ] |

paardenstal (de)	stallë (f)	[státə]
voederen (ww)	ushqej	[uʃcéj]
hooi (het)	kashtë (f)	[káʃtə]
water geven (ww)	i jap ujë	[i jap újə]
wassen (paard ~)	laj	[laj]

paardenkar (de)	karrocë me kalë (f)	[karótsə mɛ kálə]
grazen (gras eten)	kullos	[kutós]
hinniken (ww)	hingëlloj	[hiŋətój]
een trap geven	gjuaj me shkelma	[ɟúaj mɛ ʃkélma]

Flora

227. Bomen

boom (de)	pemë (f)	[pémǝ]
loof- (abn)	gjethor	[ɟεθór]
dennen- (abn)	halor	[halór]
groenblijvend (bn)	përherë të gjelbra	[pǝrhérǝ tǝ ɟélbra]

appelboom (de)	pemë molle (f)	[pémǝ mótɛ]
perenboom (de)	pemë dardhe (f)	[pémǝ dárðɛ]
zoete kers (de)	pemë qershie (f)	[pémǝ cɛɾʃíɛ]
zure kers (de)	pemë qershi vishnje (f)	[pémǝ cɛɾʃí víʃɲɛ]
pruimelaar (de)	pemë kumbulle (f)	[pémǝ kúmbuɫɛ]

berk (de)	mështekna (f)	[mǝʃtékna]
eik (de)	lis (m)	[lis]
linde (de)	bli (m)	[blí]
esp (de)	plep i egër (m)	[plɛp i égǝr]
esdoorn (de)	panjë (f)	[páɲǝ]
spar (de)	bredh (m)	[brɛð]
den (de)	pishë (f)	[píʃǝ]
lariks (de)	larsh (m)	[lárʃ]
zilverspar (de)	bredh i bardhë (m)	[brɛð i bárðǝ]
ceder (de)	kedër (m)	[kédǝr]

populier (de)	plep (m)	[plɛp]
lijsterbes (de)	vadhë (f)	[váðǝ]
wilg (de)	shelg (m)	[ʃɛlg]
els (de)	verr (m)	[vɛr]
beuk (de)	ah (m)	[ah]
iep (de)	elm (m)	[élm]
es (de)	shelg (m)	[ʃɛlg]
kastanje (de)	gështenjë (f)	[gǝʃtéɲǝ]

magnolia (de)	manjolia (f)	[maɲólia]
palm (de)	palma (f)	[pálma]
cipres (de)	qiparis (m)	[ciparís]

mangrove (de)	rizoforë (f)	[rizofórǝ]
baobab (apenbroodboom)	baobab (m)	[baobáb]
eucalyptus (de)	eukalipt (m)	[ɛukalípt]
mammoetboom (de)	sekuojë (f)	[sɛkuójǝ]

228. Heesters

struik (de)	shkurre (f)	[ʃkúrɛ]
heester (de)	kaçube (f)	[katʃúbɛ]

wijnstok (de)	hardhi (f)	[harðí]
wijngaard (de)	vreshtë (f)	[vréʃtə]

frambozenstruik (de)	mjedër (f)	[mjédər]
zwarte bes (de)	kaliboba e zezë (f)	[kalibóba ɛ zézə]
rode bessenstruik (de)	kaliboba e kuqe (f)	[kalibóba ɛ kúcɛ]
kruisbessenstruik (de)	shkurre kulumbrie (f)	[ʃkúrɛ kulumbríɛ]

acacia (de)	akacie (f)	[akátsiɛ]
zuurbes (de)	krespinë (f)	[krɛspínə]
jasmijn (de)	jasemin (m)	[jasɛmín]

jeneverbes (de)	dëllinjë (f)	[dəłíɲə]
rozenstruik (de)	trëndafil (m)	[trəndafíl]
hondsroos (de)	trëndafil i egër (m)	[trəndafíl i égər]

229. Champignons

paddenstoel (de)	kërpudhë (f)	[kərpúðə]
eetbare paddenstoel (de)	kërpudhë ushqyese (f)	[kərpúðə uʃcýɛsɛ]
giftige paddenstoel (de)	kërpudhë helmuese (f)	[kərpúðə hɛlmúɛsɛ]
hoed (de)	koka e kërpudhës (f)	[kóka ɛ kərpúðəs]
steel (de)	bishti i kërpudhës (m)	[bíʃti i kərpúðəs]

eekhoorntjesbrood (het)	porcini (m)	[portsíni]
rosse populierboleet (de)	kërpudhë kapuç-verdhë (f)	[kərpúðə kapútʃ-vérðə]
berkenboleet (de)	porcinela (f)	[portsinéla]
cantharel (de)	shanterele (f)	[ʃantɛrélɛ]
russula (de)	rusula (f)	[rúsula]

morielje (de)	morele (f)	[morélɛ]
vliegenzwam (de)	kësulkuqe (f)	[kəsulkúcɛ]
groene knolamaniet (de)	kërpudha e vdekjes (f)	[kərpúða ɛ vdékjɛs]

230. Vruchten. Bessen

vrucht (de)	frut (m)	[frut]
vruchten (mv.)	fruta (pl)	[frúta]

appel (de)	mollë (f)	[mółə]
peer (de)	dardhë (f)	[dárðə]
pruim (de)	kumbull (f)	[kúmbuł]

aardbei (de)	luleshtrydhe (f)	[lulɛʃtrýðɛ]
zure kers (de)	qershi vishnje (f)	[cɛrʃí víʃɲɛ]
zoete kers (de)	qershi (f)	[cɛrʃí]
druif (de)	rrush (m)	[ruʃ]

framboos (de)	mjedër (f)	[mjédər]
zwarte bes (de)	kaliboba e zezë (f)	[kalibóba ɛ zézə]
rode bes (de)	kaliboba e kuqe (f)	[kalibóba ɛ kúcɛ]
kruisbes (de)	kulumbri (f)	[kulumbrí]

veenbes (de)	boronica (f)	[boronítsa]
sinaasappel (de)	portokall (m)	[portokáɫ]
mandarijn (de)	mandarinë (f)	[mandarínə]
ananas (de)	ananas (m)	[ananás]
banaan (de)	banane (f)	[banánɛ]
dadel (de)	hurmë (f)	[húrmə]

citroen (de)	limon (m)	[limón]
abrikoos (de)	kajsi (f)	[kajsí]
perzik (de)	pjeshkë (f)	[pjéʃkə]
kiwi (de)	kivi (m)	[kívi]
grapefruit (de)	grejpfrut (m)	[grɛjpfrút]

bes (de)	manë (f)	[mánə]
bessen (mv.)	mana (f)	[mána]
vossenbes (de)	boronicë mirtile (f)	[boronítsə mirtílɛ]
bosaardbei (de)	luleshtrydhe e egër (f)	[lulɛʃtrýðɛ ɛ égər]
blauwe bosbes (de)	boronicë (f)	[boronítsə]

231. Bloemen. Planten

| bloem (de) | lule (f) | [lúlɛ] |
| boeket (het) | buqetë (f) | [bucétə] |

roos (de)	trëndafil (m)	[trəndafíl]
tulp (de)	tulipan (m)	[tulipán]
anjer (de)	karafil (m)	[karafíl]
gladiool (de)	gladiolë (f)	[gladiólə]

korenbloem (de)	lule misri (f)	[lúlɛ mísri]
klokje (het)	lule këmborë (f)	[lúlɛ kəmbórə]
paardenbloem (de)	luleradhiqe (f)	[lulɛraðícɛ]
kamille (de)	kamomil (m)	[kamomíl]

aloë (de)	aloe (f)	[alóɛ]
cactus (de)	kaktus (m)	[kaktús]
ficus (de)	fikus (m)	[fíkus]

lelie (de)	zambak (m)	[zambák]
geranium (de)	barbarozë (f)	[barbarózə]
hyacint (de)	zymbyl (m)	[zymbýl]

mimosa (de)	mimoza (f)	[mimóza]
narcis (de)	narcis (m)	[nartsís]
Oost-Indische kers (de)	lule këmbore (f)	[lúlɛ kəmbórɛ]

orchidee (de)	orkide (f)	[orkidé]
pioenroos (de)	bozhure (f)	[boʒúrɛ]
viooltje (het)	vjollcë (f)	[vjóɫtsə]

driekleurig viooltje (het)	lule vjollca (f)	[lúlɛ vjóɫtsa]
vergeet-mij-nietje (het)	mosmëharro (f)	[mosməharó]
madeliefje (het)	margaritë (f)	[margarítə]
papaver (de)	lulëkuqe (f)	[luləkúcɛ]

hennep (de)	kërp (m)	[kǝ́rp]
munt (de)	mendër (f)	[méndǝr]

lelietje-van-dalen (het)	zambak i fushës (m)	[zambák i fúʃǝs]
sneeuwklokje (het)	luleborë (f)	[lulɛbórǝ]

brandnetel (de)	hithra (f)	[híθra]
veldzuring (de)	lëpjeta (f)	[lǝpjéta]
waterlelie (de)	zambak uji (m)	[zambák úji]
varen (de)	fier (m)	[fíɛr]
korstmos (het)	likene (f)	[likénɛ]

oranjerie (de)	serrë (f)	[sérǝ]
gazon (het)	lëndinë (f)	[lǝndínǝ]
bloemperk (het)	kënd lulishteje (m)	[kǝnd lulíʃtɛjɛ]

plant (de)	bimë (f)	[bímǝ]
gras (het)	bar (m)	[bar]
grasspriet (de)	fije bari (f)	[fíjɛ bári]

blad (het)	gjeth (m)	[ɟɛθ]
bloemblad (het)	petale (f)	[pɛtálɛ]
stengel (de)	bisht (m)	[biʃt]
knol (de)	zhardhok (m)	[ʒarðók]

scheut (de)	filiz (m)	[filíz]
doorn (de)	gjemb (m)	[ɟémb]

bloeien (ww)	lulëzoj	[lulǝzój]
verwelken (ww)	vyshket	[výʃkɛt]
geur (de)	aromë (f)	[arómǝ]
snijden (bijv. bloemen ~)	pres lulet	[prɛs lúlɛt]
plukken (bloemen ~)	mbledh lule	[mbléð lúlɛ]

232. Granen, graankorrels

graan (het)	drithë (m)	[dríθǝ]
graangewassen (mv.)	drithëra (pl)	[dríθǝra]
aar (de)	kaush (m)	[kaúʃ]

tarwe (de)	grurë (f)	[grúrǝ]
rogge (de)	thekër (f)	[θékǝr]
haver (de)	tërshërë (f)	[tǝrʃérǝ]
gierst (de)	mel (m)	[mɛl]
gerst (de)	elb (m)	[ɛlb]
maïs (de)	misër (m)	[mísǝr]
rijst (de)	oriz (m)	[oríz]
boekweit (de)	hikërr (m)	[híkǝr]

erwt (de)	bizele (f)	[bizélɛ]
nierboon (de)	groshë (f)	[gróʃǝ]
soja (de)	sojë (f)	[sójǝ]
linze (de)	thjerrëz (f)	[θjérǝz]
bonen (mv.)	fasule (f)	[fasúlɛ]

233. Groenten. Groene groenten

groenten (mv.)	perime (pl)	[pɛrímɛ]
verse kruiden (mv.)	zarzavate (pl)	[zaɾzavátɛ]
tomaat (de)	domate (f)	[domátɛ]
augurk (de)	kastravec (m)	[kastravéts]
wortel (de)	karotë (f)	[karótə]
aardappel (de)	patate (f)	[patátɛ]
ui (de)	qepë (f)	[cépə]
knoflook (de)	hudhër (f)	[húðər]
kool (de)	lakër (f)	[lákər]
bloemkool (de)	lulelakër (f)	[lulɛlákər]
spruitkool (de)	lakër Brukseli (f)	[lákər brukséli]
broccoli (de)	brokoli (m)	[brókoli]
rode biet (de)	panxhar (m)	[pandʒár]
aubergine (de)	patëllxhan (m)	[patəɫdʒán]
courgette (de)	kungulleshë (m)	[kuɲuɫéʃə]
pompoen (de)	kungull (m)	[kúɲuɫ]
knolraap (de)	rrepë (f)	[répə]
peterselie (de)	majdanoz (m)	[majdanóz]
dille (de)	kopër (f)	[kópər]
sla (de)	sallatë jeshile (f)	[saɫátə jɛʃílɛ]
selderij (de)	selino (f)	[sɛlíno]
asperge (de)	asparagus (m)	[asparágus]
spinazie (de)	spinaq (m)	[spinác]
erwt (de)	bizele (f)	[bizélɛ]
bonen (mv.)	fasule (f)	[fasúlɛ]
maïs (de)	misër (m)	[mísər]
nierboon (de)	groshë (f)	[gróʃə]
peper (de)	spec (m)	[spɛts]
radijs (de)	rrepkë (f)	[répkə]
artisjok (de)	angjinare (f)	[aɲɟinárɛ]

REGIONALE AARDRIJKSKUNDE

Landen. Nationaliteiten

234. West-Europa

Europa (het)	Evropa (f)	[εvrópa]
Europese Unie (de)	Bashkimi Evropian (m)	[baʃkími εvropián]
Europeaan (de)	Evropian (m)	[εvropián]
Europees (bn)	evropian	[εvropián]
Oostenrijk (het)	Austri (f)	[austrí]
Oostenrijker (de)	Austriak (m)	[austriák]
Oostenrijkse (de)	Austriake (f)	[austriákε]
Oostenrijks (bn)	austriak	[austriák]
Groot-Brittannië (het)	Britani e Madhe (f)	[brítani ε máðε]
Engeland (het)	Angli (f)	[aŋlí]
Engelsman (de)	Britanik (m)	[britaník]
Engelse (de)	Britanike (f)	[britaníkε]
Engels (bn)	anglez	[aŋléz]
België (het)	Belgjikë (f)	[bεʎíkə]
Belg (de)	Belg (m)	[bεlg]
Belgische (de)	Belge (f)	[bélgε]
Belgisch (bn)	belg	[bεlg]
Duitsland (het)	Gjermani (f)	[ɟεɾmaní]
Duitser (de)	Gjerman (m)	[ɟεɾmán]
Duitse (de)	Gjermane (f)	[ɟεɾmánε]
Duits (bn)	gjerman	[ɟεɾmán]
Nederland (het)	Holandë (f)	[holándə]
Holland (het)	Holandë (f)	[holándə]
Nederlander (de)	Holandez (m)	[holandéz]
Nederlandse (de)	Holandeze (f)	[holandézε]
Nederlands (bn)	holandez	[holandéz]
Griekenland (het)	Greqi (f)	[grεcí]
Griek (de)	Grek (m)	[grεk]
Griekse (de)	Greke (f)	[grékε]
Grieks (bn)	grek	[grεk]
Denemarken (het)	Danimarkë (f)	[danimárkə]
Deen (de)	Danez (m)	[danéz]
Deense (de)	Daneze (f)	[danézε]
Deens (bn)	danez	[danéz]
Ierland (het)	Irlandë (f)	[irlándə]
Ier (de)	Irlandez (m)	[irlandéz]

| Ierse (de) | Irlandeze (f) | [irlandézɛ] |
| Iers (bn) | irlandez | [irlandéz] |

IJsland (het)	Islandë (f)	[islándə]
IJslander (de)	Islandez (m)	[islandéz]
IJslandse (de)	Islandeze (f)	[islandézɛ]
IJslands (bn)	islandez	[islandéz]

Spanje (het)	Spanjë (f)	[spáɲə]
Spanjaard (de)	Spanjoll (m)	[spaɲóɬ]
Spaanse (de)	Spanjolle (f)	[spaɲóɬɛ]
Spaans (bn)	spanjoll	[spaɲóɬ]

Italië (het)	Itali (f)	[italí]
Italiaan (de)	Italian (m)	[italián]
Italiaanse (de)	Italiane (f)	[italiánɛ]
Italiaans (bn)	italian	[italián]

Cyprus (het)	Qipro (f)	[cípro]
Cyprioot (de)	Qipriot (m)	[cipriót]
Cypriotische (de)	Qipriote (f)	[cipriótɛ]
Cypriotisch (bn)	qipriot	[cipriót]

Malta (het)	Maltë (f)	[máltə]
Maltees (de)	Maltez (m)	[maltéz]
Maltese (de)	Malteze (f)	[maltézɛ]
Maltees (bn)	maltez	[maltéz]

Noorwegen (het)	Norvegji (f)	[norvɛɟí]
Noor (de)	Norvegjez (m)	[norvɛɟéz]
Noorse (de)	Norvegjeze (f)	[norvɛɟézɛ]
Noors (bn)	norvegjez	[norvɛɟéz]

Portugal (het)	Portugali (f)	[portugalí]
Portugees (de)	Portugez (m)	[portugéz]
Portugese (de)	Portugeze (f)	[portugézɛ]
Portugees (bn)	portugez	[portugéz]

Finland (het)	Finlandë (f)	[finlándə]
Fin (de)	Finlandez (m)	[finlandéz]
Finse (de)	Finlandeze (f)	[finlandézɛ]
Fins (bn)	finlandez	[finlandéz]

Frankrijk (het)	Francë (f)	[frántsə]
Fransman (de)	Francez (m)	[frantséz]
Française (de)	Franceze (f)	[frantsézɛ]
Frans (bn)	francez	[frantséz]

Zweden (het)	Suedi (f)	[suɛdí]
Zweed (de)	Suedez (m)	[suɛdéz]
Zweedse (de)	Suedeze (f)	[suɛdézɛ]
Zweeds (bn)	suedez	[suɛdéz]

Zwitserland (het)	Zvicër (f)	[zvítsər]
Zwitser (de)	Zviceran (m)	[zvitsɛrán]
Zwitserse (de)	Zvicerane (f)	[zvitsɛránɛ]

Zwitsers (bn)	zviceran	[zvitsɛrán]
Schotland (het)	Skoci (f)	[skotsí]
Schot (de)	Skocez (m)	[skotséz]
Schotse (de)	Skoceze (f)	[skotsézɛ]
Schots (bn)	skocez	[skotséz]

Vaticaanstad (de)	Vatikan (m)	[vatikán]
Liechtenstein (het)	Lichtenstein (m)	[litshtɛnstéin]
Luxemburg (het)	Luksemburg (m)	[luksɛmbúrg]
Monaco (het)	Monako (f)	[monáko]

235. Centraal- en Oost-Europa

Albanië (het)	Shqipëri (f)	[ʃcipərí]
Albanees (de)	Shqiptar (m)	[ʃciptár]
Albanese (de)	Shqiptare (f)	[ʃciptárɛ]
Albanees (bn)	shqiptar	[ʃciptár]

Bulgarije (het)	Bullgari (f)	[buɫgarí]
Bulgaar (de)	Bullgar (m)	[buɫgár]
Bulgaarse (de)	Bullgare (f)	[buɫgárɛ]
Bulgaars (bn)	bullgar	[buɫgár]

Hongarije (het)	Hungari (f)	[huŋarí]
Hongaar (de)	Hungarez (m)	[huŋaréz]
Hongaarse (de)	Hungareze (f)	[huŋarézɛ]
Hongaars (bn)	hungarez	[huŋaréz]

Letland (het)	Letoni (f)	[lɛtoní]
Let (de)	Letonez (m)	[lɛtonéz]
Letse (de)	Letoneze (f)	[lɛtonézɛ]
Lets (bn)	letonez	[lɛtonéz]

Litouwen (het)	Lituani (f)	[lituaní]
Litouwer (de)	Lituanez (m)	[lituanéz]
Litouwse (de)	Lituaneze (f)	[lituanézɛ]
Litouws (bn)	lituanez	[lituanéz]

Polen (het)	Poloni (f)	[poloní]
Pool (de)	Polak (m)	[polák]
Poolse (de)	Polake (f)	[polákɛ]
Pools (bn)	polak	[polák]

Roemenië (het)	Rumani (f)	[rumaní]
Roemeen (de)	Rumun (m)	[rumún]
Roemeense (de)	Rumune (f)	[rumúnɛ]
Roemeens (bn)	rumun	[rumún]

Servië (het)	Serbi (f)	[sɛrbí]
Serviër (de)	Serb (m)	[sɛrb]
Servische (de)	Serbe (f)	[sérbɛ]
Servisch (bn)	serb	[sɛrb]
Slowakije (het)	Sllovaki (f)	[sɫovakí]
Slowaak (de)	Sllovak (m)	[sɫovák]

| Slowaakse (de) | Sllovake (f) | [stovákɛ] |
| Slowaakse (bn) | sllovak | [stovák] |

Kroatië (het)	Kroaci (f)	[kroatsí]
Kroaat (de)	Kroat (m)	[kroát]
Kroatische (de)	Kroate (f)	[kroátɛ]
Kroatisch (bn)	kroat	[kroát]

Tsjechië (het)	Republika Çeke (f)	[rɛpublíka tʃékɛ]
Tsjech (de)	Çek (m)	[tʃɛk]
Tsjechische (de)	Çeke (f)	[tʃékɛ]
Tsjechisch (bn)	çek	[tʃɛk]

Estland (het)	Estoni (f)	[ɛstoní]
Est (de)	Estonez (m)	[ɛstonéz]
Estse (de)	Estoneze (f)	[ɛstonézɛ]
Ests (bn)	estonez	[ɛstonéz]

Bosnië en Herzegovina (het)	Bosnje Herzegovina (f)	[bósɲɛ hɛrzɛgovína]
Macedonië (het)	Maqedonia (f)	[macɛdonía]
Slovenië (het)	Sllovenia (f)	[stovɛnía]
Montenegro (het)	Mali i Zi (m)	[máli i zí]

236. Voormalige USSR landen

Azerbeidzjan (het)	Azerbajxhan (m)	[azɛrbajdʒán]
Azerbeidzjaan (de)	Azerbajxhanas (m)	[azɛrbajdʒánas]
Azerbeidjaanse (de)	Azerbajxhanase (f)	[azɛrbajdʒánasɛ]
Azerbeidjaans (bn)	azerbajxhanas	[azɛrbajdʒánas]

Armenië (het)	Armeni (f)	[armɛní]
Armeen (de)	Armen (m)	[armén]
Armeense (de)	Armene (f)	[arménɛ]
Armeens (bn)	armen	[armén]

Wit-Rusland (het)	Bjellorusi (f)	[bjɛtorusí]
Wit-Rus (de)	Bjellorus (m)	[bjɛtorús]
Wit-Russische (de)	Bjelloruse (f)	[bjɛtorúsɛ]
Wit-Russisch (bn)	bjellorus	[bjɛtorús]

Georgië (het)	Gjeorgji (f)	[ɟɛoɲí]
Georgiër (de)	Gjeorgjian (m)	[ɟɛoɲián]
Georgische (de)	Gjeorgjiane (f)	[ɟɛoɲiánɛ]
Georgisch (bn)	gjeorgjian	[ɟɛoɲián]

Kazakstan (het)	Kazakistan (m)	[kazakistán]
Kazak (de)	Kazakistanez (m)	[kazakistanéz]
Kazakse (de)	Kazakistaneze (f)	[kazakistanézɛ]
Kazakse (bn)	kazakistanez	[kazakistanéz]

Kirgizië (het)	Kirgistan (m)	[kirgistán]
Kirgiziër (de)	Kirgistanez (m)	[kirgistanéz]
Kirgizische (de)	Kirgistaneze (f)	[kirgistanézɛ]
Kirgizische (bn)	kirgistanez	[kirgistanéz]

Moldavië (het)	Moldavi (f)	[moldaví]
Moldaviër (de)	Moldav (m)	[moldáv]
Moldavische (de)	Moldave (f)	[moldávɛ]
Moldavisch (bn)	moldav	[moldáv]

Rusland (het)	Rusi (f)	[rusí]
Rus (de)	Rus (m)	[rus]
Russin (de)	Ruse (f)	[rúsɛ]
Russisch (bn)	rus	[rus]

Tadzjikistan (het)	Taxhikistan (m)	[tadʒikistán]
Tadzjiek (de)	Taxhikistanez (m)	[tadʒikistanéz]
Tadzjiekse (de)	Taxhikistaneze (f)	[tadʒikistanézɛ]
Tadzjieks (bn)	taxhikistanez	[tadʒikistanéz]

Turkmenistan (het)	Turkmenistan (m)	[turkmɛnistán]
Turkmeen (de)	Turkmen (m)	[turkmén]
Turkmeense (de)	Turkmene (f)	[turkménɛ]
Turkmeens (bn)	Turkmen	[turkmén]

Oezbekistan (het)	Uzbekistan (m)	[uzbɛkistán]
Oezbeek (de)	Uzbek (m)	[uzbék]
Oezbeekse (de)	Uzbeke (f)	[uzbékɛ]
Oezbeeks (bn)	uzbek	[uzbék]

Oekraïne (het)	Ukrainë (f)	[ukraínə]
Oekraïner (de)	Ukrainas (m)	[ukraínas]
Oekraïense (de)	Ukrainase (f)	[ukraínasɛ]
Oekraïens (bn)	ukrainas	[ukraínas]

237. Azië

Azië (het)	Azia (f)	[azía]
Aziatisch (bn)	Aziatik	[aziatík]

Vietnam (het)	Vietnam (m)	[viɛtnám]
Vietnamees (de)	Vietnamez (m)	[viɛtnaméz]
Vietnamese (de)	Vietnameze (f)	[viɛtnamézɛ]
Vietnamees (bn)	vietnamez	[viɛtnaméz]

India (het)	Indi (f)	[indí]
Indiër (de)	Indian (m)	[indián]
Indische (de)	Indiane (f)	[indiánɛ]
Indisch (bn)	indian	[indián]

Israël (het)	Izrael (m)	[izraél]
Israëliër (de)	Izaelit (m)	[izaɛlít]
Israëlische (de)	Izraelite (f)	[izraɛlítɛ]
Israëlisch (bn)	izraelit	[izraɛlít]

Jood (etniciteit)	hebre (m)	[hɛbré]
Jodin (de)	hebre (f)	[hɛbré]
Joods (bn)	hebraike	[hɛbraíkɛ]
China (het)	Kinë (f)	[kínə]

Chinees (de)	**Kinez** (m)	[kinéz]
Chinese (de)	**Kineze** (f)	[kinézɛ]
Chinees (bn)	**kinez**	[kinéz]
Koreaan (de)	**Korean** (m)	[korɛán]
Koreaanse (de)	**Koreane** (f)	[korɛánɛ]
Koreaans (bn)	**korean**	[korɛán]
Libanon (het)	**Liban** (m)	[libán]
Libanees (de)	**Libanez** (m)	[libanéz]
Libanese (de)	**Libaneze** (f)	[libanézɛ]
Libanees (bn)	**libanez**	[libanéz]
Mongolië (het)	**Mongoli** (f)	[moŋolí]
Mongool (de)	**Mongol** (m)	[moŋól]
Mongoolse (de)	**Mongole** (f)	[moŋólɛ]
Mongools (bn)	**mongol**	[moŋól]
Maleisië (het)	**Malajzi** (f)	[malajzí]
Maleisiër (de)	**Malajzian** (m)	[malajzián]
Maleisische (de)	**Malajziane** (f)	[malajziánɛ]
Maleisisch (bn)	**malajzian**	[malajzián]
Pakistan (het)	**Pakistan** (m)	[pakistán]
Pakistaan (de)	**Pakistanez** (m)	[pakistanéz]
Pakistaanse (de)	**Pakistaneze** (f)	[pakistanézɛ]
Pakistaans (bn)	**pakistanez**	[pakistanéz]
Saoedi-Arabië (het)	**Arabia Saudite** (f)	[arabía saudítɛ]
Arabier (de)	**Arab** (m)	[aráb]
Arabische (de)	**Arabe** (f)	[arábɛ]
Arabisch (bn)	**arabik**	[arabík]
Thailand (het)	**Tajlandë** (f)	[tajlándə]
Thai (de)	**Tajlandez** (m)	[tajlandéz]
Thaise (de)	**Tajlandeze** (f)	[tajlandézɛ]
Thai (bn)	**tajlandez**	[tajlandéz]
Taiwan (het)	**Tajvan** (m)	[tajván]
Taiwanees (de)	**Tajvanez** (m)	[tajvanéz]
Taiwanese (de)	**Tajvaneze** (f)	[tajvanézɛ]
Taiwanees (bn)	**tajvanez**	[tajvanéz]
Turkije (het)	**Turqi** (f)	[turcí]
Turk (de)	**Turk** (m)	[turk]
Turkse (de)	**Turke** (f)	[túrkɛ]
Turks (bn)	**turk**	[turk]
Japan (het)	**Japoni** (f)	[japoní]
Japanner (de)	**Japonez** (m)	[japonéz]
Japanse (de)	**Japoneze** (f)	[japonézɛ]
Japans (bn)	**japonez**	[japonéz]
Afghanistan (het)	**Afganistan** (m)	[afganistán]
Bangladesh (het)	**Bangladesh** (m)	[baŋladéʃ]
Indonesië (het)	**Indonezi** (f)	[indonɛzí]

Jordanië (het)	Jordani (f)	[jordaní]
Irak (het)	Irak (m)	[irak]
Iran (het)	Iran (m)	[irán]
Cambodja (het)	Kamboxhia (f)	[kambódʒia]
Koeweit (het)	Kuvajt (m)	[kuvájt]

Laos (het)	Laos (m)	[láos]
Myanmar (het)	Mianmar (m)	[mianmár]
Nepal (het)	Nepal (m)	[nɛpál]
Verenigde Arabische Emiraten	Emiratet e Bashkuara Arabe (pl)	[ɛmirátɛt ɛ baʃkúara arábɛ]

Syrië (het)	Siri (f)	[sirí]
Palestijnse autonomie (de)	Palestinë (f)	[palɛstínə]
Zuid-Korea (het)	Korea e Jugut (f)	[koréa ɛ júgut]
Noord-Korea (het)	Korea e Veriut (f)	[koréa ɛ vériut]

238. Noord-Amerika

Verenigde Staten van Amerika	Shtetet e Bashkuara të Amerikës	[ʃtétɛt ɛ baʃkúara tə amɛríkəs]
Amerikaan (de)	Amerikan (m)	[amɛrikán]
Amerikaanse (de)	Amerikane (f)	[amɛrikánɛ]
Amerikaans (bn)	amerikan	[amɛrikán]

Canada (het)	Kanada (f)	[kanadá]
Canadees (de)	Kanadez (m)	[kanadéz]
Canadese (de)	Kanadeze (f)	[kanadézɛ]
Canadees (bn)	kanadez	[kanadéz]

Mexico (het)	Meksikë (f)	[mɛksíkə]
Mexicaan (de)	Meksikan (m)	[mɛksikán]
Mexicaanse (de)	Meksikane (f)	[mɛksikánɛ]
Mexicaans (bn)	meksikan	[mɛksikán]

239. Midden- en Zuid-Amerika

Argentinië (het)	Argjentinë (f)	[arʄɛntínə]
Argentijn (de)	Argjentinas (m)	[arʄɛntínas]
Argentijnse (de)	Argjentinase (f)	[arʄɛntínasɛ]
Argentijns (bn)	argjentinas	[arʄɛntínas]

Brazilië (het)	Brazil (m)	[brazíl]
Braziliaan (de)	Brazilian (m)	[brazilián]
Braziliaanse (de)	Braziliane (f)	[braziliánɛ]
Braziliaans (bn)	brazilian	[brazilián]

Colombia (het)	Kolumbi (f)	[kolumbí]
Colombiaan (de)	Kolumbian (m)	[kolumbián]
Colombiaanse (de)	Kolumbiane (f)	[kolumbiánɛ]
Colombiaans (bn)	kolumbian	[kolumbián]
Cuba (het)	Kuba (f)	[kúba]

Cubaan (de)	Kuban (m)	[kubán]
Cubaanse (de)	Kubane (f)	[kubánɛ]
Cubaans (bn)	kuban	[kubán]

Chili (het)	Kili (m)	[kíli]
Chileen (de)	Kilian (m)	[kilián]
Chileense (de)	Kiliane (f)	[kiliánɛ]
Chileens (bn)	kilian	[kilián]

Bolivia (het)	Bolivi (f)	[bolivî]
Venezuela (het)	Venezuelë (f)	[vɛnɛzuélə]
Paraguay (het)	Paraguai (m)	[paraguái]
Peru (het)	Peru (f)	[pɛrú]
Suriname (het)	Surinam (m)	[surinám]
Uruguay (het)	Uruguai (m)	[uruguái]
Ecuador (het)	Ekuador (m)	[ɛkuadór]

Bahama's (mv.)	Bahamas (m)	[bahámas]
Haïti (het)	Haiti (m)	[haíti]
Dominicaanse Republiek (de)	Republika Dominikane (f)	[rɛpublíka dominikánɛ]
Panama (het)	Panama (f)	[panamá]
Jamaica (het)	Xhamajka (f)	[dʒamájka]

240. Afrika

Egypte (het)	Egjipt (m)	[ɛɹípt]
Egyptenaar (de)	Egjiptian (m)	[ɛɹiptián]
Egyptische (de)	Egjiptiane (f)	[ɛɹiptiánɛ]
Egyptisch (bn)	egjiptian	[ɛɹiptián]

Marokko (het)	Marok (m)	[marók]
Marokkaan (de)	Maroken (m)	[marokén]
Marokkaanse (de)	Marokene (f)	[marokénɛ]
Marokkaans (bn)	maroken	[marokén]

Tunesië (het)	Tunizi (f)	[tunizî]
Tunesiër (de)	Tunizian (m)	[tunizián]
Tunesische (de)	Tuniziane (f)	[tuniziánɛ]
Tunesisch (bn)	tunizian	[tunizián]

Ghana (het)	Gana (f)	[gána]
Zanzibar (het)	Zanzibar (m)	[zanzibár]
Kenia (het)	Kenia (f)	[kénia]
Libië (het)	Libia (f)	[libía]
Madagaskar (het)	Madagaskar (m)	[madagaskár]

Namibië (het)	Namibia (f)	[namíbia]
Senegal (het)	Senegal (m)	[sɛnɛgál]
Tanzania (het)	Tanzani (f)	[tanzanî]
Zuid-Afrika (het)	Afrika e Jugut (f)	[afríka ɛ júgut]

Afrikaan (de)	Afrikan (m)	[afrikán]
Afrikaanse (de)	Afrikane (f)	[afrikánɛ]
Afrikaans (bn)	Afrikan	[afrikán]

241. Australië. Oceanië

Australië (het)	Australia (f)	[australía]
Australiër (de)	Australian (m)	[australián]
Australische (de)	Australiane (f)	[australiánɛ]
Australisch (bn)	australian	[australián]
Nieuw-Zeeland (het)	Zelandë e Re (f)	[zɛlándə ɛ ré]
Nieuw-Zeelander (de)	Zelandez (m)	[zɛlandéz]
Nieuw-Zeelandse (de)	Zelandeze (f)	[zɛlandézɛ]
Nieuw-Zeelands (bn)	zelandez	[zɛlandéz]
Tasmanië (het)	Tasmani (f)	[tasmaní]
Frans-Polynesië	Polinezia Franceze (f)	[polinɛzía frantsézɛ]

242. Steden

Amsterdam	Amsterdam (m)	[amstɛrdám]
Ankara	Ankara (f)	[ankará]
Athene	Athinë (f)	[aθínə]
Bagdad	Bagdad (m)	[bagdád]
Bangkok	Bangkok (m)	[baŋkók]
Barcelona	Barcelonë (f)	[bartsɛlónə]
Beiroet	Bejrut (m)	[bɛjrút]
Berlijn	Berlin (m)	[bɛrlín]
Boedapest	Budapest (m)	[budapést]
Boekarest	Bukuresht (m)	[bukuréʃt]
Bombay, Mumbai	Mumbai (m)	[mumbái]
Bonn	Bon (m)	[bon]
Bordeaux	Bordo (f)	[bordó]
Bratislava	Bratislavë (f)	[bratislávə]
Brussel	Bruksel (m)	[bruksél]
Caïro	Kajro (f)	[kájro]
Calcutta	Kalkutë (f)	[kalkútə]
Chicago	Çikago (f)	[tʃikágo]
Dar Es Salaam	Dar es Salam (m)	[dar ɛs salám]
Delhi	Delhi (f)	[délhi]
Den Haag	Hagë (f)	[hágə]
Dubai	Dubai (m)	[dubái]
Dublin	Dublin (m)	[dúblin]
Düsseldorf	Dyseldorf (m)	[dysɛldórf]
Florence	Firence (f)	[firéntsɛ]
Frankfort	Frankfurt (m)	[frankfúrt]
Genève	Gjenevë (f)	[ɟɛnévə]
Hamburg	Hamburg (m)	[hambúrg]
Hanoi	Hanoi (m)	[hanói]
Havana	Havana (f)	[havána]
Helsinki	Helsinki (m)	[hɛlsínki]

Hiroshima	Hiroshimë (f)	[hiroʃímə]
Hongkong	Hong Kong (m)	[hoŋ kóŋ]
Istanbul	Stamboll (m)	[stambóɫ]
Jeruzalem	Jerusalem (m)	[jɛrusalém]
Kiev	Kiev (m)	[kíɛv]

Kopenhagen	Kopenhagen (m)	[kopɛnhágɛn]
Kuala Lumpur	Kuala Lumpur (m)	[kuála lumpúr]
Lissabon	Lisbonë (f)	[lisbónə]
Londen	Londër (f)	[lóndər]
Los Angeles	Los Anxhelos (m)	[lós andʒɛlós]

Lyon	Lion (m)	[lión]
Madrid	Madrid (m)	[madríd]
Marseille	Marsejë (f)	[marséjə]
Mexico-Stad	Meksiko Siti (m)	[méksiko síti]
Miami	Majami (m)	[majámi]

Montreal	Montreal (m)	[montrɛál]
Moskou	Moskë (f)	[móskə]
München	Munih (m)	[muníh]
Nairobi	Najrobi (m)	[najróbi]
Napels	Napoli (m)	[nápoli]

New York	Nju Jork (m)	[ɲu jork]
Nice	Nisë (m)	[nísə]
Oslo	oslo (f)	[óslo]
Ottawa	Otava (f)	[otáva]
Parijs	Paris (m)	[parís]

Peking	Pekin (m)	[pɛkín]
Praag	Pragë (f)	[prágə]
Rio de Janeiro	Rio de Zhaneiro (m)	[río dɛ ʒanéiro]
Rome	Romë (f)	[rómə]
Seoel	Seul (m)	[sɛúl]
Singapore	Singapor (m)	[siŋapór]

Sint-Petersburg	Shën Petersburg (m)	[ʃən pɛtɛrsbúrg]
Sjanghai	Shangai (m)	[ʃaŋái]
Stockholm	Stokholm (m)	[stokhólm]
Sydney	Sidney (m)	[sidnéy]
Taipei	Taipei (m)	[taipéi]
Tokio	Tokio (f)	[tókio]

Toronto	Toronto (f)	[torónto]
Venetië	Venecia (f)	[vɛnétsia]
Warschau	Varshavë (f)	[varʃávə]
Washington	Uashington (m)	[vaʃiŋtón]
Wenen	Vjenë (f)	[vjénə]

243. Politiek. Overheid. Deel 1

| politiek (de) | politikë (f) | [politíkə] |
| politiek (bn) | politike | [politíkɛ] |

politicus (de)	politikan (m)	[politikán]
staat (land)	shtet (m)	[ʃtɛt]
burger (de)	nënshtetas (m)	[nənʃtétas]
staatsburgerschap (het)	nënshtetësi (f)	[nənʃtɛtəsí]
nationaal wapen (het)	simbol kombëtar (m)	[simból kombətár]
volkslied (het)	himni kombëtar (m)	[hímni kombətár]
regering (de)	qeveri (f)	[cɛvɛrí]
staatshoofd (het)	kreu i shtetit (m)	[kréu i ʃtétit]
parlement (het)	parlament (m)	[parlamént]
partij (de)	parti (f)	[partí]
kapitalisme (het)	kapitalizëm (m)	[kapitalízəm]
kapitalistisch (bn)	kapitalist	[kapitalíst]
socialisme (het)	socializëm (m)	[sotsialízəm]
socialistisch (bn)	socialist	[sotsialíst]
communisme (het)	komunizëm (m)	[komunízəm]
communistisch (bn)	komunist	[komuníst]
communist (de)	komunist (m)	[komuníst]
democratie (de)	demokraci (f)	[dɛmokratsí]
democraat (de)	demokrat (m)	[dɛmokrát]
democratisch (bn)	demokratik	[dɛmokratík]
democratische partij (de)	parti demokratike (f)	[partí dɛmokratíkɛ]
liberaal (de)	liberal (m)	[libɛrál]
liberaal (bn)	liberal	[libɛrál]
conservator (de)	konservativ (m)	[konsɛrvatív]
conservatief (bn)	konservativ	[konsɛrvatív]
republiek (de)	republikë (f)	[rɛpublíkə]
republikein (de)	republikan (m)	[rɛpublikán]
Republikeinse Partij (de)	parti republikane (f)	[partí rɛpublikánɛ]
verkiezing (de)	zgjedhje (f)	[zɟéðjɛ]
kiezen (ww)	zgjedh	[zɟɛð]
kiezer (de)	zgjedhës (m)	[zɟéðəs]
verkiezingscampagne (de)	fushatë zgjedhore (f)	[fuʃátə zɟɛðórɛ]
stemming (de)	votim (m)	[votím]
stemmen (ww)	votoj	[votój]
stemrecht (het)	e drejta e votës (f)	[ɛ dréjta ɛ vótəs]
kandidaat (de)	kandidat (m)	[kandidát]
zich kandideren	jam kandidat	[jam kandidát]
campagne (de)	fushatë (f)	[fuʃátə]
oppositie- (abn)	opozitar	[opozitár]
oppositie (de)	opozitë (f)	[opozítə]
bezoek (het)	vizitë (f)	[vizítə]
officieel bezoek (het)	vizitë zyrtare (f)	[vizítə zyrtárɛ]

internationaal (bn)	ndërkombëtar	[ndərkombətár]
onderhandelingen (mv.)	negociata (f)	[nɛgotsiáta]
onderhandelen (ww)	negocioj	[nɛgotsiój]

244. Politiek. Overheid. Deel 2

maatschappij (de)	shoqëri (f)	[ʃocərí]
grondwet (de)	kushtetutë (f)	[kuʃtɛtútə]
macht (politieke ~)	pushtet (m)	[puʃtét]
corruptie (de)	korrupsion (m)	[korupsión]

| wet (de) | ligj (m) | [liɟ] |
| wettelijk (bn) | ligjor | [liɟór] |

| rechtvaardigheid (de) | drejtësi (f) | [drɛjtəsí] |
| rechtvaardig (bn) | e drejtë | [ɛ dréjtə] |

comité (het)	komitet (m)	[komitét]
wetsvoorstel (het)	projektligj (m)	[projɛktliɟ]
begroting (de)	buxhet (m)	[budʒét]
beleid (het)	politikë (f)	[politíkə]
hervorming (de)	reformë (f)	[rɛfórmə]
radicaal (bn)	radikal	[radikál]

macht (vermogen)	fuqi (f)	[fucí]
machtig (bn)	i fuqishëm	[i fucíʃəm]
aanhanger (de)	mbështetës (m)	[mbəʃtétəs]
invloed (de)	ndikim (m)	[ndikím]

regime (het)	regjim (m)	[rɛɟím]
conflict (het)	konflikt (m)	[konflíkt]
samenzwering (de)	komplot (m)	[komplót]
provocatie (de)	provokim (m)	[provokím]

omverwerpen (ww)	rrëzoj	[rəzój]
omverwerping (de)	rrëzim (m)	[rəzím]
revolutie (de)	revolucion (m)	[rɛvolutsión]

| staatsgreep (de) | grusht shteti (m) | [grúʃt ʃtéti] |
| militaire coup (de) | puç ushtarak (m) | [putʃ uʃtarák] |

crisis (de)	krizë (f)	[krízə]
economische recessie (de)	recesion ekonomik (m)	[rɛtsɛsión ɛkonomík]
betoger (de)	protestues (m)	[protɛstúɛs]
betoging (de)	protestë (f)	[protéstə]
krijgswet (de)	ligj ushtarak (m)	[liɟ uʃtarák]
militaire basis (de)	bazë ushtarake (f)	[bázə uʃtarákɛ]

| stabiliteit (de) | stabilitet (m) | [stabilitét] |
| stabiel (bn) | stabil | [stabíl] |

uitbuiting (de)	shfrytëzim (m)	[ʃfrytəzím]
uitbuiten (ww)	shfrytëzoj	[ʃfrytəzój]
racisme (het)	racizëm (m)	[ratsízəm]

racist (de)	racist (m)	[ratsíst]
fascisme (het)	fashizëm (m)	[faʃízəm]
fascist (de)	fashist (m)	[faʃíst]

245. Landen. Diversen

vreemdeling (de)	i huaj (m)	[i húaj]
buitenlands (bn)	huaj	[húaj]
in het buitenland (bw)	jashtë shteti	[jáʃtə ʃtéti]

emigrant (de)	emigrant (m)	[εmigránt]
emigratie (de)	emigracion (m)	[εmigratsión]
emigreren (ww)	emigroj	[εmigrój]

Westen (het)	Perëndimi (m)	[pεrəndími]
Oosten (het)	Lindja (f)	[líndja]
Verre Oosten (het)	Lindja e Largët (f)	[líndja ε lárgət]
beschaving (de)	civilizim (m)	[tsivilizím]
mensheid (de)	njerëzia (f)	[ɲεrəzía]
wereld (de)	bota (f)	[bóta]
vrede (de)	paqe (f)	[pácε]
wereld- (abn)	botëror	[botərór]

vaderland (het)	atdhe (f)	[atðé]
volk (het)	njerëz (m)	[ɲérəz]
bevolking (de)	popullsi (f)	[popuɫsí]
mensen (mv.)	njerëz (m)	[ɲérəz]
natie (de)	komb (m)	[komb]
generatie (de)	brez (m)	[brεz]
gebied (bijv. bezette ~en)	zonë (f)	[zónə]
regio, streek (de)	rajon (m)	[rajón]
deelstaat (de)	shtet (m)	[ʃtεt]

traditie (de)	traditë (f)	[tradítə]
gewoonte (de)	zakon (m)	[zakón]
ecologie (de)	ekologjia (f)	[εkoloɟía]

Indiaan (de)	Indian të Amerikës (m)	[indián tə amεríkəs]
zigeuner (de)	jevg (m)	[jεvg]
zigeunerin (de)	jevge (f)	[jévgε]
zigeuner- (abn)	jevg	[jεvg]

rijk (het)	perandori (f)	[pεrandorí]
kolonie (de)	koloni (f)	[koloní]
slavernij (de)	skllevëri (m)	[skɫεvərí]
invasie (de)	pushtim (m)	[puʃtím]
hongersnood (de)	uria (f)	[uría]

246. Grote religieuze groepen. Bekentenissen

| religie (de) | religjion (m) | [rεliɟión] |
| religieus (bn) | religjioz | [rεliɟióz] |

geloof (het)	fe, besim (m)	[fé], [bɛsím]
geloven (ww)	besoj	[bɛsój]
gelovige (de)	besimtar (m)	[bɛsimtár]
atheïsme (het)	ateizëm (m)	[atɛízəm]
atheïst (de)	ateist (m)	[atɛíst]
christendom (het)	Krishterimi (m)	[kriʃtɛrími]
christen (de)	i krishterë (m)	[i kriʃtérə]
christelijk (bn)	krishterë	[kriʃtérə]
katholicisme (het)	Katolicizëm (m)	[katolitsízəm]
katholiek (de)	Katolik (m)	[katolík]
katholiek (bn)	katolik	[katolík]
protestantisme (het)	Protestantizëm (m)	[protɛstantízəm]
Protestante Kerk (de)	Kishë Protestante (f)	[kíʃə protɛstántɛ]
protestant (de)	Protestant (m)	[protɛstánt]
orthodoxie (de)	Ortodoksia (f)	[ortodoksía]
Orthodoxe Kerk (de)	Kishë Ortodokse (f)	[kíʃə ortodóksɛ]
orthodox	Ortodoks (m)	[ortodóks]
presbyterianisme (het)	Presbiterian (m)	[prɛsbitɛrián]
Presbyteriaanse Kerk (de)	Kishë Presbiteriane (f)	[kíʃə prɛsbitɛriánɛ]
presbyteriaan (de)	Presbiterian (m)	[prɛsbitɛrián]
lutheranisme (het)	Luterianizëm (m)	[lutɛrianízəm]
lutheraan (de)	Luterian (m)	[lutɛrián]
baptisme (het)	Kishë Baptiste (f)	[kíʃə baptístɛ]
baptist (de)	Baptist (m)	[baptíst]
Anglicaanse Kerk (de)	Kishë Anglikane (f)	[kíʃə aŋlikánɛ]
anglicaan (de)	Anglikan (m)	[aŋlikán]
mormonisme (het)	Mormonizëm (m)	[mormonízəm]
mormoon (de)	Mormon (m)	[mormón]
Jodendom (het)	Judaizëm (m)	[judaízəm]
jood (aanhanger van het Jodendom)	çifut (m)	[tʃifút]
boeddhisme (het)	Budizëm (m)	[budízəm]
boeddhist (de)	Budist (m)	[budíst]
hindoeïsme (het)	Hinduizëm (m)	[hinduízəm]
hindoe (de)	Hindu (m)	[híndu]
islam (de)	Islam (m)	[islám]
islamiet (de)	Mysliman (m)	[myslimán]
islamitisch (bn)	Mysliman	[myslimán]
sjiisme (het)	Islami Shia (m)	[islámi ʃía]
sjiiet (de)	Shiitë (f)	[ʃíítə]
soennisme (het)	Islami Suni (m)	[islámi súni]
soenniet (de)	Sunit (m)	[sunít]

247. Religies. Priesters

priester (de)	prift (m)	[prift]
paus (de)	Papa (f)	[pápa]
monnik (de)	murg, frat (m)	[murg], [frat]
non (de)	murgeshë (f)	[murgéʃə]
pastoor (de)	pastor (m)	[pastór]
abt (de)	abat (m)	[abát]
vicaris (de)	famullitar (m)	[famuɫitár]
bisschop (de)	peshkop (m)	[pɛʃkóp]
kardinaal (de)	kardinal (m)	[kardinál]
predikant (de)	predikues (m)	[prɛdikúɛs]
preek (de)	predikim (m)	[prɛdikím]
kerkgangers (mv.)	faullistë (f)	[fauɫístə]
gelovige (de)	besimtar (m)	[bɛsimtár]
atheïst (de)	ateist (m)	[atɛíst]

248. Geloof. Christendom. Islam

Adam	Adam (m)	[adám]
Eva	eva (f)	[éva]
God (de)	Zot (m)	[zot]
Heer (de)	Zoti (m)	[zóti]
Almachtige (de)	i Plotfuqishmi (m)	[i plotfucíʃmi]
zonde (de)	mëkat (m)	[məkát]
zondigen (ww)	mëkatoj	[məkatój]
zondaar (de)	mëkatar (m)	[məkatár]
zondares (de)	mëkatare (f)	[məkatárɛ]
hel (de)	ferr (m)	[fɛr]
paradijs (het)	parajsë (f)	[parájsə]
Jezus	Jezus (m)	[jézus]
Jezus Christus	Jezu Krishti (m)	[jézu kríʃti]
Heilige Geest (de)	Shpirti i Shenjtë (m)	[ʃpírti i ʃéɲtə]
Verlosser (de)	Shpëtimtar (m)	[ʃpətimtár]
Maagd Maria (de)	e Virgjëra Meri (f)	[ɛ vírɟəra méri]
duivel (de)	Djalli (m)	[djáɫi]
duivels (bn)	i djallit	[i djáɫit]
Satan	Satani (m)	[satáni]
satanisch (bn)	satanik	[sataník]
engel (de)	engjëll (m)	[éɲɟəɫ]
beschermengel (de)	engjëlli mbrojtës (m)	[éɲɟəɫi mbrójtəs]
engelachtig (bn)	engjëllor	[ɛɲɟəɫór]

apostel (de)	apostull (m)	[apóstuɫ]
aartsengel (de)	kryeengjëll (m)	[kryɛénɟəɫ]
antichrist (de)	Antikrishti (m)	[antikríʃti]

Kerk (de)	Kishë (f)	[kíʃə]
bijbel (de)	Bibla (f)	[bíbla]
bijbels (bn)	biblik	[biblík]

Oude Testament (het)	Dhiata e Vjetër (f)	[ðiáta ɛ vjétər]
Nieuwe Testament (het)	Dhiata e Re (f)	[ðiáta ɛ ré]
evangelie (het)	ungjill (m)	[unɟíɫ]
Heilige Schrift (de)	Libri i Shenjtë (m)	[líbri i ʃéɲtə]
Hemel, Hemelrijk (de)	parajsa (f)	[parájsa]

gebod (het)	urdhëresë (f)	[urðərésə]
profeet (de)	profet (m)	[profét]
profetie (de)	profeci (f)	[profɛtsí]

Allah	Allah (m)	[aɫáh]
Mohammed	Muhamed (m)	[muhaméd]
Koran (de)	Kurani (m)	[kuráni]

moskee (de)	xhami (f)	[dʒamí]
moellah (de)	hoxhë (m)	[hódʒə]
gebed (het)	lutje (f)	[lútjɛ]
bidden (ww)	lutem	[lútɛm]

pelgrimstocht (de)	pelegrinazh (m)	[pɛlɛgrináʒ]
pelgrim (de)	pelegrin (m)	[pɛlɛgrín]
Mekka	Mekë (f)	[mékə]

kerk (de)	kishë (f)	[kíʃə]
tempel (de)	tempull (m)	[témpuɫ]
kathedraal (de)	katedrale (f)	[katɛdrálɛ]
gotisch (bn)	Gotik	[gotík]
synagoge (de)	sinagogë (f)	[sinagógə]
moskee (de)	xhami (f)	[dʒamí]

kapel (de)	kishëz (m)	[kíʃəz]
abdij (de)	abaci (f)	[ábatsi]
klooster (het)	manastir (m)	[manastír]

klok (de)	kambanë (f)	[kambánə]
klokkentoren (de)	kulla e kambanës (f)	[kúɫa ɛ kambánəs]
luiden (klokken)	bien	[bíɛn]

kruis (het)	kryq (m)	[kryc]
koepel (de)	kupola (f)	[kupóla]
icoon (de)	ikona (f)	[ikóna]

ziel (de)	shpirt (m)	[ʃpirt]
lot, noodlot (het)	fat (m)	[fat]
kwaad (het)	e keqe (f)	[ɛ kécɛ]
goed (het)	e mirë (f)	[ɛ mírə]
vampier (de)	vampir (m)	[vampír]
heks (de)	shtrigë (f)	[ʃtrígə]

| demoon (de) | djall (m) | [djáɬ] |
| geest (de) | shpirt (m) | [ʃpirt] |

| verzoeningsleer (de) | shëlbim (m) | [ʃəlbím] |
| vrijkopen (ww) | shëlbej | [ʃəlbéj] |

mis (de)	meshë (f)	[méʃə]
de mis opdragen	lus meshë	[lús méʃə]
biecht (de)	rrëfim (m)	[rəfím]
biechten (ww)	rrëfej	[rəféj]

heilige (de)	shenjt (m)	[ʃɛɲt]
heilig (bn)	i shenjtë	[i ʃéɲtə]
wijwater (het)	ujë i bekuar (m)	[újə i bɛkúar]

ritueel (het)	ritual (m)	[rituál]
ritueel (bn)	ritual	[rituál]
offerande (de)	sakrificë (f)	[sakrifítsə]

bijgeloof (het)	besëtytni (f)	[bɛsətytní]
bijgelovig (bn)	supersticioz	[supɛrstitsióz]
hiernamaals (het)	jeta e përtejme (f)	[jéta ɛ pərtéjmɛ]
eeuwige leven (het)	përjetësia (f)	[pərjɛtəsía]

DIVERSEN

249. Diverse nuttige woorden

achtergrond (de)	sfond (m)	[sfónd]
balans (de)	ekuilibër (m)	[ɛkuilíbər]
basis (de)	bazë (f)	[bázə]
begin (het)	fillim (m)	[fiɫím]
beurt (wie is aan de ~?)	kthesë (f)	[kθésə]

categorie (de)	kategori (f)	[katɛgorí]
comfortabel (~ bed, enz.)	i rehatshëm	[i rɛhátʃəm]
compensatie (de)	shpërblim (m)	[ʃpərblím]
deel (gedeelte)	pjesë (f)	[pjésə]

deeltje (het)	grimcë (f)	[grímtsə]
ding (object, voorwerp)	gjë (f)	[ɟə]
dringend (bn, urgent)	urgjent	[urɟént]
dringend (bw, met spoed)	urgjentisht	[urɟentíʃt]
effect (het)	efekt (m)	[ɛfékt]

eigenschap (kwaliteit)	cilësi (f)	[tsiləsí]
einde (het)	fund (m)	[fund]
element (het)	element (m)	[ɛlɛmént]
feit (het)	fakt (m)	[fakt]
fout (de)	gabim (m)	[gabím]

geheim (het)	sekret (m)	[sɛkrét]
graad (mate)	nivel (m)	[nivél]
groei (ontwikkeling)	rritje (f)	[rítjɛ]
hindernis (de)	pengesë (f)	[pɛŋésə]
hinderpaal (de)	pengesë (f)	[pɛŋésə]

hulp (de)	ndihmë (f)	[ndíhmə]
ideaal (het)	ideal (m)	[idɛál]
inspanning (de)	përpjekje (f)	[pərpjékjɛ]
keuze (een grote ~)	zgjedhje (f)	[zɟéðjɛ]
labyrint (het)	labirint (m)	[labirínt]

manier (de)	rrugëzgjidhje (f)	[rugəzɟíðjɛ]
moment (het)	moment (m)	[momént]
nut (bruikbaarheid)	vegël (f)	[végəl]
onderscheid (het)	ndryshim (m)	[ndryʃím]

ontwikkeling (de)	zhvillim (m)	[ʒviɫím]
oplossing (de)	zgjidhje (f)	[zɟíðjɛ]
origineel (het)	origjinal (m)	[oriɉinál]
pauze (de)	pushim (m)	[puʃím]
positie (de)	pozicion (m)	[pozitsión]
principe (het)	parim (m)	[parím]

probleem (het)	problem (m)	[problém]
proces (het)	proces (m)	[protsés]
reactie (de)	reagim (m)	[rɛagím]

reden (om ~ van)	shkak (m)	[ʃkak]
risico (het)	rrezik (m)	[rɛzík]
samenvallen (het)	rastësi (f)	[rastəsí]
serie (de)	seri (f)	[sɛrí]

situatie (de)	situatë (f)	[situátə]
soort (bijv. ~ sport)	lloj (m)	[ɫoj]
standaard (bn)	standard	[standárd]
standaard (de)	standard (m)	[standárd]
stijl (de)	stil (m)	[stil]

stop (korte onderbreking)	pauzë (f)	[paúzə]
systeem (het)	sistem (m)	[sistém]
tabel (bijv. ~ van Mendelejev)	tabelë (f)	[tabélə]
tempo (langzaam ~)	ritëm (m)	[rítəm]
term (medische ~en)	term (m)	[tɛrm]

type (soort)	tip (m)	[tip]
variant (de)	variant (m)	[variánt]
veelvuldig (bn)	i shpeshtë	[i ʃpéʃtə]
vergelijking (de)	krahasim (m)	[krahasím]
voorbeeld (het goede ~)	shembull (m)	[ʃémbuɫ]

voortgang (de)	ecje përpara (f)	[étsjɛ pərpára]
voorwerp (ding)	objekt (m)	[objékt]
vorm (uiterlijke ~)	formë (f)	[fórmə]
waarheid (de)	e vërtetë (f)	[ɛ vərtétə]
zone (de)	zonë (f)	[zónə]

250. Beperkende bijwoorden. Bijvoeglijke naamwoorden. Deel 1

accuraat (uurwerk, enz.)	i hollësishëm	[i hoɫəsíʃəm]
achter- (abn)	i pasmë	[i pásmə]
additioneel (bn)	shtesë	[ʃtésə]
anders (bn)	i ndryshëm	[i ndrýʃəm]

arm (bijv. ~e landen)	i varfër	[i várfər]
begrijpelijk (bn)	i qartë	[i cártə]
belangrijk (bn)	i rëndësishëm	[i rəndəsíʃəm]
belangrijkst (bn)	më i rëndësishmi	[mə i rəndəsíʃmi]

beleefd (bn)	i sjellshëm	[i sjéɫʃəm]
beperkt (bn)	i kufizuar	[i kufizúar]
betekenisvol (bn)	i rëndësishëm	[i rəndəsíʃəm]
bijziend (bn)	miop	[mióp]
binnen- (abn)	i brendshëm	[i bréndʃəm]

bitter (bn)	i hidhur	[i híður]
blind (bn)	i verbër	[i vérbər]
breed (een ~e straat)	i gjerë	[i ɟérə]

breekbaar (porselein, glas)	delikat	[dɛlikát]
buiten- (abn)	i jashtëm	[i jáʃtəm]

buitenlands (bn)	huaj	[húaj]
burgerlijk (bn)	civil	[tsivíl]
centraal (bn)	qendror	[cɛndrór]
dankbaar (bn)	mirënjohës	[mirəɲóhəs]
dicht (~e mist)	i dendur	[i déndur]

dicht (bijv. ~e mist)	i trashë	[i tráʃə]
dicht (in de ruimte)	i afërt	[i áfərt]
dicht (bn)	pranë	[pránə]
dichtstbijzijnd (bn)	më i afërti	[mə i áfərti]

diepvries (~product)	i ngrirë	[i ŋrírə]
dik (bijv. muur)	i trashë	[i tráʃə]
dof (~ licht)	i zbehtë	[i zbéhtə]
dom (dwaas)	budalla	[budałá]

donker (bijv. ~e kamer)	i errët	[i érət]
dood (bn)	i vdekur	[i vdékur]
doorzichtig (bn)	i tejdukshëm	[i tɛjdúkʃəm]
droevig (~ blik)	i mërzitur	[i mərzítur]
droog (bn)	i thatë	[i θátə]

dun (persoon)	i dobët	[i dóbət]
duur (bn)	i shtrenjtë	[i ʃtréɲtə]
eender (bn)	i njëjtë	[i ɲéjtə]
eenvoudig (bn)	i lehtë	[i léhtə]
eenvoudig (bn)	i thjeshtë	[i θjéʃtə]

eeuwenoude (~ beschaving)	i lashtë	[i láʃtə]
enorm (bn)	i madh	[i máð]
geboorte- (stad, land)	autokton	[autoktón]
gebruind (bn)	i nxirë	[i ndzírə]

gelijkend (bn)	i ngjashëm	[i ɲʝáʃəm]
gelukkig (bn)	i lumtur	[i lúmtur]
gesloten (bn)	i mbyllur	[i mbýłur]
getaand (bn)	zeshkan	[zɛʃkán]

gevaarlijk (bn)	i rrezikshëm	[i rɛzíkʃəm]
gewoon (bn)	i zakonshëm	[i zakónʃəm]
gezamenlijk (~ besluit)	i përbashkët	[i pərbáʃkət]
glad (~ oppervlak)	i lëmuar	[i ləmúar]
glad (~ oppervlak)	i barabartë	[i barabártə]

goed (bn)	i mirë	[i mírə]
goedkoop (bn)	i lirë	[i lírə]
gratis (bn)	falas	[fálas]
groot (bn)	i madh	[i máð]

hard (niet zacht)	i fortë	[i fórtə]
heel (volledig)	i plotë	[i plótə]
heet (bn)	i nxehtë	[i ndzéhtə]
hongerig (bn)	i uritur	[i urítur]

hoofd- (abn)	kryesor	[kryɛsór]
hoogste (bn)	më i larti	[mə i lárti]
huidig (courant)	i pranishëm	[i praníʃəm]
jong (bn)	i ri	[i rí]

juist, correct (bn)	i saktë	[i sáktə]
kalm (bn)	i qetë	[i cétə]
kinder- (abn)	i fëmijëve	[i fəmíjəvɛ]
klein (bn)	i vogël	[i vógəl]
koel (~ weer)	i ftohtë	[i ftóhtə]

kort (kortstondig)	jetëshkurtër	[jɛtəʃkúrtər]
kort (niet lang)	i shkurtër	[i ʃkúrtər]
koud (~ water, weer)	i ftohtë	[i ftóhtə]
kunstmatig (bn)	artificial	[artifitsiál]

laatst (bn)	i fundit	[i fúndit]
lang (een ~ verhaal)	i gjatë	[i játə]
langdurig (bn)	i zgjatur	[i ʒátur]
lastig (~ probleem)	i vështirë	[i vəʃtírə]

leeg (glas, kamer)	zbrazët	[zbrázət]
lekker (bn)	i shijshëm	[i ʃíjʃəm]
licht (kleur)	i çelët	[i tʃélət]
licht (niet veel weegt)	i lehtë	[i léhtə]

linker (bn)	majtë	[májtə]
luid (bijv. ~e stem)	i lartë	[i lártə]
mager (bn)	i hollë	[i hóɫə]
mat (bijv. ~ verf)	mat	[mat]
moe (bn)	i lodhur	[i lóður]

moeilijk (~ besluit)	i vështirë	[i vəʃtírə]
mogelijk (bn)	i mundur	[i múndur]
mooi (bn)	i bukur	[i búkur]
mysterieus (bn)	misterioz	[mistɛrióz]

naburig (bn)	fqinj	[fcíɲ]
nalatig (bn)	i pakujdesshëm	[i pakujdésʃəm]
nat (~te kleding)	i lagur	[i lágur]
nerveus (bn)	nervoz	[nɛrvóz]
niet groot (bn)	jo i madh	[jo i máð]

niet moeilijk (bn)	jo i vështirë	[jo i vəʃtírə]
nieuw (bn)	i ri	[i rí]
nodig (bn)	i nevojshëm	[i nɛvójʃəm]
normaal (bn)	normal	[normál]

251. Beperkende bijwoorden. Bijvoeglijke naamwoorden. Deel 2

onbegrijpelijk (bn)	i pakuptueshëm	[i pakuptúɛʃəm]
onbelangrijk (bn)	i parëndësishëm	[i parəndəsíʃəm]
onbeweeglijk (bn)	i palëvizshëm	[i paləvízʃəm]
onbewolkt (bn)	pa re	[pa rɛ]

227

ondergronds (geheim)	klandestin	[klandɛstín]
ondiep (bn)	i cekët	[i tsékət]
onduidelijk (bn)	i paqartë	[i pacártə]
onervaren (bn)	i papërvojë	[i papərvójə]
onmogelijk (bn)	i pamundur	[i pamúndur]
onontbeerlijk (bn)	i pazëvendësueshëm	[i pazəvɛndəsúɛʃəm]

onophoudelijk (bn)	i vazhdueshëm	[i vaʒdúɛʃəm]
ontkennend (bn)	negativ	[nɛgatív]
open (bn)	i hapur	[i hápur]
openbaar (bn)	publik	[publík]
origineel (ongewoon)	origjinal	[oriɟinál]

oud (~ huis)	i vjetër	[i vjétər]
overdreven (bn)	i tepërt	[i tépərt]
passend (bn)	i përshtatshëm	[i pərʃtátʃəm]
permanent (bn)	i përhershëm	[i pərhérʃəm]
persoonlijk (bn)	personal	[pɛrsonál]

plat (bijv. ~ scherm)	i sheshtë	[i ʃéʃtə]
prachtig (~ paleis, enz.)	i bukur	[i búkur]
precies (bn)	i saktë	[i sáktə]
prettig (bn)	i bukur	[i búkur]
privé (bn)	privat	[prívat]

punctueel (bn)	i përpiktë	[i pərpíktə]
rauw (niet gekookt)	i gjallë	[i ɟáɬə]
recht (weg, straat)	i drejtë	[i dréjtə]
rechter (bn)	djathtë	[djáθtə]
rijp (fruit)	i pjekur	[i pjékur]

riskant (bn)	i rrezikshëm	[i rɛzíkʃəm]
ruim (een ~ huis)	i bollshëm	[i bóɬʃəm]
rustig (bn)	i qetë	[i cétə]
scherp (bijv. ~ mes)	i mprehtë	[i mpréhtə]
schoon (niet vies)	i pastër	[i pástər]

slecht (bn)	i keq	[i kéc]
slim (verstandig)	i zgjuar	[i zɟúar]
smal (~le weg)	i ngushtë	[i ŋúʃtə]
snel (vlug)	i shpejtë	[i ʃpéjtə]
somber (bn)	i vrazhdë	[i vráʒdə]
speciaal (bn)	i veçantë	[i vɛtʃántə]

sterk (bn)	i fortë	[i fórtə]
stevig (bn)	i ngjeshur	[i nɟéʃur]
straatarm (bn)	i mjerë	[i mjérə]
strak (schoenen, enz.)	ngushtë	[ŋúʃtə]
teder (liefderijk)	i ndjeshëm	[i ndjéʃəm]

tegenovergesteld (bn)	i kundërt	[i kúndərt]
tevreden (bn)	i kënaqur	[i kənácur]
tevreden (klant, enz.)	i kënaqur	[i kənácur]
treurig (bn)	i mërzitur	[i mərzítur]
tweedehands (bn)	i përdorur	[i pərdórur]
uitstekend (bn)	i shkëlqyer	[i ʃkəlcýɛr]

uitstekend (bn)	i përsosur	[i pərsósur]
uniek (bn)	unik	[uník]
veilig (niet gevaarlijk)	i sigurt	[i sígurt]
ver (in de ruimte)	i largët	[i lárgət]

verenigbaar (bn)	i përshtatshëm	[i pərʃtátʃəm]
vermoeiend (bn)	i mundimshëm	[i mundímʃəm]
verplicht (bn)	i detyrueshëm	[i dɛtyrúɛʃəm]
vers (~ brood)	i freskët	[i fréskət]
verschillende (bn)	i ndryshëm	[i ndrýʃəm]

verst (meest afgelegen)	larg	[larg]
vettig (voedsel)	i yndyrshëm	[i yndýrʃəm]
vijandig (bn)	armiqësor	[armicəsór]
vloeibaar (bn)	i lëngët	[i lə́ŋət]
vochtig (bn)	i lagësht	[i lágəʃt]
vol (helemaal gevuld)	i mbushur	[i mbúʃur]

volgend (~ jaar)	tjetër	[tjétər]
vorig (bn)	kaluar	[kalúar]
voornaamste (bn)	kryesor	[kryɛsór]
vorig (~ jaar)	i fundit	[i fúndit]
vorig (bijv. ~e baas)	i mëparshëm	[i məpárʃəm]

vriendelijk (aardig)	i mirë	[i mírə]
vriendelijk (goedhartig)	i mirë	[i mírə]
vrij (bn)	i lirë	[i lírə]
vrolijk (bn)	i gëzuar	[i gəzúar]
vruchtbaar (~ land)	pjellore	[pjɛtórɛ]

vuil (niet schoon)	i pistë	[i pístə]
waarschijnlijk (bn)	i mundshëm	[i múndʃəm]
warm (bn)	ngrohtë	[ŋróhtə]
wettelijk (bn)	ligjor	[liɟór]
zacht (bijv. ~ kussen)	i butë	[i bútə]

zacht (bn)	i ulët	[i úlət]
zeldzaam (bn)	i rrallë	[i rátə]
ziek (bn)	i sëmurë	[i səmúrə]
zoet (~ water)	i freskët	[i fréskət]
zoet (bn)	i ëmbël	[i ə́mbəl]

zonnig (~e dag)	me diell	[mɛ díɛt]
zorgzaam (bn)	i dashur	[i dáʃur]
zout (de soep is ~)	kripur	[krípur]
zuur (smaak)	i hidhur	[i híður]
zwaar (~ voorwerp)	i rëndë	[i réndə]

DE 500 BELANGRIJKSTE WERKWOORDEN

252. Werkwoorden A-C

aaien (bijv. een konijn ~)	përkëdhel	[pərkəðél]
aanbevelen (ww)	rekomandoj	[rɛkomandój]
aandringen (ww)	këmbëngul	[kəmbəŋúl]
aankomen (ov. de treinen)	arrij	[aríj]
aanleggen (bijv. bij de pier)	ankoroj	[ankorój]
aanraken (met de hand)	prek	[prɛk]
aansteken (kampvuur, enz.)	ndez	[ndɛz]
aanstellen (in functie plaatsen)	caktoj	[tsaktój]
aanvallen (mil.)	sulmoj	[sulmój]
aanvoelen (gevaar ~)	parandiej	[parandíɛj]
aanvoeren (leiden)	drejtoj	[drɛjtój]
aanwijzen (de weg ~)	tregoj	[trɛgój]
aanzetten (computer, enz.)	ndez	[ndɛz]
ademen (ww)	marr frymë	[mar frýmə]
adverteren (ww)	reklamoj	[rɛklamój]
adviseren (ww)	këshilloj	[kəʃiɫój]
afdalen (on.ww.)	zbres	[zbrɛs]
afgunstig zijn (ww)	xhelozoj	[dʒɛlozój]
afhakken (ww)	këpus	[kəpús]
afhangen van ...	varem nga ...	[várɛm ŋa ...]
afluisteren (ww)	dëgjoj fshehurazi	[dəɟój fʃéhurazi]
afnemen (verwijderen)	heq	[hɛc]
afrukken (ww)	gris	[gris]
afslaan (naar rechts ~)	kthej	[kθɛj]
afsnijden (ww)	pres	[prɛs]
afzeggen (ww)	anuloj	[anulój]
amputeren (ww)	amputoj	[amputój]
amuseren (ww)	argëtoj	[argətój]
antwoorden (ww)	përgjigjem	[pərɟíɟɛm]
applaudisseren (ww)	duartrokas	[duartrokás]
aspireren (iets willen worden)	synoj ...	[synój ...]
assisteren (ww)	ndihmoj	[ndihmój]
bang zijn (ww)	kam frikë	[kam fríkə]
barsten (plafond, enz.)	plasarit	[plasarít]
bedienen (in restaurant)	shërbej	[ʃərbéj]
bedreigen (bijv. met een pistool)	kërcënoj	[kərtsənój]

bedriegen (ww)	mashtroj	[maʃtrój]
beduiden (betekenen)	nënkuptoj	[nənkuptój]
bedwingen (ww)	ruhem	[rúhɛm]
beëindigen (ww)	përfundoj	[pərfundój]

begeleiden (vergezellen)	shoqëroj	[ʃocərój]
begieten (water geven)	ujis	[ujís]
beginnen (ww)	filloj	[fiɫój]
begrijpen (ww)	kuptoj	[kuptój]
behandelen (patiënt, ziekte)	kuroj	[kurój]

beheren (managen)	drejtoj	[drɛjtój]
beïnvloeden (ww)	ndikoj	[ndikój]
bekennen (misdadiger)	rrëfehem	[rəféhɛm]
beledigen (met scheldwoorden)	fyej	[fýɛj]

beledigen (ww)	ofendoj	[ofɛndój]
beloven (ww)	premtoj	[prɛmtój]
beperken (de uitgaven ~)	kufizoj	[kufizój]
bereiken (doel ~, enz.)	arrij	[aríj]

bereiken (plaats van bestemming ~)	arrij	[aríj]
beschermen (bijv. de natuur ~)	mbroj	[mbrój]
beschuldigen (ww)	akuzoj	[akuzój]
beslissen (~ iets te doen)	vendos	[vɛndós]

besmet worden (met ...)	infektohem ...	[infɛktóhɛm ...]
besmetten (ziekte overbrengen)	ndot	[ndot]
bespreken (spreken over)	diskutoj	[diskutój]
bestaan (een ~ voeren)	jetoj	[jɛtój]

bestellen (eten ~)	porosis	[porosís]
bestraffen (een stout kind ~)	ndëshkoj	[ndəʃkój]
betalen (ww)	paguaj	[pagúaj]
betekenen (beduiden)	nënkuptoj	[nənkuptój]

betreuren (ww)	pendohem	[pɛndóhɛm]
bevallen (prettig vinden)	pëlqej	[pəlcéj]
bevelen (mil.)	urdhëroj	[urðərój]
bevredigen (ww)	kënaq	[kənác]

bevrijden (stad, enz.)	çliroj	[tʃlirój]
bewaren (oude brieven, enz.)	mbaj	[mbáj]
bewaren (vrede, leven)	ruaj	[rúaj]
bewijzen (ww)	dëshmoj	[dəʃmój]

bewonderen (ww)	admiroj	[admirój]
bezitten (ww)	zotëroj	[zotərój]
bezorgd zijn (ww)	shqetësohem	[ʃcɛtəsóhɛm]
bezorgd zijn (ww)	shqetësohem	[ʃcɛtəsóhɛm]
bidden (praten met God)	lutem	[lútɛm]
bijvoegen (ww)	shtoj	[ʃtoj]

| binden (ww) | prangos | [praŋós] |
| binnengaan (een kamer ~) | hyj | [hyj] |

blazen (ww)	fryn	[fryn]
blozen (zich schamen)	skuqem	[skúcɛm]
blussen (brand ~)	shuaj	[ʃúaj]
boos maken (ww)	zemëroj	[zɛmərój]

boos zijn (ww)	revoltohem	[rɛvoltóhɛm]
breken	këpus	[kəpús]
(on.ww., van een touw)		
breken (speelgoed, enz.)	thyej	[θýɛj]
brengen (iets ergens ~)	sjell	[sjɛł]

charmeren (ww)	tërheq	[tərhéc]
citeren (ww)	citoj	[tsitój]
compenseren (ww)	kompensoj	[kompɛnsój]
compliceren (ww)	komplikoj	[komplikój]

componeren (muziek ~)	kompozoj	[kompozój]
compromitteren (ww)	komprometoj	[kompromɛtój]
concurreren (ww)	konkurroj	[konkurój]
controleren (ww)	kontrolloj	[kontrołój]

coöpereren (samenwerken)	bashkëpunoj	[baʃkəpunój]
coördineren (ww)	koordinoj	[koordinój]
corrigeren (fouten ~)	korrigjoj	[koriɟój]
creëren (ww)	krijoj	[krijój]

253. Werkwoorden D-K

danken (ww)	falënderoj	[faləndɛrój]
de was doen	laj rroba	[laj róba]
de weg wijzen	drejtoj	[drɛjtój]
deelnemen (ww)	marr pjesë	[mar pjésə]
delen (wisk.)	pjesëtoj	[pjɛsətój]

denken (ww)	mendoj	[mɛndój]
doden (ww)	vras	[vras]
doen (ww)	bëj	[bəj]
dresseren (ww)	stërvit	[stərvít]

drinken (ww)	pi	[pi]
drogen (klederen, haar)	thaj	[θaj]
dromen (in de slaap)	ëndërroj	[əndərój]
dromen (over vakantie ~)	ëndërroj	[əndərój]
duiken (ww)	zhytem	[ʒýtɛm]

durven (ww)	guxoj	[gudzój]
duwen (ww)	shtyj	[ʃtyj]
een auto besturen	ngas makinën	[ŋas makínən]
een bad geven	lahem	[láhɛm]
een bad nemen	lahem	[láhɛm]
een conclusie trekken	nxjerr konkluzion	[ndzjér konkluzión]

foto's maken	bëj foto	[bəj fóto]
eisen (met klem vragen)	kërkoj	[kərkój]
erkennen (schuld)	pranoj	[pranój]
erven (ww)	trashëgoj	[traʃəgój]

eten (ww)	ha	[ha]
excuseren (vergeven)	fal	[fal]
existeren (bestaan)	ekzistoj	[ɛkzistój]
feliciteren (ww)	përgëzoj	[pərgəzój]
gaan (te voet)	ec në këmbë	[ɛts nə kémbə]

gaan slapen	shtrihem	[ʃtríhɛm]
gaan zitten (ww)	ulem	[úlɛm]
gaan zwemmen	notoj	[notój]
garanderen (garantie geven)	garantoj	[garantój]

gebruiken (bijv. een potlood ~)	përdor	[pərdór]
gebruiken (woord, uitdrukking)	përdor	[pərdór]
geconserveerd zijn (ww)	ruhem	[rúhɛm]
gedateerd zijn (ww)	daton ...	[datón ...]
gehoorzamen (ww)	bindem	[bíndɛm]

gelijken (op elkaar lijken)	ngjasoj	[nɟasój]
geloven (vinden)	besoj	[bɛsój]
genoeg zijn (ww)	mjafton	[mjaftón]
geven (ww)	jap	[jap]
gieten (in een beker ~)	derdh	[dérð]

glimlachen (ww)	buzëqesh	[buzəcéʃ]
glimmen (glanzen)	shkëlqej	[ʃkəlcéj]
gluren (ww)	spiunoj	[spiunój]
goed raden (ww)	hamendësoj	[hamɛndəsój]
gooien (een steen, enz.)	hedh	[hɛð]

grappen maken (ww)	bëj shaka	[bəj ʃaká]
graven (tunnel, enz.)	gërmoj	[gərmój]
haasten (iemand ~)	nxitoj	[ndzitój]
hebben (ww)	kam	[kam]
helpen (hulp geven)	ndihmoj	[ndihmój]

herhalen (opnieuw zeggen)	përsëris	[pərsərís]
herinneren (ww)	kujtoj	[kujtój]
herinneren aan ... (afspraak, opdracht)	më kujton ...	[mə kujtón ...]
herkennen (identificeren)	njoh	[ɲóh]
herstellen (repareren)	riparoj	[riparój]

het haar kammen	kreh flokët	[kréh flókət]
hopen (ww)	shpresoj	[ʃprɛsój]
horen (waarnemen met het oor)	dëgjoj	[dəɟój]
houden van (muziek, enz.)	më pëlqen	[mə pəlcén]
huilen (wenen)	qaj	[caj]
huiveren (ww)	rrëqethem	[rəcéθɛm]

huren (een boot ~)	marr me qira	[mar mɛ cirá]
huren (huis, kamer)	marr me qira	[mar mɛ cirá]
huren (personeel)	punësoj	[punəsój]
imiteren (ww)	imitoj	[imitój]

importeren (ww)	importoj	[importój]
inenten (vaccineren)	vaksinoj	[vaksinój]
informeren (informatie geven)	informoj	[informój]
informeren naar ... (navraag doen)	pyes për	[pýɛs pər]
inlassen (invoegen)	fus	[fus]

inpakken (in papier)	mbështjell	[mbəʃtjéɬ]
inspireren (ww)	frymëzoj	[fryməzój]
instemmen (akkoord gaan)	bie dakord	[bíɛ dakórd]
interesseren (ww)	interesohem	[intɛrɛsóhɛm]

irriteren (ww)	acaroj	[atsarój]
isoleren (ww)	izoloj	[izolój]
jagen (ww)	dal për gjah	[dál pər ɟáh]
kalmeren (kalm maken)	qetësoj	[cɛtəsój]

kennen (kennis hebben van iemand)	njoh	[ɲóh]
kennismaken (met ...)	njihem me	[ɲíhɛm mɛ]
kiezen (ww)	zgjedh	[zɟɛð]
kijken (ww)	shikoj	[ʃikój]

klaarmaken (een plan ~)	përgatis	[pərgatís]
klaarmaken (het eten ~)	përgatis	[pərgatís]
klagen (ww)	ankohem	[ankóhɛm]
kloppen (aan een deur)	trokas	[trokás]

kopen (ww)	blej	[blɛj]
kopieën maken	shumëfishoj	[ʃuməfiʃój]
kosten (ww)	kushton	[kuʃtón]
kunnen (ww)	mund	[mund]
kweken (planten ~)	rris	[ris]

254. Werkwoorden L-R

lachen (ww)	qesh	[cɛʃ]
laden (geweer, kanon)	mbush	[mbúʃ]
laden (vrachtwagen)	ngarkoj	[ŋarkój]
laten vallen (ww)	lëshoj	[ləʃój]

lenen (geld ~)	marr borxh	[mar bórdʒ]
leren (lesgeven)	mësoj	[məsój]
leven (bijv. in Frankrijk ~)	jetoj	[jɛtój]
lezen (een boek ~)	lexoj	[lɛdzój]

lid worden (ww)	i bashkohem	[i baʃkóhɛm]
liefhebben (ww)	dashuroj	[daʃurój]
liegen (ww)	gënjej	[gəɲéj]

liggen (op de tafel ~)	shtrihem	[ʃtríhɛm]
liggen (persoon)	shtrihem	[ʃtríhɛm]
lijden (pijn voelen)	vuaj	[vúaj]
losbinden (ww)	zgjidh	[zɟið]
luisteren (ww)	dëgjoj	[dəɟój]
lunchen (ww)	ha drekë	[ha drékə]
markeren (op de kaart, enz.)	shënjoj	[ʃəɲój]
melden (nieuws ~)	njoftoj	[ɲoftój]
memoriseren (ww)	mbaj mend	[mbáj ménd]
mengen (ww)	përziej	[pərzíɛj]
mikken op (ww)	vë në shënjestër	[və nə ʃəɲéstər]
minachten (ww)	përbuz	[pərbúz]
moeten (ww)	duhet	[dúhɛt]
morsen (koffie, enz.)	derdh	[dérð]
naderen (dichterbij komen)	afrohem	[afróhɛm]
neerlaten (ww)	ul	[ul]
nemen (ww)	marr	[mar]
nodig zijn (ww)	nevojitet	[nɛvojítɛt]
noemen (ww)	emërtoj	[ɛmərtój]
noteren (opschrijven)	shënoj	[ʃənój]
omhelzen (ww)	përqafoj	[pərcafój]
omkeren (steen, voorwerp)	kthej	[kθɛj]
onderhandelen (ww)	negocioj	[nɛgotsiój]
ondernemen (ww)	ndërmarr	[ndərmár]
onderschatten (ww)	nënvlerësoj	[nənvlɛrəsój]
onderscheiden (een ereteken geven)	dekoroj	[dɛkorój]
onderstrepen (ww)	nënvijëzoj	[nənvijəzój]
ondertekenen (ww)	nënshkruaj	[nənʃkrúaj]
onderwijzen (ww)	udhëzoj	[uðəzój]
onderzoeken (alle feiten, enz.)	ekzaminoj	[ɛkzaminój]
bezorgd maken	preokupoj	[prɛokupój]
onmisbaar zijn (ww)	kërkohet	[kərkóhɛt]
ontbijten (ww)	ha mëngjes	[ha mənɟés]
ontdekken (bijv. nieuw land)	zbuloj	[zbulój]
ontkennen (ww)	mohoj	[mohój]
ontlopen (gevaar, taak)	shmang	[ʃmaŋ]
ontnemen (ww)	heq	[hɛc]
ontwerpen (machine, enz.)	projektoj	[projɛktój]
oorlog voeren (ww)	në luftë	[nə lúftə]
op orde brengen	rregulloj	[rɛgułój]
opbergen (in de kast, enz.)	largoj	[largój]
opduiken (ov. een duikboot)	dal në sipërfaqe	[dál nə sipərfácɛ]
openen (ww)	hap	[hap]
ophangen (bijv. gordijnen ~)	var	[var]

ophouden (ww)	ndaloj	[ndalój]
oplossen (een probleem ~)	zgjidh	[zɟið]
opmerken (zien)	vërej	[vəréj]

opmerken (zien)	hedh një sy	[hɛð ɲə sý]
opscheppen (ww)	mburrem	[mbúrɛm]
opschrijven (op een lijst)	përfshij	[pərfʃíj]
opschrijven (ww)	mbaj shënim	[mbáj ʃəním]

opstaan (uit je bed)	ngrihem	[ŋríhɛm]
opstarten (project, enz.)	nis	[nis]
opstijgen (vliegtuig)	nisem	[nísɛm]
optreden (resoluut ~)	veproj	[vɛprój]

organiseren (concert, feest)	organizoj	[organizój]
overdoen (ww)	ribëj	[ribéj]
overheersen (dominant zijn)	mbizotëroj	[mbizotərój]
overschatten (ww)	mbivlerësoj	[mbivlɛrəsój]

overtuigd worden (ww)	bindem	[bíndɛm]
overtuigen (ww)	bind	[bínd]
passen (jurk, broek)	më rri mirë	[mə ri mírə]
passeren	kaloj	[kalój]
(~ mooie dorpjes, enz.)		

peinzen (lang nadenken)	humbas në mendime	[humbás nə mɛndímɛ]
penetreren (ww)	depërtoj	[dɛpərtój]
plaatsen (ww)	vendos	[vɛndós]
plaatsen (zetten)	vendos	[vɛndós]

plannen (ww)	planifikoj	[planifikój]
plezier hebben (ww)	kënaqem	[kənáɕɛm]
plukken (bloemen ~)	këpus	[kəpús]
prefereren (verkiezen)	preferoj	[prɛfɛrój]

proberen (trachten)	përpiqem	[pərpícɛm]
proberen (trachten)	përpiqem	[pərpícɛm]
protesteren (ww)	protestoj	[protɛstój]
provoceren (uitdagen)	provokoj	[provokój]

raadplegen (dokter, enz.)	konsultohem	[konsultóhɛm]
rapporteren (ww)	raportoj	[raportój]
redden (ww)	shpëtoj	[ʃpətój]
regelen (conflict)	zgjidh	[zɟið]

reinigen (schoonmaken)	pastroj	[pastrój]
rekenen op ...	mbështetem ...	[mbəʃtétɛm ...]
rennen (ww)	vrapoj	[vrapój]
reserveren	rezervoj	[rɛzɛrvój]
(een hotelkamer ~)		

rijden (per auto, enz.)	shkoj	[ʃkoj]
rillen (ov. de kou)	dridhem	[dríðɛm]
riskeren (ww)	rrezikoj	[rɛzikój]
roepen (met je stem)	thërras	[θərás]
roepen (om hulp)	thërras	[θərás]

ruiken (bepaalde geur verspreiden)	mban erë	[mbán érə]
ruiken (rozen)	nuhas	[nuhás]
rusten (verpozen)	pushoj	[puʃój]

255. Verbs S-V

samenstellen, maken (een lijst ~)	përgatis	[pərgatís]
schieten (ww)	qëlloj	[cəɫój]
schoonmaken (bijv. schoenen ~)	pastroj	[pastrój]
schoonmaken (ww)	rregulloj	[rɛguɫój]

schrammen (ww)	gërvisht	[gərvíʃt]
schreeuwen (ww)	bërtas	[bərtás]
schrijven (ww)	shkruaj	[ʃkrúaj]
schudden (ww)	tund	[tund]

selecteren (ww)	zgjedh	[zɟɛð]
simplificeren (ww)	thjeshtoj	[θjɛʃtój]
slaan (een hond ~)	rrah	[rah]
sluiten (ww)	mbyll	[mbyɫ]

smeken (bijv. om hulp ~)	përgjërohem	[pərɟəróhɛm]
souperen (ww)	ha darkë	[ha dárkə]
spelen (bijv. filmacteur)	luaj	[lúaj]
spelen (kinderen, enz.)	luaj	[lúaj]

spreken met ...	bisedoj ...	[bisɛdój ...]
spuwen (ww)	pështyj	[pəʃtýj]
stelen (ww)	vjedh	[vjɛð]
stemmen (verkiezing)	votoj	[votój]
steunen (een goed doel, enz.)	mbështes	[mbəʃtés]

stoppen (pauzeren)	ndaloj	[ndalój]
storen (lastigvallen)	shqetësoj	[ʃcɛtəsój]
strijden (tegen een vijand)	luftoj	[luftój]
strijden (ww)	luftoj	[luftój]

strijken (met een strijkbout)	hekuros	[hɛkurós]
studeren (bijv. wiskunde ~)	studioj	[studiój]
sturen (zenden)	dërgoj	[dərgój]
tellen (bijv. geld ~)	numëroj	[numərój]

terugkeren (ww)	kthehem	[kθéhɛm]
terugsturen (ww)	kthej mbrapsht	[kθej mbrápʃt]
toebehoren aan ...	përkas ...	[pərkás ...]
toegeven (zwichten)	tërhiqem	[tərhícɛm]

| toenemen (on. ww) | shtoj | [ʃtoj] |
| toespreken (zich tot iemand richten) | i drejtohem | [i drɛjtóhɛm] |

toestaan (goedkeuren)	lejoj	[lɛjój]
toestaan (ww)	lejoj	[lɛjój]

toewijden (boek, enz.)	dedikoj	[dɛdikój]
tonen (uitstallen, laten zien)	tregoj	[trɛgój]
trainen (ww)	stërvit	[stərvít]
transformeren (ww)	shndërrohem	[ʃndəróhɛm]

trekken (touw)	tërheq	[tərhéc]
trouwen (ww)	martohem	[martóhɛm]
tussenbeide komen (ww)	ndërhyj	[ndərhýj]
twijfelen (onzeker zijn)	dyshoj	[dyʃój]

uitdelen (pamfletten ~)	shpërndaj	[ʃpərndáj]
uitdoen (licht)	fik	[fik]
uitdrukken (opinie, gevoel)	shpreh	[ʃprɛh]
uitgaan (om te dineren, enz.)	dal	[dal]
uitlachen (bespotten)	tallem	[táɫɛm]

uitnodigen (ww)	ftoj	[ftoj]
uitrusten (ww)	pajis	[pajís]
uitsluiten (wegsturen)	përjashtohem	[pərjaʃtóhɛm]
uitspreken (ww)	shqiptoj	[ʃciptój]

uittorenen (boven ...)	ngrihem mbi	[ŋríhɛm mbi]
uitvaren tegen (ww)	qortoj	[cortój]
uitvinden (machine, enz.)	shpik	[ʃpik]
uitwissen (ww)	fshij	[fʃíj]

vangen (ww)	kap	[kap]
vastbinden aan ...	lidh ...	[lið ...]
vechten (ww)	luftoj	[luftój]
veranderen (bijv. mening ~)	ndryshoj	[ndryʃój]

verbaasd zijn (ww)	çuditem	[tʃudítɛm]
verbazen (verwonderen)	befasoj	[bɛfasój]
verbergen (ww)	fsheh	[fʃéh]
verbieden (ww)	ndaloj	[ndalój]

verblinden (andere chauffeurs)	zë rrugën	[zə rúgən]
verbouwereerd zijn (ww)	jam në mëdyshje	[jam nə mədýʃɛ]
verbranden (bijv. papieren ~)	djeg	[djég]
verdedigen (je land ~)	mbroj	[mbrój]

verdenken (ww)	dyshoj	[dyʃój]
verdienen (een complimentje, enz.)	meritoj	[mɛritój]
verdragen (tandpijn, enz.)	duroj	[durój]
verdrinken (in het water omkomen)	mbytem	[mbýtɛm]

verdubbelen (ww)	dyfishoj	[dyfiʃój]
verdwijnen (ww)	zhduk	[ʒduk]
verenigen (ww)	bashkoj	[baʃkój]
vergelijken (ww)	krahasoj	[krahasój]

vergeten (achterlaten)	harroj	[harój]
vergeten (ww)	harroj	[harój]
vergeven (ww)	fal	[fal]
vergroten (groter maken)	rritem	[rítɛm]
verklaren (uitleggen)	shpjegoj	[ʃpjɛgój]

verklaren (volhouden)	pohoj	[pohój]
verklikken (ww)	denoncoj	[dɛnontsój]
verkopen (per stuk ~)	shes	[ʃɛs]
verlaten (echtgenoot, enz.)	lë	[lə]
verlichten (gebouw, straat)	ndriçoj	[ndritʃój]

verlichten (gemakkelijker maken)	lehtësoj	[lɛhtəsój]
verliefd worden (ww)	bie në dashuri	[bíɛ nə daʃurí]
verliezen (bagage, enz.)	humb	[húmb]
vermelden (praten over)	përmend	[pərménd]

vermenigvuldigen (wisk.)	shumëzoj	[ʃumǝzój]
verminderen (ww)	ul	[ul]
vermoeid raken (ww)	lodhem	[lóðɛm]
vermoeien (ww)	lodh	[loð]

256. Verbs V-Z

vernietigen (documenten, enz.)	shkatërroj	[ʃkatərój]
veronderstellen (ww)	supozoj	[supozój]
verontwaardigd zijn (ww)	zemërohem	[zɛməróhɛm]
veroordelen (in een rechtszaak)	dënoj	[dənój]

veroorzaken ... (oorzaak zijn van ...)	shkaktoj ...	[ʃkaktój ...]
verplaatsen (ww)	lëviz	[ləvíz]
verpletteren (een insect, enz.)	shtyp	[ʃtyp]
verplichten (ww)	detyroj	[dɛtyrój]
verschijnen (bijv. boek)	del	[dɛl]

verschijnen (in zicht komen)	shfaq	[ʃfac]
verschillen (~ van iets anders)	ndryshoj	[ndryʃój]
versieren (decoreren)	zbukuroj	[zbukurój]
verspreiden (pamfletten, enz.)	shpërndaj	[ʃpərndáj]

verspreiden (reuk, enz.)	emetoj	[ɛmɛtój]
versterken (positie ~)	përforcoj	[pərfortsój]
verstommen (ww)	ndaloj së foluri	[ndalój sə fóluri]
vertalen (ww)	përkthej	[pərkθéj]
vertellen (verhaal ~)	tregoj	[trɛgój]
vertrekken (bijv. naar Mexico ~)	largohem	[largóhɛm]

vertrouwen (ww)	besoj	[bɛsój]
vervolgen (ww)	vazhdoj	[vaʒdój]
verwachten (ww)	pres	[prɛs]

verwarmen (ww)	ngroh	[ŋróh]
verwarren (met elkaar ~)	ngatërroj	[ŋatərój]
verwelkomen (ww)	përshëndes	[pərʃəndés]
verwezenlijken (ww)	përmbush	[pərmbúʃ]

verwijderen (een obstakel)	largoj	[largój]
verwijderen (een vlek ~)	heq	[hɛc]
verwijten (ww)	qortoj	[cortój]
verwisselen (ww)	shkëmbej	[ʃkəmbéj]
verzoeken (ww)	pyes	[pýɛs]

verzuimen (school, enz.)	humbas	[humbás]
vies worden (ww)	bëhem pis	[bə́hɛm pis]
vinden (denken)	besoj	[bɛsój]
vinden (ww)	gjej	[ɟéj]

vissen (ww)	peshkoj	[pɛʃkój]
vleien (ww)	lajkatoj	[lajkatój]
vliegen (vogel, vliegtuig)	fluturoj	[fluturój]
voederen (een dier voer geven)	ushqej	[uʃcéj]

volgen (ww)	ndjek ...	[ndjék ...]
voorstellen (introduceren)	prezantoj	[prɛzantój]
voorstellen (Mag ik jullie ~)	prezantoj	[prɛzantój]
voorstellen (ww)	propozoj	[propozój]

voorzien (verwachten)	parashikoj	[paraʃikój]
vorderen (vooruitgaan)	ec përpara	[ɛts pərpára]
vormen (samenstellen)	formoj	[formój]
vullen (glas, fles)	mbush	[mbúʃ]

waarnemen (ww)	vëzhgoj	[vəʒgój]
waarschuwen (ww)	paralajmëroj	[paralajmərój]
wachten (ww)	pres	[prɛs]
wassen (ww)	laj	[laj]

weerspreken (ww)	kundërshtoj	[kundərʃtój]
wegdraaien (ww)	largohem	[largóhɛm]
wegdragen (ww)	heq	[hɛc]
wegen (gewicht hebben)	peshoj	[pɛʃój]

wegjagen (ww)	largoj	[largój]
weglaten (woord, zin)	heq	[hɛc]
wegvaren (uit de haven vertrekken)	hedh poshtë	[hɛð póʃtə]
weigeren (iemand ~)	refuzoj	[rɛfuzój]

wekken (ww)	zgjoj	[zɟoj]
wensen (ww)	dëshiroj	[dəʃirój]
werken (ww)	punoj	[punój]
weten (ww)	di	[di]

willen (verlangen)	dëshiroj	[dəʃirój]
wisselen (omruilen, iets ~)	shkëmbej	[ʃkəmbéj]
worden (bijv. oud ~)	bëhem	[béhɛm]
worstelen (sport)	ndeshem	[ndéʃɛm]
wreken (ww)	hakmerrem	[hakmérɛm]

zaaien (zaad strooien)	mbjell	[mbjéɫ]
zeggen (ww)	them	[θɛm]
zich baseerd op	bazuar	[bazúar]
zich bevrijden van ... (afhelpen)	heq qafe ...	[hɛc cáfɛ ...]

zich concentreren (ww)	përqendrohem	[pərcɛndróhɛm]
zich ergeren (ww)	acarohem	[atsaróhɛm]
zich gedragen (ww)	sillem	[síɫɛm]
zich haasten (ww)	nxitoj	[ndzitój]
zich herinneren (ww)	kujtohem	[kujtóhɛm]

zich herstellen (ww)	shërohem	[ʃəróhɛm]
zich indenken (ww)	imagjinoj	[imaɟinój]
zich interesseren voor ...	interesohem ...	[intɛrɛsóhɛm ...]
zich scheren (ww)	rruhem	[rúhɛm]

zich trainen (ww)	stërvitem	[stərvítɛm]
zich verdedigen (ww)	mbrohem	[mbróhɛm]
zich vergissen (ww)	gaboj	[gabój]
zich verontschuldigen	kërkoj falje	[kərkój fáljɛ]

zich verspreiden (meel, suiker, enz.)	derdh	[dérð]
zich vervelen (ww)	mërzitem	[mərzítɛm]
zijn (ww)	jam	[jam]

zinspelen (ww)	nënkuptoj	[nənkuptój]
zitten (ww)	ulem	[úlɛm]
zoeken (ww)	kërkoj ...	[kərkój ...]
zondigen (ww)	mëkatoj	[məkatój]

zuchten (ww)	psherëtij	[pʃerətíj]
zwaaien (met de hand)	bëj me dorë	[bəj mɛ dórə]
zwemmen (ww)	notoj	[notój]
zwijgen (ww)	hesht	[hɛʃt]

www.ingramcontent.com/pod-product-compliance
Lightning Source LLC
Chambersburg PA
CBHW071330090426
42738CB00012B/2838